현대 지성인들은 '나는 누구인가'(who am I)라는 철학적 질문(때로는 종교적 질문)보다 '나는 무엇인가'(what am I)라는 과학적 질문에 더 익숙하다. 두 질문은 마치 다른 대상에 대한 질문처럼 각기 평행선을 달리고 있다. 뇌과학과 심리학, 종교 간 접점을 연구하는 데 평생을 바쳐 온 말콤 지브스의 「마음 뇌 영혼 신」은 인간에 대한 기초적인 질문들의 통합 가능성을 묻는 이들에게 친절한 필체로 최고의 가이드를 제공한다.
권수영 연세대학교 신학 교수

기독교 신앙, 심리학, 신경과학에 대한 대화를 이끄는 데 말콤 지브스만한 적임자도 없다. 강연자와 저자, 학자로서 수십 년간 이 논의의 한가운데 있던 그는 비범한 지혜와 실천적 통찰력을 이 책 안에 담아냈고, 보기 드물게도 전문 지식과 겸손을 겸비했다. 뇌과학 분야에서 최근 이루어진 혁신들이 인간됨의 의미를 이해하는 데 어떤 기여를 하는지 관심 있는 이들에게 이 책은 필독서다.
조엘 그린 풀러 신학교 신약학 교수

뇌와 마음은 어떤 관계인가? 영혼은 존재하는가? 영혼은 뇌 활동 이외의 다른 무엇인가? 우리에게 '신 영역'이 있는가? 이런 질문들과 이와 관련한 문제들에 대해 어떤 답변이 가능한지 알고 싶다면 이 책을 읽으라! 배울 내용도 생각할 거리도 많은 책이다. 저명한 신경학자일 뿐 아니라 성경과 기독교 및 다른 종교 전통에도 조예가 깊은 저자가 펼치는 대화는 흥미진진하고 정보 전달도 탁월하다. 한마디로 즐거운 책이다.
프란시스코 아얄라 캘리포니아 주립 대학교 생명과학 교수

대담하고 시의적절하며 주목할 만하고 인상적인 책이다. 심리학, 신경과학, 진화론, 인지과학 분야의 최신 정보를 아우르는 저자의 방대한 학식을 감히 누구도 의심할 수 없을 것이다. 이 책은 이 모든 지식 위에 많은 성경 구절과 신학 교리들에 대한 냉철하면서도 현실적이고 정확한 이해까지 갖추었다는 점에서 더욱 주목할 만하다. 기독교 신앙과 직결되는 여러 문제를 다루는 이 책에는 영혼의 유무, 결정론과 자유, 이타주의, 하나님의 인도, 환원주의, 진화론, 유전학 등과 관련한 많은 질문이 등장한다. 게다가 C. S. 루이스의 「스크루테이프의 편지」처럼 서간집 형태를 따르고 있어 읽기도 무척 쉽다. 하지만 책에 등장하는 질문들은 호프 칼리지와 다른 대학교 심리학과 그리스도인 학생들이 제기한 실제 질문들이다. 저자는 진리를 추구할 때, 심리학이나 신경과학과 기독교 신앙이나 신학 사이에 갈등이 존재하지 않는다고 결론내린다. 둘은 경쟁 세력이 아니라 진리를 추구하는 상호 보완적인 접근 방식인 것이다. 그는 제기되는 질문들을 일반화시키는 우를 범하지 않으면서 침착하게 탐구

한다. 평생을 학문 활동에 헌신해 온 저자의 신중한 기독교적 사고의 결과물로서, 방대한 참고 문헌조사 인상적인 이 멋진 책을 주저하지 않고 당신에게 추천한다. 거리낌 없이 그리고 열렬하게!

앤서니 티슬턴 노팅엄 대학교 신학 교수

술술 읽히는 이 책은 과학 연구에 평생을 바친 최고의 과학자가 역량을 발휘해 현대 과학 일반, 특히 심리학과 신경과학, 진화생물학이 제기한 여러 질문에 답한 책이다. 현대 심리학의 첨단 분야에서 제기하는 질문들에 초점을 맞추지만, 그렇다고 심리학에 국한되지 않는다. 서문에 나오는 대로, 이 책이 씨름하는 질문들은 '지적으로 정직하고…검토된 신앙을 갖기 원하는 실제 학생들이 던진 실제 질문'이다. 정직하고 지적인 이 씨름은 기독교 신앙이 과학의 공식적인 견해와 갈등하기는커녕 마음을 열어 주고 정신을 자유롭게 만들어 더 깊은 수준에서 진리를 파악하게 해준다는 사실을 인정하게 한다. 저자는 그리스도인들이 인간과 다른 동물을 구분하는 본질적인 요소를 제시해야 한다는 혼란스러운 생각에 사로잡히지 않는다. '그리스도인으로서 우리를 다르게 만드는 것이 우리에게 있는 그 무엇이 아니라 우리가 어떤 존재로 부름받았는가에 있다고 보기 때문이다.' 책의 바탕에 진화생물학, 신경과학, 기타 개별 과학들이 많은 것을 밝혀내고 있는 바로 그 생물에게 하나님이 말씀하시고 부르신다는 인식이 깔려 있다.

이 책은 광범한 문제들을 다루면서도 깊은 사고에서 길어 낸 심오한, 그러면서도 언제나 명료한 분석을 제시한다. 과학의 현주소에 대한 몰이해와 피상적인 지식으로 기독교를 반대하려는 냉소주의자들에게는 이 책이 나쁜 소식이겠지만, 신앙 때문에 지적 엄밀성이나 과학적 정직성을 포기해야 한다고 생각하는 그리스도인들에게 이 책은 정말 좋은 소식일 것이다. 나는 이 탁월한 책이 베스트셀러가 되기를 진심으로 바란다. 인간 본성과 과학 탐구의 근본적인 질문에 관심이 있는 그리스도인 학생이라면 누구나 이 책을 읽고 친구에게도 건네야 한다.

앨런 토랜스 세인트앤드루스 대학교 신학 교수

이 책은 선구적인 인지신경과학자이자 심리과학과 신앙의 상호작용에 정통한 지혜로운 사상가인 말콤 지브스의 걸출한 경력의 정점에 해당하는 책이다. 이 책에서 저자는 거대한 질문과 씨름하는 한 학생을 돕는다. 학생은 가상 인물이지만 그의 질문은 진짜. 통찰력 있는 '말콤의 편지'들은 현대 과학과 씨름하고 있는 그리스도인 학생의 마음에 말을 건넨다.

데이비드 마이어스 호프 칼리지 심리학 교수

마음 뇌 영혼 신

IVP(InterVarsity Press)는
캠퍼스와 세상 속의 하나님 나라 운동을 지향하는
IVF(InterVarsity Christian Fellowship)의 출판부로서
생각하는 그리스도인을 위한 문서 운동을 실천합니다.

Minds, Brains, Souls and Gods
© 2009 by Malcolm Jeeves
Translated by permission of InterVarsity Press
P. O. Box 1400, Downers Grove, IL, 60515-1426, U. S. A.
All rights reserved.

Korean Edition © 2015 by Korea InterVarsity Press
156-10 Donggyo-Ro, Mapo-Gu, Seoul 04031 Korea

마음 뇌 영혼 신

심리학과 신앙에 관한 허심탄회한 대화

말콤 지브스 ‖ 홍종락 옮김

사라와 조안나에게

차례

서문 11

1. 심리학이란 무엇이며 어떻게 접근해야 하는가 21
2. 마음과 뇌는 어떤 관계인가 31
3. 나는 얼마나 자유로운가 57
4. 결정론, 유전학 그리고 신 유전자란 무엇인가 65
5. 벤저민 리벳의 실험은 자유의지 신화를 무너뜨렸나 75
6. 모든 게 뇌 안에 있나 89
7. 그러면 영혼은 어떻게 되는가 97
8. 초심리학과 임사체험은 영혼의 존재를 입증하는가 121
9. 무엇이 우리를 인간으로 만드는가 135
10. 인간은 다른가 149
11. 이타주의, 이타적 사랑과 아가페의 차이가 무엇인가 161
12. 언어는 인간만의 고유한 것인가 175

13. 나의 뇌에 '신 영역'이 있는가	181
14. 하나님이 우리를 인도하시고 이끄시는가	197
15. 신경심리학이 심리치료와 상담에 도움이 되는가	203
16. 종교적 신앙은 21세기 민중의 아편인가	211
17. 영성을 어떻게 봐야 하는가	219
18. 과학의 설명으로 종교를 부정할 수 있는가	233
19. 다음엔 어디로 가야 하는가	249
부록 성서유니온의 성경 해석 원칙	263
읽을거리	267
주	275
인명 색인	297
주제 색인	301
역자 후기	309

서문

저명한 과학자이자 영국왕립학회 회원이었던 로버트 보일(Robert Boyle)은 스위스 제네바에서 휴가를 보내던 중 명목상 그리스도인에서 독실한 그리스도인으로 회심하는 경험을 했다. 그 후 그는 그리스도인들이 소위 "검토된 신앙"(examined faith)을 가져야 한다고 강조했다.[1]

존 스토트는 사도 바울이 빌립보의 그리스도인들에게 보낸 편지를 논하면서 모든 그리스도인이 "복음의 신앙을 위하여 함께 싸우라"(빌 1:27, 새번역)는 사도의 권고에 주목해야 함을 다음과 같이 말했다. "이는 전도와 변증을 조합하여 표현한 것이다. 복음을 전할 뿐 아니라 그 진리를 수호하고 논증해 내야 하는 것이다."[2]

마크 놀은 로버트 보일과 존 스토트의 견해에 공감하며 이렇게 말한다. "예수 그리스도에 대한 우리의 주장이 옳다면, 복음주의자들은 가장 적극적이고 진지하고 열린 마음으로 학문 일반을 옹호하는 사람들이 되어야 마땅하다."[3]

예수 그리스도 안에서 인류를 구원하시는 하나님의 사랑을 전하는 좋은 소식, 즉 기독교 복음의 전파를 알리는 신약성경의 기록은 복음이 어떻게 우리의 가슴을 뜨겁게 하고 머리(mind)를 사로잡는지 생생하게 보여 준다. 이 두 가지는 상호 배타적이지 않으며 오히려 서로를 강화시킨다. 그리스도 안에 있는 하나님의 사랑을 경험하면 가슴이 뜨거워지고 감정이 끌리면서 더 알고 싶은 욕구가 생긴다. 또한 머리가 발견의 여행에 나서면 배운 내용들로 인해 가슴이 뜨거워지고, 그에 따라 알고 싶은 마음도 더욱 커진다. 심리학 및 신경과학 같은 학문의 연구 결과들은 머리와 가슴 모두가 참여하는 "검토된 신앙"을 발전시키라는 새로운 과제를 제시한다.

대학생들은 이 과제에 부응하고 있는 듯하다. 지난 반세기에 걸쳐 대학 심리학과의 입학생은 꾸준히 늘었고 이런 흐름은 어느 정도 계속될 것으로 보인다. 학교마다 배우는 내용은 다르지만, 핵심 주제에 대해서는 모든 심리학과 학생들이 공통적으로 배운다.

심리학을 공부하는 학생들이 믿는 신앙의 내용은 국가별로 다르다. 10만 명이 넘는 캘리포니아의 대학 신입생을 대상으로 한 최근 조사에 따르면 80퍼센트의 신입생이 신을 믿고, 70퍼센트가 인생의 의미 같은 큰 문제들로 고민하고, 3분의 2 이상이 기도를 한다. 이런 일반적인 상황은 미국 전역의 대학에 입학하는 25만 명을 대상으로 UCLA에서 진행하는 연례 조사와 그 결과를 정리한 최신 자료 「미국의 대학 신입생」에서 확인할 수 있다.[4] 조사 결과, 22퍼센트를 제외한 모든 신입생이 모종의 종교를 믿는다고 답했다. 영국에도 이와 유사한 수치가 나와 있는지 모르겠지만, 대중을 대상으로 한 조사 결과로 유추하면 심리학과 신입생 중에서는 신을 믿거나 종교를 갖고 있는 비율은 매우 낮을 것 같다.

영국에서 심리학을 공부하는 그리스도인 학생은 외톨이라고 느낄 수 있는데 교회에서 배운 내용들이 교수들의 선언과 자주 충돌하기 때문이다. 진화심리학과 신경심리학 같은 과목들에서 특히 그렇다. 미국의 전형적인 그리스도인 심리학과 학생은 그리스도인들과 교우 관계를 나눌 수 있다는 점에서 분명 영국 학생보다 사정이 낫다. 하지만 그들 중 많은 학생이 심리학 수업에서 배우는 내용과 자신들의 종교적 신념과의 충돌로 인해 고민하고 있다.

미국의 한 유명 대학의 심리학과 학생이 내 동료에게 보낸 편지에 담긴 진심 어린 호소를 들어 보라. 이 편지만으로도 내가 왜 이 책을 써야 했는지 알 수 있을 것이다.

안녕하세요!…저는 고등학교 때 교수님이 쓰신 교과서를 보며 대학 학점 인정 심리학 수업을 한 학기 들었어요.…저는 독실한 기독교 신자지만, 그리스도인으로서 제가 믿는 신앙의 내용이 무엇인지 구체적으로 살펴보고 있어요.…저는 심리학 개론 수업을 듣고 있는데, 딱 한 번 들었는데도 신앙적으로 다소 위축된 기분이에요. 담당 교수님은 그리스도인이 아닌 것 같아요(참 놀라운 일이죠! 하하). 수업 교재에는 우리가 하는 모든 일이 유전과 경험에 기인한다고 쓰여 있어요. 우리에겐 자유의지가 없다는 말도 있고요. 우리의 모든 생각과 행동은 기본적으로 어떤 거대한 반사작용이기 때문이라는 거예요. 여러 경험과 그것이 우리 유전자 등과 반응해서 생긴 연상 같은 것으로 이루어진 사건들의 긴 사슬이라는 거지요.

교재를 읽을 때면 기분이 좀 이상해져요. 목구멍이나 가슴에 무언가 걸린 것 같아요. 저의 모든 것이 유전이나 경험의 산물이라는 생각은 자유의지 개념과 충돌하는 것 같고, 내가 그런 우연의 일치들의 조합일 뿐이라면 나는 정확히 누구"인가" 묻게 됩니다. 하지만 정말 신경 쓰이는 것은, 그런 생각이 완벽하게 옳은 것처럼 보인다는 거예요. "본성+양육=나"라는 도식 말고는 다른 대안을 떠올릴 수가 없어요. 교재에는 '우리에겐 영혼이 없다'는 말도 나오는데(적어도 그렇게 암시하고 있는데), 우리와 신체(뇌)가 직접 연결되어 있기 때문이라네요. 그건 받아들일 수 있는 옳은 말 같아요. 제가 문자적인 영혼, 적어도 몸과 분리된 영혼을 믿는 것 같지는 않거든요. 하지만 신체 장기 이상의 것, 하나님의 형상으로 만들어진 어떤 것, 동물과 달리 영원히 존재할 잠재력을 지닌 어떤 것이 우리에게 있어야 할 것 같아요(성경은 우리가 새로운 몸이나 그와 비슷한 것을 받게 될 거라고 말하잖아요.…이런 말씀이 제 딜레마를 일부나마 해소해 주지만, 몸이 "새로워"진다면 우리는 다른 사람이 되는 것이 아닐까요? 우리는 우리 몸이 만들어 내는 존재니까요).

심리학 개론 수업은 제게 만만치 않은 시간이 될 것 같아요. 저는 그 수업이 모두 끝났을 때 제 신앙이 흔들리지 않고 더 굳건해져 있기를 바랄 뿐 아니라, 꼭 필요한 상황에서는 제 믿음을 변호하고 싶어요. 같이 수업을 듣는 학생 중에 비슷한 고민을 하는 그리스도인이 있다면 저의 그런 역할이 더 중요해지겠지요.

그러니까 교수님께 뭘 원하는 거냐고요? 저도 잘 모르겠어요. 다만 교수님 성함이 제일 먼저 떠올랐어요. 교수님이나 동료 교수님들이 제가 생각을 정리하고 심리학 수업을 끝까지 듣는 데 도움이 될 만한 것을 아신다면 알려 주세요. 발상이나 개념, 조언, 정보, 무엇이든 좋습니다. 교수님은 그동안 연구하고 가르치시면서 이런 문제로 많은 생각을 하셨을 테니까요.…제가 발 딛고 설 발판이 될 만한 것이라면 무엇이든 주시면 정말 감사하겠습니다.

모든 것을 다 공부할 시간적 여유가 있는 학생은 없다. 모두가 압박감을 느낀다. 과학의 발전으로 전통적 기독교 신앙이 맞고 있는 도전들을 논하는 중요한 책들이 점점 늘어 가지만 그 책들을 살펴보고 싶어도 모두 살펴볼 시간이 없다. 흔히 그런 책들은 저명한 과학자, 철학자, 신학자, 성경학자들의 글을 한데 모은 것이다. 진행 중인 논쟁에는 중요한 기여를 하지만, 전문가들이 전문가들을 위해 썼기 때문에 흥미를 느끼는 일반 독자가 읽기에는 사실 어렵다.

나는 그런 모임에 몇 번 참여하는 특권을 누렸는데, 모임이 끝날 때마다 내가 그 자리에서 들은 매우 유용하고 지혜로운 주장들을 더 많은 이들과 나눌 수 없다는 사실이 무척 안타까웠다.[5] 어떤 것들은 책으로 나오기도 했지만, 해당 분야의 전문가가 아니면 쉽게 이해할 수 없는 수준의 논의였다. 나는 그런 모임에서 접한 통찰과 논평들을 심리학 분야에 들어서는 평범한 대학생과 나누기 위해 최선을 다해 이 책을 썼다.

대학에 입학해서 미국의 기독학생회(IVCF)나 영국의 기독학생회(UCCF)에 가입하는 학생은 다른 학생들과 신앙을 나누는 일을 목표로 하는 집단의 일원이 된다. 그는 개인 복음 전도를 권고받는데, 50년 전에도 상황은 같았다. 당시에 기고문 한 편이 영국 UCCF에서 발행하는 학생 잡지 "인터바서티"(*InterVarsity*)에 실렸다가 미국의 IVCF 학생 간행물 "히즈"(*HIS*)에 다시 실렸는데, 학생 복음 전도의 실제 상황을 그려 낸 시나리오였다. 지금 보아도 그 내용은 여전히 적절하다. 다음의 발췌문을 읽어 보라(50년 전에 쓴 글이라는 점을 감안하시라).

어떤 대학이건 상관없다. 나와 함께 학생회관으로 가서 기독학생회 회원이 콜라를 마시며 동료 학생과 나누는 대화를 들어 보자. 그는 (여러 날 기도한 끝에 어렵사리) "영적인 일들"에 관한 대화를 이끌어냈고 이제 복음을 명확하게 소개하는 통상적 절차를 따라가고 있다.

한동안은 순조롭게 진행되는가 싶었는데 대화가 꼬인다. 믿지 않는 친구가 그의 말을 지적으로 받아들이기 어렵다고 한 것이다. 그는 한 번도 그런 문제로 고민해 본 적이 없는지라 그런 것이 진짜 문제가 된다고 믿기가 어렵다. 어차피 그로서는 대답할 수 없는 질문이기 때문에, 그는 그것이 도덕적 난처함을 가리기 위한 연막에 불과하다고 단정해 버린다. 친구가 "진짜 문제"를 회피하려고 그런 얘기를 꺼냈다고 보는 것이다.…설전이 이어진다.…친구는 복음의 메시지를 직시하고 싶지 않은 것이 분명하다. 그 외에 다른 어떤 이유가 있을 수 있겠는가? 그는 친구의 질문을 한 방에 무력화시킬 필살기를 보여 주었다고 생각한다. 그가 볼 때 친구의 질문은 흥미롭지도 않고 중요하지도 않다. 그것은 사람의 주의를 딴 데로 돌리는 "훈제 청어"(red herring)가 분명하다.

그 글은 이렇게 끝난다.

청어만 나오면 모두 "훈제 청어"라고 오해하기 십상이다. 나는 지적 난점들이 개인 전도를 가로막는 성가신 방해물이 아니라 영생을 향해 열리는 문이 될 수 있다고 말하고 싶다. 이런 문제들을 놓고 친구들과 적극적으로 생각을 펼쳐 나가는 것은 우정의 증표이자 진실한 뜻과 정직한 마음으로 친구들을 대하고 있다는 확신을 심어 주는 방법이 될 수 있다. 이런 식의 접촉이 이어지면 운동장이나 실험실에서 이루어지는 것 못지않게 친밀하고 유익한 우정이 생길 수 있다.[6]

그로부터 50년이 훌쩍 지난 오늘날, 「엠마오로 가는 길」(Moving Toward Emmaus)에서 얘기하듯 그리스도인들 사이에는 "'진정한 믿음은 강요로 생기지 않는다'는 원리가 기독교 이야기의 중심에 자리잡고 있다"는 인식이 점증하고 있다. 널리 읽힌 데이비드 스미스(David Smith)의 이 책에는 다음과 같은 대목도 나온다.

"유럽의 주류 종교가 되어 사회적 지위와 정치권력을 획득한 기독교는 창설자의 본을 금세 잊어버리고 기독교에 충성을 맹세하도록 사람들을 강제했고, 그들이 기독교를 절대 버리지 못하게 할 수많은 방법을 고안해 냈다."[7]

스미스는 우리가 엠마오로 가는 길에 계신 그리스도를 다시 만나야 한다고 주장한다. 그리스도는 하나님을 "기다리는 아버지"라는 혁명적인 모습으로 그려 내셨다(눅 15:11-32). 스미스는 말한다. "기독교 국가가 제공했던 모든 버팀목과 사회적 지지가 사라지자, 그리스도인들은 '신자들이 주위 동료들에게 강요하는 **의무적이고 강압적인 하나님**, 지성과 양심의 소리를 다 무시하고 무조건 따르지 않으면 제재를 가하겠다고 위협하는 신'을 철저히 거절하도록 요구하는 명령이 복음에 담겨 있음을 깨달았다."[8] 우리는 이 사실을 기억하면서 진리를 추구하는 길에 나선 동료들과 동행해야 한다. 이것은 우리의 특권이다.

50년 전에 위에서 인용한 잡지 "히즈"에 기고문을 쓴 사람은 바로 나다. 나는 여러 해 동안 심리학과 학생들을 만나고 그들이 실제로 겪고 있는 문제를 바탕으로 그 글을 썼다. 이후 50년 넘게 그들과 함께하면서 나의 이해는 더욱 깊어졌다. 나는 미국 호프 칼리지 심리학과의 데이비드 마이어스(David Myers)와 토머스 러드윅(Thomas Ludwig) 교수에게서 받은 귀중한 의견을 통해 내 생각이 옳았음을 확인했다. 최근에 그들은 '심리학과 종교'라는 강좌를 한 학기 동안 진행했는데, 강좌 내내 학생들이 제기한 질문들을 친절하게도 내게 보내 주었다. 그 질문들과 내가 학생들과 만나면서 파악한 질문들을 취합하자 반복해서 등장하는 핵심들이 드러났다. 이 책에서 나는 4년제 심리학 우등 과정을 밟는 가상 대학생과 이메일로 대화하는 형식으로 그 핵심 질문들에 대한 답을 제시하려고 했다.

대학을 졸업했다고 문제가 없어지거나 질문이 멈추지는 않는다. 극동의 한 나라에서 공학을 전공하는 대학원생은 최근 북미 지역에서 가르치는 나의 동료 교수가 쓴 책을 읽고 그에게 도움을 청하는 이메일을 보냈다. "저는 믿고 싶은 마음이 간절하지만, 과학 및 주위 세상의 실재와 신앙을 조화시키기가 어렵습니다." 그 교수는 대학원생과 이메일을 주고받으며 이 책의 초기 원고 중 일부를 보내 주었는데 그것이 도움이 되었다고 말했다. 독자에게도 이 책이 도움이 되길 바란다. 모든 신앙인은 전공과 직업에 상관없이 자신의 신앙을 위협하는 현대의 도전과 씨름한다. 최근 나는 남미 어느 나라의 그리스도인 물리학 교수가 쓴 글을 읽었다. "신앙과 학문 활동을 통합하는 것은 참 어려운 일이다.…이 어려움을 극복하려면 성찰이 필요하고, 다른 곳에 있는 비슷한 처지의 사람들이 그것을 어떻게 극복했는지 알면 도움이 된다."[9] 이 책에 실린 나의 경험이 그는 물론이고 처지가 비슷한 다른 이들에게도 도움이 되길 바란다.

이 책이 다루는 주제들 중에는 앞서 말한 전문가들이 다루지 않은 주제도 있지만 겹치는 부분들도 분명히 있을 것이다. 이 책은 **학생들이 실제로 제기한 질문들**을 다룬다. 그 학생들은 지적으로 정직하기 원한다. 로버트 보일이 말한 **검토된 신앙**을 갖고, 존 스토트가 말한 대로 "복음을 전할 뿐 아니라 그 진리를 수호하고 논증해 내고"[10] 싶어 한다. 부활하신 그리스도를 따라, 때로는 당혹스러워하는 동료 제자들과 엠마오로 가는 길을 함께 걸어갈 준비가 된 그리스도인들이 필요하다.

우리 모두는 기독교 신앙의 여러 측면에 대해 의문과 수수께끼를 안고 있고, 정직하게 그것을 나눌 때 서로 힘과 격려를 얻을 수 있다. 우리에겐 이런 식의 '힘이 되는 나눔'이 필요하다. N. T. 라이트가 상기시켜 준 대로, "우리 시대에 인기를 얻고 있는 끈질긴 거짓말이 있"기 때문이다. 바로 "기독교는 사람의 생각을 차단하고 진지한 사고를 중단하고, '실생활'의 확고한 진실과는 단절된 얄팍한 환상의 세계에서 살아가는 것"이라는 거짓말이다. 그의 말은 이렇게 이어진다. "하지만 진실은, 진정한 기독교는 [바울이 이 서신(에베소서)에서 줄곧 말하듯이 또 이 서신의 자매편인 골로새서에서도 말하듯이] 진리를 더 깊은 차원에서 파악할 수 있도록 마음을 열게 한다."[11]

약 반세기 전, C. S. 루이스는 「개인기도」(*Letters to Malcolm*, 홍성사)를 썼다.[12] 그때나 지금이나 그 편지들은 내게 도움을 주고 마음을 따뜻하게 만든다. 요즘은 동료와 학생, 친구들과 편지 대신 이메일로 연락을 주고받는 터라, 이 책을 루이스의 편지를 염두에 두면서 이메일 형식으로 만들었다.

이메일을 주고받는 양이 늘어나면서, 여러 해에 걸쳐 내가 가르친 학생들, 데이비드 마이어스와 토머스 러드윅의 학생들이 제기한 화제들이 일련의 다양한 테마를 이루며 자연스럽게 정리되기 시작했다. 나는 이메일들을 같은 주제와 이슈별로 묶었다.

책에서 다룬 문제들 중 일부를 더 깊이 알기 원하는 독자를 위해, 책 뒷부분 '읽을거리'에 대학 도서관이나 인터넷에서 쉽게 찾을 수 있는 최신 참고 문헌과 자료들을 실었다. 이 자료들은 이 책에 전형적으로 등장하는 수수께끼 같은 논평과 주장들이 어떤 근거에서 나왔는지 자세히 밝혀 줄 것이다.

1
심리학이란 무엇이며
어떻게 접근해야 하는가

말콤   네 형제들이 학교에서 어떻게 지내는지 너의 아버지에게 들었다. 원하는 대학에 합격했다는 소식도 들었지. 축하한다. 치열한 경쟁을 뚫고 합격하다니, 성적이 아주 좋았나 보구나. 그 대학 심리학과는 평판이 좋아. 각 대학 심리학과는 교수진의 연구 관심사에 따라 나름의 고유한 강점을 갖고 있지. 네가 입학한 대학의 심리학과는 과학적 엄밀성을 강조하고 심리학에서도 신경과학, 진화생물학과 겹치는 영역에 집중하는 것으로 유명해. 심리학의 역사를 다루는 단기 강좌가 있다면 한번 들어 보렴. 심리학이 어떻게 지금의 자리에 이르게 되었는지 아는 것이 중요하거든. 현재의 추세를 균형 감각을 갖고 바라보는 데 도움이 될 거야.

벤   고맙습니다! 합격해서 무척 신나요. 앞으로 공부할 내용도 궁금하고요. 솔직히, 부모님은 심리학 공부를 그리 탐탁하게 여기지 않으세요. 그것 때문에 제 기독교 신앙이 망가질 수 있다고 생각하시거든요. 교수님은 심리학을 가르치시잖아요. 다른 사람들, 특히 그리스도인들이 교수님의 직업을 알게 되면 어떤 반응을 보이나요?

말콤   반응들은 엇갈려. 안타깝게도 심리학을 신앙의 최대 적이라고 보는 그리스도인들이 있어. 그렇지 않아도 미국의 교수 집단 중에서 심리학과 교수들의 종교성이 가장 떨어진다는 연구 결과가 있지. 언론이 심리학의 발전을 다루는 방식을 생각하면, 네 부모님의 염려를 이해할 수 있어.

심리학이 무엇을 다루는지 아느냐고 친구 열 명에게 묻는다면 아마 열 가지 답이 나올 거야. 하지만 세 가지 주요 흐름은 감지할 수 있을 거다. 첫째, 심리학 지식은 주로 사람들의 마음과 감정의 문제를 다루는 데 도움을 주기 위한 것이라는 입장이야. 둘째, 우리 마음과 뇌에서 벌어지는 일을 연결하는 학문이라고 보는 입장으로 열심히 잡지를 챙겨 보고 텔레비전을 시청하는 사람들에게 친숙하지. 셋째, 다윈의 생각을 좇아, 단순한 형태의 동물에서 진화한 인간의 심리적 특성들을 다루는 학문으로 보는 입장이 있어.

첫 번째 견해는 기독교계에 널리 퍼져 있단다. 반세기 전 북미에서 심리학, 상담, 기독교 신앙을 논의할 장을 마련하기 위해 기독교심리학연구협회(Christian Association for Psychological Studies)가 설립되었지. 이후 그들은 상담과 임상심리학 분야에서 집중적으로 활동하고 간행물을 내고 있어. 협회지를 보면 협회 회원들의 절대다수가 그 분야에서 활동하고 있다는 사실을 분명히 알 수 있어. 물론 좋은 동기에서 나온 행동이지. 그들의 주된 관심사는 다른 사람들을 돕는 것이고, 상담가, 심리치료사, 임상심리학자들이 일상적이고 실제적인 관심 분야에서 이것을 구현하고 있단다.

'도움이 된다'는 이 입장은 19세기의 접근법이 그대로 이어진 거야. 19세기만 해도 거의 모든 주요 기독교 단체가 '심리학적 보살핌'과 '영혼의 보살핌'이 온전히 이어져 있다고 생각했지. 그러나 시간이 흐르면서 '심리학'의 의미가 달라지기 시작했고, 전형적인 21세기의 심리학 전공자들이 볼 때 범위가 한정된 이전의 심리학은 완전히 낯선 것이 되어 버렸단다.

안타깝게도 심리학이 발달하면서 심리학과 종교의 우호적 관계는 달라지기 시작했어. 먼저 20세기 초, 지그문트 프로이트의 정신분석학이 발달했지. 그러다 20세기 중반에 등장한 행동주의가 한동안 심리학을 주도했단다. 공교롭게도 두 이론 모두 과학계가 아닌 대중매체에서 큰 인기를 끌었어. '오이디푸스 콤플렉스', '억압', '죄책 콤플렉스' 같은 정신분석학 개념과 용어들이 문학작품, 드라마, 일상 대화에서 불쑥불쑥 등장했지. 이런 일을 하도록 **조건화**되었다거나 저런 일을 하지 않도록 **억제**되었다는 등의 행동주의 용어들도 널리 사용되었어.

마음을 뇌와 연결시키는 두 번째 입장과 마음의 진화론적 등장을 추적하는 세 번째 입장은 21세기의 전형적인 대학 심리학 교과서에서 강한 지지를 받고 있지. 교과서에서 인지와 행동의 생물학적 근거를 언급하는 것을 많이 보게 될 거야. 북미에서 가장 널리 쓰이는 심리학 교과서인 데이비드 마이어스의 「심리학」(*Psychology*, 시그마프레스) 제9판을 한 번 살펴볼까? 16장으로 이루어진 그 책은 성격, 심리치료, 사회심리학을 각각 한 장씩 다루고 방법론에도 한 장을 할애해. 그런데 책 분량의 70퍼센트에 이르는 나머지 열두 장은 신경적 그리고 진화론적 뿌리를 인식해야 제대로 이해할 수 있는 심리학적 주제를 다루는데, 정서와 스트레스처럼 매우 생물학적인 주제들로 이루어져 있지.[1] 그러니까 심리학은 임상에서는 전문 직종이지만, 대학에서는 과학의 한 분야인 거야.

벤   심리학에 대한 인식을 알 수 있는 배경 정보를 주셔서 감사해요. 전 지금까지 두어 번 강의를 들은 것이 전부지만, 여기 사람들이 프로이트나 스키너를 수용한다는 느낌은 받지 못했어요. 교수님이 말씀하신 두 번째와 세 번째 입장, 그러니까 마음을 뇌와 연결시키고 인간 심리의 진화를 추적하는 쪽으로 기울어 있는 것 같아요.

말콤   놀랄 일은 아니지. 너희 학교 교수진 대부분은 지난 세기 중반에 심리학의 주류였던 행동주의 시각에 반발하며 일어난 소위 "인지혁명"(cognitive revolution)의 후예들이거든. 하버드 대학 심리학과의 하워드 가드너(Howard Gardner) 교수는 인지혁명에 대한 매혹적인 책을 썼어. 그 책에 조지 밀러(George Miller) 교수의 회상이 소개되어 있는데, 밀러 교수가 MIT 심리학과에 있을 무렵, 대표적인 행동주의자 스키너 교수는 하버드에 있었지. 밀러는 1956년 영국 케임브리지에서 열린 소규모 국제 컨퍼런스를 마치고 이렇게 썼어. "심포지엄을 마친 후 강한 확신이 들었다. 이제 인간실험심리학, 이론언어학, 인지과정에 대한 컴퓨터 시뮬레이션을 구성 요소로 하는 더 큰 통일체가 모습을 드러내고 미래에는 그 개별 학문들의 공통 관심사가 점점 다듬어지고 조율되는 것을 보게 될 것이라는 확신. 이성적이기보다는 직관적인 확신이었다."[2]

1997년 저널 "사이언스"(Science)지의 한 사설은 심리학의 지난 50년을 이렇게 정리했어. "밀러가 초창기에 떠올린 전망은 모두 현실이 되었다. 최근 몇년 사이에 이루어진 놀라운 진보에 과학계 바깥사람들도 흥분하고 있다. 심리학이 통상적인 인지기능(언어, 기억, 계획 수립 등)과 뇌 관련 질환(정신분열증, 알츠하이머병 등)에 빛을 비춤으로써 일상생활에 유효한 학문임을 보여 주었기 때문이다."³ 1956년 나는 케임브리지 컨퍼런스의 간사로 그 자리에 있었어. 내 역할은 모임의 조직을 맡은 내 지도교수 프레더릭 바틀릿 경을 돕는 것이었지. 나는 당시 상황에 대한 조지 밀러의 회상에 전적으로 공감해. 케임브리지에서의 그 컨퍼런스를 인지혁명의 시작이라고 보는 이들이 많아.

이 글을 쓰고 있는 지금, 조지 밀러가 95세의 나이로 세상을 떠났구나. 2012년 8월 2일자 "뉴욕타임스"(New York Times) 기사는 심리학 연구가 답보 상태에 머물던 1955년에 조지 밀러가 발표한 논문 하나로 "생각하기에 대한 새로운 생각이 터져 나왔고 인지심리학으로 알려진 새로운 연구 분야가 열렸다"고 평했어.⁴

벤 죄송하지만, 저에게 1956년과 1997년은 아주 먼 옛날이거든요. 오늘날 심리학에서는 어떤 일이 벌어지고 있나요?

말콤 인지혁명은 계속되고 있고 부분적으로는 신경과학의 발달과 통합되었어. 내가 오늘 읽은 보고서는 뇌의 작용을 이해하는 일이 인지심리학의 발전과 결합해서 정신질환에 대한 이해를 혁명적으로 변화시키고 있다는 걸 강조하더구나. 케임브리지의 한 연구소에서 나온 그 보고서의 제목은 "정신분열증 진단을 돕기 위한 새로운 혈액 실험"이란다. 책임 연구자 새바인 반(Sabine Bahn) 교수의 다음 말을 인용하고 있어. "정신분열증은 복잡하고 까다로운 질환이지만, 현재의 진단법은 여전히 환자 인터뷰와 임상적 증상에 따른 주관적인 평가에 의존하고 있다. 우리는 [우리의 새로운 기법이] 현재의 진단 과정의 보조 수단으로 쓰이기를 바란다. 그렇게 되면 정신과 의사가 좀더 자신 있게 진단을 내릴 수 있고 진단 속도도 더 빨라질 것이다."⁵

영국의학아카데미(Academy of Medical Science)에서 낸 또 다른 보고서에는 치매 연구가 급속히 발전하고 있다고 하더구나. 보고서는 2040년 무렵이면 8천만 명이 치매를 앓을 거라고 예상하고 있어. 정말 염려스러운 수치가 아닐 수 없지. 치매가 발생할 때 뇌에서 어떤 일이 벌어지는지 알기 위해 오늘날 그렇게 많은 연구가 이루어지는 이유를 알 수 있지.[6]

최근에 나온 또 다른 보고서는 널리 퍼져 있는 한 가지 신화를 깨뜨렸어. 한때 사람들은 개발도상국의 치매 유병률이 낮다고 믿었지. 하지만 런던 정신과치료연구소에서 진행한 국제적 협업 연구 결과, 과거의 추정치가 중·저소득 국가들에서의 유병률을 크게 과소평가했다는 사실이 드러났어. 그 나라들의 치매는 개발국가들 못지않게 흔하단다. 내가 이 사례들을 소개하는 이유는 간단해. 한 시대에 널리 받아들여지는 내용이라 해도 새로운 증거가 출현하면 금세 뒤집힐 수도 있다는 거야.

벤 심리학에 대한 과학적 접근법을 상당히 신뢰하시는군요. 전 아직까지는 잘 모르겠어요. 대학에 들어오기 전에 이런저런 책을 읽어서 오늘날 심리학자들은 20세기 초에 주류를 이루었던 프로이트의 견해를 그리 진지하게 받아들이지 않는다는 것 정도는 알아요. 교과서만 봐도 금방 알겠더라고요. 700쪽의 교과서에서 프로이트의 견해를 다루는 분량은 몇 쪽밖에 안 돼요. 그러니까 과학이 우리에게 많은 것을 가르쳐 준 점은 동의하지만, 과학을 너무 높이 떠받드는 게 아닌지 염려돼요. 하지만 지금은 심리학 수업뿐 아니라 신경과학 수업도 듣고 있어요. 이런저런 책을 읽어 보니 신경과학 연구가 임상심리학 같은 심리학 응용 분야와 직결되더라고요. 전 그 분야에 관심이 많아요.

말콤　　무슨 말인지 알겠다. 균형에 대해서라면, 심리학에 대한 과학적 접근을 포함해 과학이 오늘날 우리 사회에 많은 것을 줄 수 있다고 본다. 하지만, 과학 활동이 성공하면서 과학이 어떤 활동인지 오해할 가능성도 커졌어. 치매에 대한 생각이 달라진 사례에서 보듯, 때로는 과학이 주장하는 내용들도 잠정적이라는 사실을 알아야 해. 런던왕립학회 회장 마틴 리즈 경(Sir Martin Rees)이 최근에 "과학, 제대로 알자"(Keeping it real)라는 글에서 다음과 같이 지적했어. "과학은 독단이 아니다. 과학의 주장들은 때로는 잠정적이고 때로는 강력하다. 가장 확실하게 제시할 수 있는 사실은, 강력한 합의가 존재하는 가운데 일부 반대 의견도 있다는 것이다. 정통 입장에 대한 논란과 대립, 회의는 대중에게 강력한 호소력을 지닌다."[7] 기후변화의 증거에 대한 최근의 논쟁들이 좋은 사례가 되겠지.

　　과학은 세상과 동떨어져 존재하지 않아. 마틴 리즈는 이런 말도 했어. "과학의 응용과 우선순위는 과학자들끼리 결정할 문제가 아니다. 거기에는 정치적·경제적·윤리적 차원이 포함돼 있다." 그는 과학이 모든 사람에게 중요하다고 주장해. "악보를 읽거나 악기를 연주하지 못해도 음악을 감상할 수 있는 것처럼, 과학자가 아니라도 과학의 핵심은 파악할 수 있다."

　　심리학의 발전에 언론이 관심을 집중하고 있으니, 너희 세대 심리학도들의 역할은 앞으로 더욱 커지겠지. 너희는 심리학 연구가 실제로 내놓는 것과 내놓지 않는 것이 무엇인지, 균형잡히고 사실에 부합하면서도 증거가 있는 내용을 설명하는 데 최선을 다해야 할 거야.

　　리즈 경에 앞서 왕립학회 회장을 맡았고, 생존하는 세계 최고의 수학자로 손꼽히는 마이클 아티야 경(Sir Michael Atiyah)도 비슷한 취지의 말을 했단다. "대중은 과학에 관심이 많고 과학의 유익을 바르게 이해한 부분도 많지만, 두려움도 있다. 과학에 대한, 특히 과학이 환경에 미치는 영향에 대한 반발이 이렇게 커진 이유는 과학의 응용이 우리 삶에 매우 큰 영향을 끼치게 되었기 때문이다. 과학 활동이 전부 실험실에서만 이루어진다면 소수의 사람들만 관심을 가질 것이다. 하지만 그렇지 않기 때문에, 과학의 영향력에 의문을 제기하는 이들이 더 많아지고 있다."[8]

심리학이 얼마나 "과학적"인지 또는 어느 정도 "과학적"이어야 하는지에 대한 질문으로 말하자면, 기독교 신앙을 공유하는 그리스도인들 사이에서도 견해가 다양하단다. 심리학에 과학적으로 접근하는 데 치중하다 보면 임상 분야에서 심리학자들이 기여할 수 있는 잠재력을 간과하는 결과를 초래할지 모른다고 생각하는 사람은 너뿐이 아니야. 심리치료사들은 당장의 시급한 문제들을 다루어야 하기 때문에, 특정 치료법에 대해 적절히 설계된 최신의 실증적 조사 결과가 나올 때까지 기다릴 여유가 없다고 항의하는 것도 이해가 되지.

심리학자들만 인간의 본성을 이해하는 것은 아니야. 셰익스피어의 희곡들에는 인간의 본성에 대한 심오한 심리학적 통찰이 가득하지. 옥스퍼드 대학의 샐리 셔틀워스(Sally Shuttleworth)는 발달심리학의 시초가 장 피아제가 아니라 문학이라는 점을 상기시켜 주었어. 그녀는 디킨스와 브론테 자매의 책들이 아이의 마음을 내면에서 보여 주는 사례와 아동심리학과 정신의학에 큰 영향을 끼친 과정을 보여 주었지. 셔틀워스는 아동심리학의 진정한 출발점은 1877년에 나온 찰스 다윈의 책 「한 아동에 대한 전기적 기록」(*A Biographical Sketch of an Infant*)[9]에서 찾을 수 있다고 보더구나. 잠언과 시편 같은 성경의 일부 책들도 인간 본성에 대한 심오한 통찰로 가득해.

최근에 나는 심리학에서 벌어지는 일과 그리스도인들이 전통적으로 믿었던 내용을 연결시키기 위해 그리스도인들이 택했던 다섯 가지 접근 방식을 소개하는 책을 받았어.¹⁰ 책의 기고자들 중 일부는 지나치게 과학적으로 심리학에 접근하면 심리학이 우리에게 줄 수 있는 중요한 교훈을 놓칠 수 있다는 우려를 토로하더구나. 심리학, 특히 현대 심리학이 종교를 제대로 고려하지 않는 오류를 범했다고 생각하는 기고자들도 있어. 소위 "변혁의 심리학"(transformational psychology) 전 분야가 과학적 접근법이 너무나 제한적이라고 보는데, 임상심리학과 상담에 주로 임하는 일부 심리학자들도 거기에 동의하지.

2
마음과 뇌는 어떤 관계인가

벤   마음이나 어떤 정신 경험을 뇌 회로의 활동으로 환원시키는 듯한 연구 결과들을 읽을 때 겁이 좀 나는 건 사실이에요.

말콤   너의 우려는 충분히 이해한다. 뇌와 마음의 연구를 다룬 극적인 보도를 읽을 때는 다른 어느 때보다 과학에 의문을 품어야 한다. 2011년 12월, 옥스퍼드의 저명한 신경과학자 존 스타인(John Stein) 교수는 이렇게 썼지. "뇌 연구에 대한 엉터리 주장들이 나오고 있고, 언론, 대중, 정책 입안자, 심지어 법정에서도 그것을 무비판적으로 받아들이고 있다." 그는 환원주의의 지배력이 커지는 상황을 경고했지. "과학자들은 뇌의 작은 부분들이 분자 수준에서 작동하는 방식을 연구하는 상대적으로 쉬운 일을 하면서, 그 기본 요소들을 가지고 복잡한 시스템 전체가 어떻게 하나의 통일체로 작동하는지 알고 싶어 한다." 그리고 이런 말을 덧붙였어. "하지만 복잡한 시스템의 창발적 특성을 분자 구조만으로 추론할 수는 없다.…물리학에서도 설명은 그와 반대로 이루어진다. 이론물리학자들은 복잡한 시스템의 모델을 개발하고 그 모델을 사용하여 개별 요소들의 특성을 예측한다. 그러나 신경과학계에서는 시스템적으로 사고하는 이들이 갈수록 줄고 있다." 스타인 교수는 '뇌 마음 포럼'(Brain Mind Forum)의 활동에 찬사를 보낸단다. 이 포럼의 목표는 신경과학자들이 "신경과학 연구를 왜 하는지 생각하게 하고 금기시되고 있는 질문을 던질 용기를 갖게 하는 것이다. 예를 들면 이런 질문들이다. '의식이란 무엇인가?', '마음과 뇌는 어떤 관계인가?'"[2]

하지만 문제가 있단다. 우울증, 사랑, 자폐증, 알츠하이머병 등과 관련해서 뇌의 특정 부위에 불이 들어온다는 연구 결과가 나오면 바로 이어서 그 현상의 원인을 알아냈다고 주장하는 머리기사가 등장한다는 거지. 하지만 인과관계와 상관관계는 달라. 원인을 찾는 것은 대개 아주 어려운 일이지.

벤 저도 뇌가 마음을 만든다는 기사를 읽고 심리학에 관심을 갖게 되었거든요. 그 기사를 보니 확 끌리더라고요. 하지만 전에 말씀드렸다시피 겁도 좀 나요. 심리학을 공부하면 제 생각이 어떻게 달라질지 모르겠거든요.

말콤 심리학 연구에 대한 대중의 관심은 충분히 이해할 만해. 심리학 및 관련 분야 과학에서 몇 가지 놀라운 진전이 있었으니까. 특히 공공 정책이 이런 관심을 증폭시켰어. 20세기 말에 뇌과학 분야는 그야말로 전도유망했고, 미국 상원에서는 뇌 연구에 엄청난 지원을 하는 것이 합당하다는 결정을 내렸지. 1990년대를 "뇌의 10년"이라고 부르기까지 했단다. 뇌 연구 분야가 보여 준 급속한 발전을 고려할 때, 그들의 돈이 잘 쓰였다는 걸 알 수 있어. 때가 되면 이 부분에 대해 듣게 될 거다.

벤   교수님은 뇌 연구의 어떤 분야에 관심이 있으세요?

말콤   21세기에 접어들면서 뇌 영상 촬영 기법의 발전에 특히나 많은 이들이 관심을 보이고 흥분했단다. 연구자들은 자원자들이 미술 작품 관람, 음악 감상, 모성애 발휘, 명상과 기도 등 온갖 과제를 수행하는 동안 뇌의 어떤 부위가 가장 활성화되는지 실제로 볼 수 있게 되었으니까. 마음과 뇌 연구 분야에서 급속한 발전을 기대할 만한 조건이 다 갖추어진 것처럼 보였기 때문에 일부 과학자들은 21세기의 첫 10년을 "마음과 뇌의 10년"이라고 불러야 한다고 주장하기도 했지.

미국심리학협회(American Psychological Society)는 2만 명의 회원을 자랑하는 북미 최대 규모의 과학적 심리학자 단체인데, 예측 가능한 미래에 심리학이 나아갈 방향을 논의하고 보고서를 써 내기 위해 2009년에 그룹을 하나 만들었어. 그리고 아주 멋진 보고서를 내놓았지. 그들이 주목한 첫 번째 분야가 '마음과 뇌 연구의 미래'라는 점이 특히 흥미로웠어. 그러니 수업 시간에 그 얘기를 많이 듣더라도 놀라지 마라!

방금 아래층에 내려가서 차 한 잔과 우편물을 챙겨 왔다. 우편물 중에 웰컴재단(Wellcome Foundation)의 지원을 받아 진행 중인 연구의 최신 소식을 정기적으로 알리는 책자가 있더구나. 웰컴재단은 영국 의료 연구 분야에서 단연 최고의 기금을 제공하는 곳이야. 책자를 살펴보다가 네가 우려하는 몇 가지 사항을 잘 보여 주는 보고를 두 편 보았어. 첫 번째 보고는 도파민(보상과 동기 부여와 학습 증진에 관여하는 뇌 속의 화학물질) 수치가 높으면 더 유익한 보상을 기다리기보다 당장의 만족을 선택할 가능성이 높아진다는 것을 보여 주었다. 이런 연구는 주의력결핍 과잉행동장애(ADHD)를 가진 아이들을 상대하는 임상의에게 도움을 줄 수 있을 거야. 이 보고 내용은 한 가지 상태를 완화시키기 위한 치료가 다른 증상에는 안 좋은 영향을 끼칠 수 있다는 사실도 보여 주지. 엘도파(L-dopa)라는 약물은 파킨슨병의 증상을 완화시키는 데 여러 해 동안 사용되었지만, 환자들을 더 충동적으로 만들 수 있는 부작용을 안고 있어.

두 번째 보고는 너를 더 혼란스럽게 만들지도 모르겠다. 케임브리지의 한 연구 그룹이 상습적으로 심각한 반사회적 행동을 일삼던 십대들을 연구했는데, 그 아이들의 뇌 활동이 또래와 비교할 때 비정상적인 패턴을 보인 것을 발견했거든. 그러면 의문이 들지. 우리의 행동에 대한 책임을 어떻게 생각해야 할까? 이 문제는 나중에 다시 살펴보기로 하자.

벤   뇌-마음 과학이 제 신앙을 근거 없는 것으로 만들어 버리지 않을까 좀 겁이 나요. 만약 그렇다면, 제가 어떻게 신앙을 유지할 수 있겠어요?

말콤   좋은 질문이다, 벤. 올해 나온 몇몇 언론 보도와 유명하고 존경받는 일부 신경과학자들이 한 말을 고려하면, 2010년대에 마음과 뇌뿐 아니라 마음, 뇌, 신(들)에 대한 이야기가 많이 들리더라도 놀랄 이유는 없을 것 같다. 벌써 그런 말들이 나오기 시작했고, '뇌의 10년' 기간에 「신은 인간의 뇌 어디에 사는가?」(*Where God Lives in the Human Brain*)라는 도발적인 제목의 책도 출판되었지.[3] 신경학이나 신경과학에 기여하는 정도로 볼 때 그리 중요한 책은 아니었지만 제목이 매우 도발적인 데다가 북미에는 그리스도인이 많기 때문에 언론의 큰 관심을 받았어. 2009년에는 이 책에 이어 신과 뇌를 연결시키는 도발적 제목의 책이 또 한 권 나왔단다. 신경방사선학자와 정신과 의사가 공동 저술한 이 책의 제목은 「신은 어떻게 뇌를 바꾸는가?」(How God Changes Your Brain)였지.[4] 이런 유의 연구를 "신경신학"(neurotheology)이라 부르는데, 이 연구를 활용해 신의 존재를 증명할 수 있다고 생각하는 종교인들도 있지. 그런가 하면 이것으로 신에 대한 신앙이 진화론적 뇌 발달 과정에서 남은 찌꺼기에 불과함을 입증했다고 보는 무신론자들도 있고.

네가 나중에 가서야 공부할 내용을 지금 너무 많이 말하고 있구나. 공부하다 보면 이런 문제들을 더 깊이 살피게 될 거다. 네 생각처럼 그 사이에 너의 신앙은 상당한 도전을 맞게 될 거고. 네가 소중하게 여기는 기독교적 신념들이 소망투사(wishful thinking)나 뇌세포의 무의미한 수다에 "불과"하며 그 사실을 "심리학이 입증했다"는 말을 들으면 너도 모르게 가슴이 철렁 내려앉겠지. 불신자들과 전투적인 무신론자들이 기독교를 그렇게 도매금으로 비판하거든, 그들의 신념 역시 똑같은 대접을 받을 수 있다는 것을 기억하렴. 그들의 신념도 소망투사나 기독교 신앙의 도전을 회피하려는 시도 혹은 뇌 속 신경세포의 작용으로 우연히 생겨난 수다에 "불과"하다고 말할 수 있다는 뜻이야. 이런 몇 가지 문제를 다룬 책으로 「신앙의 눈으로 본 심리학」(Psychology Through the Eyes of Faith, IVP)을 권하고 싶구나.[5] 시간이 나거든 한번 읽어 보렴.

벤 마음(mind)이라는 단어가 맥락에 따라 여러 의미로 쓰이는 것이 혼란스러웠어요. 심리학 수업 시간에 교수님들이 마음에 대해 많이 말씀하시지만 어떤 의미로 그 단어를 쓰는지는 언급하지 않으세요. 도움이 될까 해서 데이비드 마이어스가 쓴 교과서를 살펴봤어요. 앞부분, '마음의 생물학'이라는 장에서 우리가 "마음"이라는 말의 의미를 다 안다고 전제하고 논의를 시작하더군요.[6] 하지만 과연 다들 같은 의미로 마음을 말하고 있을까요?

제가 다니는 교회에서 성경 공부를 할 때도 목사님이 마음에 대해 말씀을 하세요. 예를 들어 로마서 12:2에서 사도 바울이 "마음을 새롭게 함으로 변화를 받"으라고 말했잖아요. 목사님은 이 개별적 권고를 "너희 안에 이 마음을 품으라. 곧 그리스도 예수의 마음이니"(빌 2:5)라는 집단적 권면과 연결시키셨어요. 사도 베드로가 그의 첫 번째 편지에서 "여러분은 모두 한 마음을 품으며, 서로 동정하며, 서로 사랑하며, 자비로우며, 겸손하"(벧전 3:8, 새번역)라고 썼다는 점도 지적하셨고요.

제가 묻고 싶은 건 이거예요. 성경에 나오는 '마음'이라는 단어의 용례가 심리학 수업 시간에 듣는 내용과 어떤 식으로건 직접적인 연관이 있나요? 제가 볼 때, 교수님들이 말하는 **마음**은 사고, 기억, 지각 등의 활동에 개입하는 정신 작용이에요. 마음을 별개의 실체로 여기지 않는 것 같아요. 마음이라는 말을 '정신 기능'의 줄임말로 쓰는 거죠. 마음에 대해 성경에서 말하는 내용과 수업 시간에 듣는 내용의 연관성을 찾기 위해 노력해야 할까요?

말콤 왜 그 질문을 하는지 알겠다. '마음'이라는 단어가 쓰이는 방식에 대해 네가 제기하는 문제는 '성경의 언어와 진술을 과학 같은 다른 지식의 영역에서 쓰이는 언어와 어떻게 연결시켜야 하는가' 하는 일반적인 문제의 한 가지 사례다. 그리스도인들이 '지구는 지축을 중심으로 회전한다'는 과학자들의 말을 처음 들었을 때 직면한 문제의 또 다른 사례이기도 하고. 어떤 신학자들은 시편 93:1에 지구는 고정되어 있고 움직일 수 없다고 분명히 나와 있으니 그럴 수 없다고 말했지. 그들에게 그보다 더 분명한 근거가 있었겠니?

오늘날은 문제가 더 복잡하다. 영어 성경 번역본만 수십 종이 있고 같은 구절에 대해 각기 다른 단어를 쓰고 있거든. 과거에서 배울 수 있는 교훈은 분명하다. 성경을 과학 교과서로 만들려 해서는 안 된다는 거야. 우리가 사용하는 언어를 주의 깊게 살필 필요가 있어. 그렇게만 해도 불필요한 불안과 염려를 많이 덜 수 있을 거다. '마음'이라는 단어도 마찬가지란다. 과거에는 '마음'(mind)과 '영혼'(soul) 두 단어를 서로 바꿔 쓸 수 있었다는 사실을 기억하면, "단어의 깔끔한 의미"(semantic hygiene)를 유지하는 일이 얼마나 어려운지 잘 알 수 있지. 게다가 한 세기 전만 해도 「영혼을 섬기는 심리학」(Psychology in the Service of the Soul) 같은 제목의 책이 등장했으니, 단어의 혼란에 빠지기가 얼마나 쉬운지 짐작할 수 있지 않니? 그러니 '마음'이라는 말이 나올 때 스스로에게 이렇게 물어보렴. 대략적인 지침은 될 거야. 첫째, 여기서 '마음'은 인지적 신경과학자들이 쓰는 것처럼 "정신생물학적 통일체의 심리적 측면"을 줄여 쓴 과학 용어인가? 둘째, (성경의 많은 문맥에서 그렇듯) 하나의 태도 또는 공유된 태도와 신념의 집합(예를 들어, 빌 2:5; 롬 12:2)을 말하는가? 네 질문에 대한 답은 거의 언제나 "아니다"일 거야. 과학과 성경에서 말하는 '마음'은 그 뜻이 같지 않아.

별개의 언어들을 뒤섞어 버릴 가능성은 심리학에서 가장 크게 나타난단다. 물리학이나 화학, 생화학 등에서 쓰는 언어는 누가 봐도 전문적이고 일상 언어(성경에서 쓰는 일상어를 포함해)와 확연히 구분되지. 그래서 둘이 같다고 생각할 여지가 전혀 없어. 하지만 심리학에서 쓰는 수많은 단어는 **생각하기**, **기억하기**, **보기** 등 일상에서 쓰는 말들인지라 엄격한 과학적 맥락과 일상적 맥락을 구분하지 못하고 단어를 혼동할 가능성이 더 크다고 할 수 있지. 혼란과 불필요한 충돌을 피할 길은 끊임없는 경계뿐이야.

벤   심리학과 신경과학의 연구 속도가 가속화되면 정신 작용이 뇌 속에서 벌어지는 일로 모두 환원되어 버릴까요? 그렇게 생각하시는 교수님들이 계신 것 같아요. 인간의 정신 작용이 뇌의 다양한 부위의 구체적인 활동에 어떻게 의존하는지 (상당히 많은 정신 작용이 이 과정에서 나오고 이것으로 다시 환원될 수 있는 것처럼 보여요) 이해하기만 하면 그렇게 될 거라고 보는 거죠.

예를 들어, 진화심리학 수업 시간에 우리는 "마음읽기 행동"이라는 것에 대해 많이 들어요. 인간은 타인과 사회적 상호작용을 하면서 상대가 무슨 생각을 하는지 읽으려고 ("상대의 마음을 읽으려고") 노력한다는 거예요. 원숭이들에게서도 이와 비슷한 행동을 볼 수 있어요. 그런데 이런 마음읽기 능력이 뇌 속 특정 세포 집단이 작용해서 나타난다고 하더군요.

그러니까 제가 여쭙고 싶은 건요. 마음을 뇌로 환원시키지 않고, 심리학을 신경과학과 진화생물학으로 환원시키지 않는 방식으로 마음과 뇌의 관계를 생각할 수 있는 궁극적인 방법이에요. 그리고 마음과 뇌의 관계에 대한 견해가 어떻게 달라져 왔는지도 궁금해요.

말콤   마음과 뇌를 연결시키려는 시도는 역사가 깊지. 수천 년 전, 우리보다 더 지혜로운 사람들이 이 문제를 생각했어. 그들은 신나는 생각을 하면 가슴이 두근거리는 것을 경험했고, 평화로운 생각을 하면 심장의 두근거림이 멈춘다는 것을 알고 있었어. 이런 주관적 증거는 마음이 심장에 자리잡고 있는 것처럼 느끼게 했지. 기원전 5세기의 철학자 엠페도클레스(Empedocles)는 마음에 해당하는 그리스어 단어 '영혼'을 심장과 혈액에서 찾을 수 있다고 주장했어. 이것을 "심혈관설"(cardiovascular theory)이라고 하는데, 그렇게 불릴 만하지. 그의 견해에 반대가 없진 않았어. 비슷한 시기에 크로톤의 알크마이온(Alcmaeon of Croton)은 정신 기능이 뇌에서 이루어진다고 주장했단다. 이 견해를 "뇌수설"(encephalic view)이라 불렀지. 두 이론은 향후 이천 년 동안 경쟁했어. 위대한 의사 히포크라테스는 기원전 460년부터 360년까지 살았는데 뇌를 감정의 중재자이자 의식의 해석자로 여겼지. 그의 이론을 "마음의 뇌수이론"이라고 한단다. 그는 「성스러운 병에 대해」(On the Sacred Disease)에서 간질을 폭넓게 다뤘어.

기원전 4세기, 플라톤과 아리스토텔레스가 대립한 견해는 뇌수설과 심혈관설 사이의 갈등을 잘 보여 주었단다. 플라톤은 둘 다 취하고 싶었던 것 같아. 그는 불멸의 영혼이 머리의 골수에 있다고 보았는데, 뇌를 말하는 것 같아. 하지만 감정은 목과 가로막(횡경막) 사이에 있다고 보았지. 이것은 심장을 말하는 것 같다. 아리스토텔레스는 마음이 심장에 있는 것이 확실하다고 생각했지만 뇌도 어느 정도의 역할을 할 것이라 보았지. 뛰어난 생물학자였던 그는 뇌가 혈액을 식히는 기능을 한다고 여겼어. 만졌을 때의 축축한 느낌 때문이었지. 아리스토텔레스의 견해는 스토아학파 철학자들에게 이어졌고 다시 테르툴리아누스 같은 교부들에게 전해졌어. 뇌수설은 로마의 뛰어난 의사였던 갈레노스를 통해 살아남았다.

기원후 4세기, 시리아 에메사의 주교 네메시우스는 갈레노스의 추종자를 자처했고 마음과 몸의 관계에 대한 새로운 이론을 내놓았어. 그는 정신 기능을 감각과 상상, 사고와 판단, 기억, 이렇게 세 가지로 구분했지. 그는 각 기능이 서로 다른 뇌실에서 나온다고 보았어. 그러니까 뇌수설, 심혈관설, 뇌실설(ventricular theory), 이렇게 3가지 견해를 지지하는 세 집단이 있었던 거지.

갈릴레오가 기독교회에서 널리 받아들이던 우주론에 도전하는 증거를 내놓을 무렵, 베살리우스는 뇌를 포함한 인체를 해부(이전에는 신학적 이유로 금지되었던)하고 그 결과를 활용해 심신이론들에 의문을 제기하는 실증적 자료를 내놓았어. 베살리우스는 인간뿐 아니라 원숭이, 개, 말, 양, 기타 동물들도 해부했고, 모두가 뇌에 뇌실이 있다는 것을 알아냈어. 그런데 당시의 기독교 인간학은 뇌실이 인간에게만 있는 영혼이나 마음이 위치한 곳이라고 가르쳤지. 동물들의 뇌에도 뇌실이 있다는 증거가 나오자 영혼의 뇌실이론은 치명타를 입었어. 셰익스피어 시대에 이르러서는 심신관계에 대한 세 가지 이상의 이론이 경합을 벌였고, 셰익스피어는 다양한 희곡을 통해 각 이론들을 언급했지.

말이 너무 길어졌구나. 마음과 영혼이 뇌, 몸과 어떤 관계인가 하는 질문은 아주 역사가 깊다는 것을 알려 주고 싶었어. 역사는 우리가 자료를 대할 때 다른 지식 영역에서 가져온 신념, 예를 들면 기독교 신앙 같은 것들을 넣어서 해석할 위험이 있으니 조심해야 한다고 거듭 경고하고 있어. 이것이 역사를 살펴본 이유란다. 성경을 볼 때도 본문에 없는 내용을 **넣어서** 읽을 위험이 늘 존재하지. 최근에 신학자 N. T. 라이트가 보낸 이메일을 받고서 이 사실을 다시 돌아보게 되었어. 그는 "본문이 말하는 내용은 따로 있는데, 그 본문의 표면에서 전통의 메아리만 듣고 말기가" 쉽고, "'성경적'이라는 말의 의미가 지나치게 축소되어 '우리 전통에서 성경적이라고 가정하는' 정도의 의미가 되어 버린 경우가 비일비재하다"고 했지.[7]

벤　　이 주제로 정말 많이 생각하셨네요! 성경 본문이건 과학 자료건, 거기에 우리의 선입견을 가지고 읽을 위험이 있다는 점을 강조해 주셔서 감사해요. 이 맥락에서는 적절한 선입견이 다른 맥락에서는 부적절하거나 잘못이 되는 이유를 알 것 같아요. 마음-뇌의 연관성에 대한 이론의 역사를 정리해 주셨는데, 그럼 현대에는 정신 작용과 뇌의 관계를 어떻게 생각하는 것이 좋을까요?

말콤　　오늘날 마음과 뇌의 관계를 어떻게 생각하면 좋을지 알려 달라 이거지. 지금 벌어지고 있는 일들을 간단히 설명해 달라는 거군. 내 생각을 얘기하긴 하겠지만, 미리 경고하는데 내일이라도 모든 상황이 달라질 수 있어. 오늘날 우리가 있는 자리를 제대로 이해하려면 이번에도 가까운 과거를 간단히 살펴보는 수밖에 없을 것 같구나.

　　심리학의 하위 분야인 신경심리학은 제2차 세계대전이 끝난 후에야 연구되기 시작했어. 부분적으로는 머리 총상으로 국소 뇌 손상을 입어 본국으로 귀환한 군인들을 돕기 위해 여러 시도를 하다가 얻은 결과물이라고 할 수 있지. 그런 시도들의 밑바탕에는 정신 기능과 행동의 다양한 장애가 매우 구체적이고 국소적인 뇌 손상에서 온다는 믿음이 놓여 있었어.

　　1960년대와 1970년대에 이르러서는 신 학문인 신경심리학이 큰 힘을 얻었어. 연구자들이 뇌에 대한 부검 연구나 두뇌 총상의 경로와 위치에 대한 지식에 의지할 필요가 없게 되었으니까. 엑스레이 컴퓨터단층촬영(computed tomography), 간단히 말해 CT 스캔이 발명되어 비침습적 방식으로 살아 있는 뇌의 손상된 구조를 볼 수 있게 되었거든. 이후 몇십 년에 걸쳐 이런 비침습성 영상 촬영 기법이 눈부시게 발전했단다. 먼저 양전자 (방출) 단층촬영(positron emission tomography, PET) 스캐닝이 나왔고, 기능성자기공명영상(Functional magnetic resonance imaging, fMRI)이 등장했지. 둘 다 신진대사 및 뉴런과 아교세포(glia cell)의 화학적·전기적 활동과 관련된 뇌의 국소적 혈액 흐름 변화를 보여 준단다. 이로써 국소적 뇌 손상으로 생겨난 특정한 인지활동의 결손과 정상적인 뇌에서 이루어지는 동일한 피질 영역의 활성화를 대응시키는 일이 실현 가능해졌어. 아주 최근에는 뇌경두개자기자극기(transcranial magnetic stimulation, TMS)로 피질의 선택 영역의 기능을 일시적으로 불활성화시키는 기술을 써서 추가 정보를 얻을 수 있게 되었지. 강의 시간에 이런 얘기 많이 듣게 될 거다.

이렇게 해서 뇌의 여러 부위의 구조와 활동에서 확인한 자료로 정신 작용의 변화를 아주 자세히 보여 줄 수 있게 되었다. 그 결과, 새로운 발전이 이루어질 때마다 마음과 뇌의 관련성이 더 긴밀해지는 듯 보였지.

그러나 연구 과정은 결코 순탄하지 않았단다. 인지신경과학자들이 주요 뇌 시스템을 잘 이해하게 되었다고 생각할 무렵, "뉴욕과학원연보"(Annals of the New York Academy of Sciences)에 '뇌의 디폴트 네트워크'라는 제목의 논문이 실렸어. 랜디 뷰크너, 제시카 앤드루스-해나, 대니얼 샥터라는 세 명의 뛰어난 하버드 연구자들이 지난 30년간의 뇌 영상 연구를 검토한 다음, 그 연구들이 "뇌의 디폴트 네트워크를 정의하는 일로 수렴된다"고 말했어. 뇌의 디폴트 네트워크란 "최근에야 새롭게 인지된 뇌의 시스템으로서 내면에서 인지가 이루어지는 방식에 개입"하지.[8] 그들은 이 시스템의 상호연결성을 추적하고 그 구조와 기능을 파악하면 자폐증, 정신분열증, 알츠하이머병을 포함한 정신질환을 새롭게 이해하게 된다고 논하고 있어. 여기서 우리는 끊임없이 질문을 던지는 일이 얼마나 중요한지 배우게 된단다. 우리의 신비한 뇌 속에 있는 믿을 수 없을 만큼 복잡한 시스템과 하위 시스템, 그리고 그것들이 우리의 정신생활을 어떻게 구현하고 용이하게 하는지에 대해 새롭게 알아내야 할 것들이 늘 있거든.

여기서, 모든 심리학자가 같은 접근법을 따르는 것은 아니라는 점을 덧붙여야겠구나. 어떤 심리학자들은 뇌를 정보처리체계로 생각해. 그들은 나뉠 수 있고 상대적으로 자율적인 별개의 정보 처리 구성 요소들의 집합, 소위 모듈(modules)이 인지적 과제들을 통상적으로 수행한다고 보거든. 이 접근법을 지지하는 이들 중 일부는 검토 대상이 되는 일련의 인지적 장애와 그 원인이 되는 뇌 구조의 변화를 연관 짓지 않으려 애쓰고 그것을 자랑스럽게 여기지. 이들이 자칭 '인지신경심리학자'들이다. 이렇게 접근한 연구의 결과로 나온 견해가 지난 30년간 널리 받아들여졌는데, 그 내용은 인간의 대뇌 피질의 기능적 조직은 좌뇌반구와 우뇌반구의 차이라는 관점에서 볼 때 가장 잘 이해할 수 있다는 것이었어. 좌뇌반구는 언어, 논리적 사고, 수학적·분석적 정보 처리, 감각 정보의 순차적 처리를 전담하고, 우뇌반구는 감정 표현, 직관적 사고, 안면과 음악 인식, 평행 처리와 시공간 부호화를 전담한다고 보았단다. 한마디로, 좌뇌는 언어, 논리, 규칙 준수를 담당하고 우뇌는 직관적이고 창의적인 영역을 담당한다는 거야.

어떤 심리학 교과서를 펼쳐도 십중팔구는 뇌반구 기능분화를 설명할 거야. 이 견해는 그 근거가 여전히 확고하지만 아주 최근, 그러니까 2011년 10월에 그 토대를 흔드는 논문이 발표되었어. 대표적인 인지신경과학자 그레고어 보스트, 윌리엄 톰슨, 스티븐 코슬린, 이 세 사람은 그 논문에서 자세한 문헌 조사를 거친 입증 자료들을 제시하며 이렇게 주장했지. "인간 대뇌 피질의 기능을 정리하는 데는 뇌의 좌우 구분이 아니라 상하 구분이 더 유용하다."⁹ 해당 논문은 조금 있다가 다시 살펴보자고. 지금 그 논문 이야기를 꺼낸 취지는 기능성 뇌 영상화 같은 새로운 기술들이 정교해지고 보다 널리 쓰이면서 연구의 진행 속도가 가속화되고 있다는 사실을 짚어 보려는 것이니까 말이다. 뇌의 기능을 완전히 새롭게 나누는 방식이 나온 것을 보면, 잘 확립되고 널리 받아들여지는 견해라 해도 그것을 최종 답변으로 여겨서는 안 된다는 경고로 삼을 수 있겠지. 뇌과학의 특정 견해-이 경우에는 좌뇌/우뇌의 차이점-에 입각해 사회 전체의 발전 방향에 대한 특정 견해를 지지하거나, 자신이 받아들인 과학 모델을 사용해 다른 학문 분야에서 벌어진 상황을 규정하고 비판한다면 문제는 더 심각해지지 않겠니?

정신과 의사 이언 맥길크리스트는 최근에 나온 책 『주인과 심부름꾼』(*The Master and His Emissary*, 뮤진트리)[10]에서 좌뇌와 우뇌의 차이점과 그것이 최근 몇 년 사이에 변화한 서구 사상의 큰 흐름을 이해하는 데 어떤 도움을 주는지 매력적으로 썼어. N. T. 라이트는 이 테마를 받아들여 성경학계가 여러 모로 좌뇌 중심인지라 "현미경 같은 세부 내용 분석"에 몰두하고 있다고 말했지. 그는 "사실을 따지는 것은 좌뇌가 하는 일"이라고 말하며 이렇게 촉구했단다. "깐깐한 좌뇌의 분석이 은유, 이야기, 풍부한 상상의 세계를 갖춘 우반구 직관의 심부름꾼으로 다시 자리를 잡을 때, 비로소 이 학문[성경학]이 건강해질 수 있을 것이다."[11]

나는 라이트가 성경학에 대해 논평하고 비판한 내용이 옳다고 믿어 의심치 않고, 그에 대해 가타부타 판단할 자격이 없는 사람이야. 하지만 나 같으면 성경학에 대한 견해를 뇌의 반구 기능분화가 좌우로 이루어진다는 주류적 입장과 섣불리 결부시키지 않을 거야. 라이트의 견해는 언제 바뀔지 모르는 뇌 기능에 대한 견해로 뒷받침하지 않더라도 충분히 설득력이 있거든.

네가 공부하고 있는 교재인 데이비드 마이어스의 「심리학」(제10판)만 펼쳐보아도 알 수 있겠지만 상황은 생각보다 훨씬 더 복잡하단다. 그 책 79쪽의 삽화에는 이런 설명이 붙어 있어. "대중심리학이 생각하는 뇌반구 기능 분화. 아쉽게도, 현실은 더 복잡하다." 삽화는 어느 화가가 그린 열린 두개골의 상상화야. 드러난 뇌의 왼쪽에 열을 지어 앉아 있는 사람들은 책상에서 열심히 일하고 있고, 오른쪽에 있는 사람들은 예술과 문화를 즐기며 시간을 보내고 감정을 표현하고 있어. 좌우반구의 차이점을 그렇게 특징적으로 정리할 만큼 근거가 많은 것은 사실이지만, 상황은 그보다 훨씬 더 복잡하지.

그뿐 아니라 40년 넘게 널리 확산되면서 대중심리학이 완전히 받아들인 견해가 사실은 뇌의 기능분화를 규정하는 최선의 방식이 아닐 수도 있다는 것도 알아야 한단다. 2003년, 토가(Toga)와 톰슨(Thompson)이 저명한 저널 "네이처 신경과학 평론"(*Nature Reviews Neuroscience*)에 논문을 하나 실었는데, 삼십 년 동안 통설로 받아들여진 견해를 잘 정리하고 있어. 그리고 그 견해가 상황을 과장한 면이 있다는 경고를 덧붙였지. 그들은 결론에서 이렇게 썼어. "비대칭의 패턴은 손잡이 유형, 성별과 연령, 다양한 유전적 요인과 호르몬의 영향에 따라 차이를 보인다."[12]

"아메리칸 사이콜로지스트"(*American Psychologist*)에 실린 논문(저자들은 뇌 기능에 대해 좌우 분할이 아니라 상하 분할을 말하는 것이 더 낫다고 주장한다)으로 돌아가 보자. 논문 초록의 첫 두 문장이 나의 관심사를 잘 요약해 주더구나. "인간 대뇌피질의 기능적 구성이 거시적으로 좌뇌반구와 우뇌반구로 이루어진다고 보는 것이 전통적으로 대세였다. **하지만 좌뇌와 우뇌의 기능을 나누는 개념은 지나친 단순화임이 드러났다.**"[13]

이 논문의 앞부분에서 저자들은 좌반구와 우반구가 특정 방식으로 기능분화가 되었다고 보게 된 경위를 자세히 밝힌 후 이런 결론을 내렸어. "반구 기능분화에 대한 지나치게 단순화된 견해는 좌뇌형, 우뇌형 인간이라는 개념을 낳았다."[14]

이런 연구 사례들이 보여 주는 교훈은 과학의 어떤 모델을 은유로 사용할 때 자신의 신학적 신념 내지 과학과 무관한 다른 신념이 과학과 긴밀히 연결되어 있는 듯한 인상을 주지 말라는 거야. 과학은 본질상 변하는 학문이거든.

오늘날에는 상황이 좀 달라져서 소위 '인지신경과학'에 초점이 맞춰지고 있어. 때가 되면 이 명칭이 **신경심리학**이라는 용어를 대체할 것 같기는 하지만, 어떻게 될지는 두고 볼 일이지. 옛 명칭이 사라진다 해도 신경심리학 연구의 목적은 변하지 않을 거야. '한쪽에 있는 마음과 행동, 다른 쪽에 있는 뇌, 어떻게 하면 이 둘의 관계를 가장 잘 이해할 수 있을까?' 이것이 신경과학의 궁극적인 목표로 남을 거란 말이지.

벤 최신 내용을 알려 주셔서 감사해요. 그런데 뇌를 전혀 언급하지 않는 심리학 수업도 있어요. 그런 수업을 하시는 교수님들은 인간의 심리 과정을 이해하고 그에 대한 시험 가능한 모델을 만들어 내는 것이 심리학자로서 자신의 과제라고 주장하세요. 그 말씀, 이해할 수 있어요. 하지만 저는 신경과학도 배우는 중이어서, 심리 과정이 뇌의 물리적 과정과 어떻게 이어지는지 잘 이해할 방법을 찾고 싶어요.

말콤 먼저 분명히 해 두어야 할 것이 있다. 참된 실재는 물리적 실재,

즉 뇌뿐이고 '뇌 언어'가 언제나 '마음 언어'보다 우선해야 하는 것처럼 말하는 것은 어불성설이다. 조금만 생각해 보면 알 수 있어. 뇌, 마음, 행동 같은 심적 개념 없이는 뇌에 대해 말할 수 없거든. 그런 의미에서는 마음 언어가 뇌 언어보다 우선하는 거지. 개인적인 견해를 말하자면, 심적 묘사나 물리적 묘사 중 어느 쪽이 더 중요하다고 말할 수는 없다고 본다. 무엇에 대해 더 중요한지 물어야지. 심리치료사라면 대부분의 경우 심리적 개념에 주로 관심이 가지 않겠니?

나는 마음과 뇌가 하나의 복잡한 시스템의 두 측면이라고 본단다. 이런 상보적 의미에서 마음의 활동은 이화학 시스템인 뇌의 물리적인 작용에 의존하지. 그 시스템에 이상이 발생하면, 우리가 마음이나 정신활동이라 부르는 시스템을 구동하는 일에도 변화가 생겨. (그런 의미에서 심리치료사도 환자 뇌의 식별 가능한 일체의 변화에 촉각을 곤두세우고 상황을 파악해야 하지.) 마음이나 정신활동이 특정한 행동을 만들어 낼 때도, 이것은 다시 마음의 물리적 기초에 해당하는 뇌의 이화학적 구성이나 활동에 일시적 또는 만성적 변화를 일으킬 수 있어. 따라서 둘의 연관성이 긴밀해져도 하나의 복잡한 시스템에서 마음이나 뇌가 차지하는 중요성은 줄어들지 않아.

나의 이런 생각을 정리하는 데는 노벨상을 수상한 저명한 신경과학자이자 신경심리학자인 로저 스페리(Roger Sperry) 교수의 생각이 큰 도움이 되었단다. 그는 의식적인 마음의 활동이 중요하다고 강조했지. 마음의 인과적 영향력을 배제하기는커녕, 마음이 바로 그런 힘을 갖고 있다고 힘주어 말했어. "의식은 뇌의 활동들의 상호작용에 강력한 인과적 영향을 행사한다"고 썼고, 심지어는 마음이 일종의 집행부 역할을 한다고까지 말했지. "뇌 조직의 위계질서에서 최고 수준의 총사령부 역할을 하는 주관적 특성들이 하위 수준의 생물물리적·화학적 활동들에 지배력을 행사하는 것으로 드러났다."[15]

마음과 뇌에 대한 로저 스페리의 생각을 주의 깊게 살펴보면, 최근에 "상의하달"(정신적 측면)과 "하의상달"(정신활동의 신경적·물리적·생물적 기초) 모두 각각 기여하는 바가 있다는 사실이 많이 논의되었음을 알게 될 거야. 인간의 신비로운 본성을 제대로 파악하기 위해서는 의식적 경험을 파악하는 동시에 물리적 기초가 손상되면 그것이 바뀔 수 있음을 이해하고 두 측면을 모두 제대로 인정해야 한다는 합의가 폭넓게 이루어졌지. 마음-뇌의 관계에 대해 말하면서 유비를 사용하고 (예를 들면 뇌를 하드웨어와 소프트웨어를 갖춘 컴퓨터에 비유하고) 그것만으로 마음-뇌의 문제를 모두 해결한 것처럼 구는 사람들을 대할 때는 정신을 바짝 차려야 해. 그런 유비의 기능은 문제를 다른 방식으로 표현하는 것 정도일 뿐이니 말이야.

인간의 뇌가 생각, 감정, 행동을 어떻게 다루는지 이해한다면 유서 깊은 마음-뇌 문제가 풀리겠지. 한 세기도 더 전에 하버드의 생리학자이자 심리학자였던 윌리엄 제임스는 이 문제를 해결하는 날, 이전의 모든 성취는 그 앞에서 빛을 잃게 될 거라고 확신했어. 현대의 저명한 심리철학자 토머스 네이글(Thomas Nagel)도 윌리엄 제임스의 냉철한 평가를 그대로 받아들였지. 그는 이렇게 썼어. "우리가 아는 한, 주관적 경험을 포함한 우리의 정신활동은 뇌에서 벌어지는 물리적 사건들 및 몸과 나머지 물리계의 물리적 상호작용과 강하게 이어져 있으며, 어쩌면 거기에 철저히 의존하고 있는지 모른다." 그러나 그는 "정신적인 것을 물리적인 개념으로 환원시키는 일을 거부해야 한다"고 생각한단다. 그리고 다음의 사실을 인정하지. "심신 문제는 참으로 까다롭다. 따라서 전혀 다른 종류의 대상들을 설명하기 위해 개발된 개념과 방법을 가지고 심신 문제를 해결하려는 사람을 만나면 일단 의심해야 한다. 이 영역에서 이론적 진보가 이루어지려면 거대한 개념적 혁명이 필요하다고 봐야 한다."[16] 네이글은 그렇게 되려면 적어도 물리학에서의 상대성 이론만큼이나 근본적인 사고방식의 변화가 있어야 할 거라고 믿고 있어.

생각 없는 환원주의로 빠져들고 싶은 유혹은 항상 존재한단다. 이것은 그리스도인과 비그리스도인을 가르는 문제가 아니야. 소위 "생물학주의"(biologism)의 위험을 강조했던[17] 신경과 의사이자 신경과학자 레이먼드 탤리스(Raymond Tallis)는 무신론 휴머니스트를 자처하지. 그는 과학의 오용 및 대중매체에서 과학을 잘못 설명하는 것을 경계해야 한다는 데 종교인들과 뜻을 같이해. 그는 인간의 가장 위대한 개념화 능력이 뇌 속의 신경 활성화로 환원될 수 있다고 믿는 환원주의자들을 통렬하게 비판했어. 그리고 그들을 "신경광"(neuromaniacs)이라고 표현했지. 그는 인간과 다른 동물의 차이점을 축소하려 드는 이들에 대해서도 비판적이야. 동물을 인간화하는 이들이 있는가 하면, 말도 안 되는 방식으로 인간을 "동물화"하는 이들도 있지. 그는 이런 모습을 "다윈병"(Darwinitis)이라 불러. 그의 책 제목 「인간 흉내」(Aping Mankind)가 말해 주듯, 둘은 각각 다른 방식으로 인간성을 잘못 표현하고 있지. 신경과학자와 심리학자들, 그리고 과학의 오용과 적절한 사용 모두에 관심을 갖고 있는 이들은 계속 그의 경고를 심각하게 고려할 거야.

현재 심리과학의 또 다른 대변자인 캐럴 테브리스(Carol Tavris, 신경과학자가 아니라 사회심리학자다)가 최근 탤리스의 메시지에 힘을 보탰단다. 그는 2012년 미국심리학협회 24차 연례총회에서 이렇게 말했어. "실증적으로 뒷받침할 수 없는데도 우리 사회에 만연한 생각들과 대중심리학을 기막히게 짜깁기해서 만들어 낸 엉터리 심리학에 나는 여러 해 동안 수류탄을 던져 왔습니다." 그리고 이런 말을 덧붙였지. "하지만 오늘날 우리는 더 심각한 도전에 직면했습니다. 지금처럼 엉터리 심리학이 통하는 의-약-산업복합체의 시대에서 생의학 허풍(biobunk)이라고 더 나을 게 있을까요?"[18]

그녀는 대중이 "혼란스런" 심리학적 설명보다는 "깔끔한" 생물학적 설명을 선호하기 때문에 과학자들도 행동을 설명하는 유전자를 찾게 되었다고 생각한단다. 그녀가 생의학 혁명에 부정적인 것은 아니야. 그녀가 우려하는 것은 생의학적 설명이 완벽하다는 대중의 인식이지. 그녀는 대중이 뇌가 가진 놀라운 천연색 이미지들의 의미는 모른 채 그것에 매료된다고 지적해. 대중의 눈에는 그 모두가 너무나 과학적으로 보이는 거야!

한 가지는 분명해. 모든 증거가 가리키는 방향은 인간이 심리생물학적 통일체라는 점을 인식해야 한다는 거야. 질병이나 사고로 생물학적 측면이 손상되어 이 통일체가 깨질 수도 있고, 심리학적 측면이 생물학적 측면을 수정할 수도 있어.

벤   "마음이나 정신활동이 특정한 행동을 만들어 낼 경우, 그 행동은 다시 뇌(마음의 물리적 기초)의 이화학적 구성이나 활동에 일시적 또는 만성적 변화를 일으킬 수 있다"고 하신 말씀이 무슨 뜻인가요? 제가 하는 생각과 습관적으로 하는 일이 저의 뇌에 영향을 끼칠 수 있다는 말씀인가요?

말콤   그래, 그런 뜻이야. 무슨 말인지 설명해 볼게.
마음, 뇌, 행동의 긴밀한 관계를 지지하는 증거가 몇 해 사이에 꾸준히 축적되었어. 대표적인 신경학자 안토니오 다마지오(Antonio Damasio)는 이 문제에 대한 의견이 점점 모이고 있음을 잘 보여 주는 말을 했지. 그는 뇌질환과 정신질환 사이의 오래된 구분이 사회와 의료계에 지금까지도 퍼져 있는 불행한 문화적 유산이라고 생각한단다.[19] 최근에 영국왕립정신과의사협회 (Royal College of Psychiatrists in Britain) 회장을 맡았던 로버트 켄델(Robert Kendell)도 안토니오와 비슷한 주장을 했어. 그는 정신질환과 육체적 질병을 구분하는 근거가 잘못되었고 현대의 질병관과 양립할 수 없다고 생각하지.[20]

널리 알려진 최근의 한 연구가 이 주제에 관해 지금까지 수집된 증거를 잘 보여 준단다. 너도 런던에서 택시를 탔다가 운전사가 대도시의 작은 샛길까지 다 아는 것을 보고 놀란 적이 있을 거야. 그들은 택시 운전사 자격을 취득하기 위해 2년 동안 연수 과정을 밟는단다. 런던의 몇몇 연구자들이 현대의 뇌스캔기법을 활용해서 이 택시 운전사들의 뇌와 대조군인 일반인의 뇌를 연구했어. 뇌에서 기억에 긴밀하게 관여하는 것으로 알려진 부위인 해마를 연구했는데, 택시 운전사 연수 과정에서 해마의 크기와 모양이 달라지고, 그 결과 대조군과 큰 차이를 보이게 된다는 설득력 있는 증거를 얻었어. 그들은 이런 결과를 바탕으로 뇌는 "환경의 변화에 반응하여" 소위 "국소적인 가소적 변화"를 할 수 있는 능력이 있다고 주장했어.[21] 이 외에도 이후에 여러 연구가 이루어졌는데, 모두가 구체적인 뇌 시스템을 선택적으로 꾸준히 가동하면 뇌의 구조가 달라진다는 결론을 재확인했어.

최근, 런던 택시 운전사 연구의 수석 연구자 엘리너 맥과이어(Eleanor Maguire)는 경험이 뇌를 아주 구체적으로 바꿔 놓을 수 있음을 보여 주었어. 훌륭한 연구자들이 그렇듯, 그녀도 갈수록 더 흥미진진한 연구 결과를 내놓고 있는데, 지금은 택시 운전사들의 공간 지도에 대한 기억처럼 실제로 뇌에 정보가 새겨지는 방식을 연구하고 있지.

좀더 최근의 실험들에서 그녀는 자원자들에게 짧은 영화 세 편을 보여 주고 그 내용을 기억해 보라고 주문했어. 여자가 전형적인 도심 거리에서

할 법한 일상적인 일들로 채워진 영화였지. 자원자들은 fMRI 스캐너 안에 누워 영화를 보았어. 컴퓨터 프로그램이 자원자들의 뇌 안에 나타난 패턴을 조사했고, 연구자들은 자원자들의 뇌 활동 패턴만 보고 그들이 어떤 영화를 회상하는지 추측해 보았어. 놀랍게도, 그들은 뇌 활동 패턴만으로 자원자가 어떤 영화를 생각하는지 맞출 수 있었어.

이 연구로 피험자가 실험 중에 사용한 뇌 영역에서 특정한 기억의 흔적을 회상하는 데 쓴 회로를 1입방 밀리미터 조금 넘는 해상도로 찾아낼 수 있었단다. 덕분에 해마의 작용에 대한 훨씬 더 자세한 정보가 드러났지. 뇌의 국재성(localization, 뇌 기능이 부위별로 나뉘어 있음)은 매우 놀라워.

인지과정은 뇌에 새겨져 있지만 택시 운전사들의 경우처럼 뇌를 변화시킬 능력도 갖고 있다는 것을 함께 기억해야 해. 이 정도가 오늘날 대체로 합의된 내용이야. 2011년 12월, 맥과이어가 가장 최근에 출간한 논문은 그녀가 지금까지 내놓은 연구 결과를 더욱 명확하게 제시하고 재차 확인시켜 주었어. 그녀는 캐서린 월럿(Katharine Woollett)과 함께 런던에서 택시 운전사 자격시험 준비를 시작한 79명을 대상으로 추적 조사를 했어. 준비를 시작한 때와 그로부터 3-4년이 지나 자격을 취득한 직후까지 조사를 했고 31명의 대조군에 대해서도 같은 조사를 했지. 시험을 준비한 사람들 중에는 자격 취득에 실패하거나 중도에 포기한 이들도 있었어. 조사를 통해 발견한 주된 사실은 자격시험 준비를 거쳐 합격한 사람들은 뇌의 구조에 큰 변화가 생긴 반면, 자격 취득에 실패한 이들과 대조군은 그렇지 않았다는 점이야. 연구자들은 "공간 기억과 길 찾기 능력의 개인차에는 유전적인 요인들도 있을 수 있다"고 인정하지. 그들은 이 최근 연구 결과가 "본성이냐 양육이냐" 하는 오래된 질문을 다시금 제기한다고 말했단다.[22]

이것의 또 다른 사례는 인지행동치료를 사용한 연구에서 볼 수 있어. 인지행동치료는 거미공포증처럼 사람을 아주 꼼짝 못하게 만드는 지속적인 공포증을 가진 환자들을 돕는 데 아주 성공적으로 쓰인 기법이야. 이 환자들은 일정한 기간에 걸쳐 거미와 점점 친숙해져. 처음에는 거미 사진을 들여다보다가 점차 진짜 거미를 보고 마침내 거미를 만지기에 이르는 방식이지. 거미에 대한 생각과 그에 대한 행동을 체계적으로 조정함으로써 거미공포증을 극복하는 거야. 연구자들은 해당 환자들의 뇌를 스캔해서 처음에는 거미만 보면 극도로 활성화되던 뇌의 부위들에서 꾸준히 활동이 줄어들다가 마침내 거미공포증이 없는 사람의 수준으로 떨어지는 것을 보여 주었어. 생각과 행동을 수정함으로써 실제로 뇌의 작용이 달라진 것이지.[23] **상의하달 효과**(top-down effect)라는 용어가 괜히 나온 게 아니야!

벤 말씀하신 연구 사례들이 참 흥미로워요! 하지만 여전히 질문이 있어요. 어떤 견해를 받아들여야 이 모든 증거를 잘 받아들일 수 있을까요? 무엇을 생각하느냐와 어떻게 행동하느냐 하는 문제가 우리 뇌의 세밀한 구조와 밀접한 관련이 있다는 증거 말이에요. 심리학적 기술은 결국 신경과정으로 환원되는 걸까요?

말콤 쉬운 답변은 없는 것 같다. 모든 정신활동은 궁극적으로 뇌 활동으로 환원된다고 말해 버리면 간단하겠지. 그렇게 말하는 사람들도 있어. 20세기 최고의 생물학자라고 할 수 있는 프랜시스 크릭(Francis Crick)이 그런 견해를 갖고 있지만, 가끔은 그 입장에서 다소 물러서는 것 같더구나. 그런 견해에 따르면 자신의 눈부신 발견과 그것을 정리한 논문도 뉴런들의 재잘거림에 불과해진다는 것을 알고 있기 때문이겠지. 뇌의 과정들을 연구했던 다른 노벨상 수상자들의 생각은 다르단다. 존 에클스 경(Sir John Eccles)은 의식이 주된 실재고 다른 모든 것은 거기에서 파생된다고 확신했어. 보다 최근에 노벨상을 받은 제럴드 에델만(Gerald Edelman)도 의식은 "유효하며" 부수 현상이 아니라고 주장했지. 하지만 앞에서도 언급한 또 다른 노벨상 수상자 로저 스페리는 증거에 가장 부합한다고 생각하는 모델을 강하게 내세웠어. 그 내용은 (뉴런 층위와 뉴런을 구성하는 원자와 분자 층위에서 벌어지는) 전통적인 하의상달식 미시결정론(microdeterminism)뿐 아니라 상의하달식 효과에도 똑같이 비중을 두는 것이었지. 옥스퍼드의 수학자 로저 펜로즈 경(Sir Roger Penrose)은 의식이라는 현상을 통해 우주의 존재 자체가 알려진다고 확신했어. 한마디로 의식과 정신생활이 별것 아닌 척 가장하는 것은 어리석은 일이야.

다양한 사람들이 이 모든 내용을 간결한 진술로 정리하려고 여러 방식으로 시도했어. 너도 그중 일부를 접하게 될 거야. 몇 가지 두드러진 내용이 있는데, 앞서 말한 것처럼 인간은 심리생물학적 통일체야. 지금 존재하는 증거에 따르면, 뇌와 몸의 물리적 기초에서 벌어지는 일과 정신 과정에서 벌어지는 일 사이에는 놀라운 **상호의존성**이 있어. 이 상호의존성은 연구가 거듭될 때마다 더욱 분명하게 드러나는 것 같아. 그리고 내가 볼 때 그것은 있는 그대로의 세상 모습인 것 같아. 그래서 나는 이 상호의존성을 **본질적** 상호의존성 또는 자연적으로 내재하는 상호의존성이라고 부른단다. 신체적인 것을 정신적인 것으로 환원할 수 없듯, 정신적인 것을 신체적인 것으로 환원할 수도 없는 것 같다. 이런 의미에서 정신과 신체 사이에는 중요한 **이중성**(duality)이 있음을 인정해야 해. 하지만 이런 이중성 때문에 두 종류의 실체가 있다고 말하거나 실체의 이원론(dualism)을 믿을 필요는 없을 것 같다. 이렇게 생각하는 나는 "이중 양상 일원론자"(dual-aspect monist)란다.

3
나는 얼마나 자유로운가

벤   뇌와 마음의 관계에 대해 말씀하신 내용은 대부분 둘 사이의 대단히 긴밀한 관계를 말해 주잖아요. 그 말씀을 듣고 보니 과연 인간에게 자유의지가 있다고 말해도 되는지 의아해요. 뇌가 원자와 분자로 이루어진 물리적 시스템이라면, 선택과 결정을 가능하게 해준다고 설명해 주신 '상의 하달' 과정이 들어설 여지가 없지 않나요? 저는 제가 스스로 결정을 내리고 행동으로 옮긴다고 믿어요. 그런데 새로운 연구 결과들은 인간에게 자유의지가 없다고 말하는 것 같아서 고민스러워요. 도와주실 거죠?

말콤   너만 그런 생각을 하는 게 아니란다. 너의 고민은 새로운 것이 아니야. 영국과 미국의 주요 과학원들이 이 주제를 진지하게 받아들이고 포럼을 결성해 연구하고 있어. 런던왕립학회는 신경과학 때문에 자유의지 개념을 의심하는 사람들이 생겨난 데 주목하고 신경과학자들과 법률가들을 모아 토론하게 했지.[1]

미국에서는 신경과학과 법의 접점에 대한 강좌를 이미 많은 대학이 개설했어. 시카고에 본부를 둔 맥아서재단(MacArthur Foundation)은 이 분야의 연구에 수백만 달러를 투자했지.² 이 모두는 미래에 벌어질지도 모를 일을 추측해 보는 작업이 아니야. fMRI 증거는 이미 재판에서 위력을 발휘했거든. 한 이탈리아 판사는 살인 유죄판결을 받은 한 여성의 뇌 영상과 유전적 증거를 검토한 뒤 감형을 선고했어.

2009년 스테파니아 알베르타니는 여동생을 살해한 후 사체를 유기한 혐의를 인정하고 무기징역형을 선고받았지. "네이처"(Nature)지의 기사에 따르면, 알베르타니의 변호인이 인지신경과학자를 증인으로 세웠어. 그는 열 명의 건강한 대조군과 알베르타니의 뇌를 비교한 뒤 앞띠이랑(anterior cingulate gyrus, 억제에 관여한다고 알려짐)과 뇌섬엽(insular, 공격성과 관련이 있다고 알려짐)을 포함해 알베르타니의 뇌에 구조적 이상이 있음을 보여 주었지. 유전학자가 나와서 그 여성에게 폭력성을 갖게 만드는 유전자가 있다는 증거를 제시하기까지 했어. 그녀의 뇌에는 마오아(MAOA)라는 소위 폭력유전자(warrior gene)도 있었는데, 이 말은 신경전달물질 수치 조절에 개입하는 효소 수치가 낮다는 뜻이야. 판사는 이 새로운 증거를 참작해서 알베르타니의 형량을 이십 년으로 감형했어.³

골상학(phrenology, 두골의 형상을 연구하여 마음과 뇌의 연결고리를 모색하는 학문)이 처음 등장하던 시절만 해도, 사람들은 몸과 마음을 통합하는 모종의 이론이 가능하다는 생각이 고전적 자유의지 개념을 위협한다고 여겼어. 토미즘(토마스 아퀴나스의 사상을 계승한 입장-역주)을 신봉해서 영혼이 몸의 생명의 원인이자 몸보다 우월하며 그와 별도로 존재한다고 생각한 오스트리아의 가톨릭교회는 몸과 마음의 통합 개념이 가톨릭 신자들을 올바른 도덕적 행동으로 이끌어야 할 성직자들의 책임 수행을 방해한다고 보았지. 그 결과, 대표적인 골상학자였던 프란츠 요제프 갈(Franz Joseph Gall)은 빈을 떠나 파리로 피신할 수밖에 없었어. 다행히도 지금은 마음과 뇌, 또는 몸과 영혼의 긴밀한 관계를 지적하는 사람들이 나라를 떠나지 않아도 되지.

이것이 민감한 쟁점인 것은 분명해. 신경과학자들은 뇌종양에 걸려 행동을 전혀 통제하지 못하는 사람들을 만나곤 해. 그들은 "거짓말하고, 물건을 부수고, 극단적인 경우에는 사람을 죽이기도" 하고 "충동을 억제하지 못하고 자신이 내리는 선택의 결과를 예측하지 못해"지. 뇌질환과 관련된 행동 장애를 전공한 어느 정신과 의사는 이렇게 물었어. "사람의 행동이 뇌의 원활한 작용에 영향을 받는다면, 그것은 우리의 자유의지가 생각보다 크지 않다는 뜻인가?"[4]

이 문제를 다룬 문헌이 이미 엄청나게 쌓여 있다고 해도 놀라지 않겠지. 인간에게 자유의지가 있다는 확신을 정당화하려는 이론들은 크게 두 부류로 나눌 수 있어. 우선 "양립주의자들"(compatabilists)이 있지. 그들은 결정론과 자유의지가 양립할 수 있다고 주장해. 반면 "자유의지론자"(libertarians)들은 자연에, 그중에서도 특히 뇌가 기능하는 방식에 근본적인 비결정성이 있어야 자유의지가 가능하다고 주장하지. 이 비결정성을 확보하기 위해 대부분의 자유의지론자들은 물리학에서 말하는 '하이젠베르크의 불확정성 원리'에 많이 의지한단다.

너와 나 같은 그리스도인들에게는 고민해야 할 문제가 더 있지. 우리에게 지혜롭게 선택할 책임이 있다고 가르치는 성경과 이 두 접근법이 어떤 관계에 있는지 고민해야 한단다. "너희가 섬길 자를 오늘 택하라"[수 24:15 - 역주]나 "누구든지…하려거든" 같은 성경 구절을 본문 삼아 선택을 촉구하는 설교를 너도 많이 들어 보았지? 하지만 우리에게 선택할 수 있는 자유가 얼마나 있을까? 연구가 계속되다 보면 이 논쟁이 좀더 정리되겠지.

벤 저는 하이젠베르크의 불확정성 원리를 잘 몰라요. 설명 좀 해주시겠어요? 자유의지와 뇌의 활동을 논의하는 데 그 원리가 왜 중요한가요?

말콤 '하이젠베르크의 불확정성 원리'(Heisenberg's Uncertainty Principle)를 간단히 말하면 한 쌍의 물리량을 정확히 측정하는 데는 근본적인 한계가 있다는 거야. 자주 논의되는 한 쌍은 입자의 운동량과 위치지. 전자의 운동량이나 위치 하나만 놓고 보면 정확한 측정이 가능하지만, 둘 중 하나를 선택해 정확하게 측정하면 나머지 하나를 측정할 때의 정확성은 불가피하게 그만큼 떨어진다는 거야. 하이젠베르크의 불확정성 원리는 테니스공처럼 큰 물체가 아니라 전자 같은 소립자에만 해당한다는 사실을 덧붙인다.

신경과학자 피터 클라크는 일부 철학자들이 하이젠베르크의 불확정성 원리를 사용해서 물리적 결정론에 반대하는 주장을 펼쳤다고 썼어. 그는 불확정성 원리가 "일종의 구름막"이라고 멋지게 표현했지. 그 안에서 "자연법칙의 매서운 눈을 피해 작은 변화가 일어날 수 있다"는 거야. 이 견해에 따르면, 상의하달식 효과가 하이젠베르크의 불확정성 원리라는 구름막 아래 가려진 채 발생할 수 있지. 하지만 클라크는 이렇게 덧붙였단다. "표준 양자물리학에 따르면, 그런 식의 숨겨진 효과는 임의적이어야 하는데, 양자 자유의지론은 그 효과가 임의적이지 않고 마음(또는 영혼)의 지시를 따른다고 설명한다."[5]

앞에서 언급한 존 에클스 경은 마음과 뇌의 관계에 대해 기본적으로 이원론적 견해를 갖고 있었어. 그는 하이젠베르크의 불확정성 원리 덕분에 마음이 물리법칙을 위반하지 않고도 뇌의 기능을 조정할 수 있다고 보았지. 상의하달식 의사 결정 과정이 대뇌피질 속 뉴런들 사이의 접합부, 즉 시냅스에서 뇌의 전기적 작용에 영향을 끼칠 수 있다고 본 거야. 여기에 동의하지 않는 사람들은 하이젠베르크 원리의 효과가 너무 작아서 시냅스(Synapse, 신경세포 간 접합 부위)의 칼슘 축적 같은 뇌의 가장 민감한 물리적 변화에도 영향을 줄 수 없다고 주장했어. 이런, 얘기가 너무 전문적으로 흐르고 있군. 내가 볼 때는 하이젠베르크의 불확정성 원리를 사용해서 뇌를 결정론에서 자유롭게 하려는 이들은, 문제가 되는 불확실성이 너무 미약하기 때문에 그 주장이 타당하지 않다고 보는 동료 과학자들을 아직 설득하지 못했어. 하지만 어느 쪽이 옳은지는 아직 결론이 나오지 않았지.

벤   마음과 뇌의 관련성을 그렇게 강하게 주장하시면서 자유의지에 대한 믿음을 어떻게 유지하실 수 있나요?

말콤   대답은 해 보겠는데 말이다. 전문적인 이야기를 또 해야 할 것 같아서 미리 양해를 구해야겠다. 먼젓번에 하다 만 물리법칙 이야기에서 시작해 보자. 물리적 요소를 꼼짝없이 따르는 요소들로 구성된 시스템들이 있어. 그럼에도 이 시스템들이 원자적·물리적·화학적 법칙의 결정론을 초월하는 듯한 인과적 형태를 구현하고 있다는 사실을 뒷받침하는 증거들이 늘고 있어. 이런 논의에서 가장 많이 접하게 되는 두 개념이 **창발성**(emergence)과 **상의하달식 원인 작용**(top-down causation)이다. 상의하달식 원인 작용은 내가 말한 "상의하달 효과"보다 세련된 버전이지. 이 둘을 결합하면,

정신활동과 도덕적 행동이 물리/생물 시스템 내에서 구현된다 해도 여전히 행동의 진짜 원인으로 남을 수 있는 한 가지 가능성이 모습을 드러낸다.

창발성은 생물체처럼 복잡한 존재들이 어떻게 그 구성 요소인 분자들 안에는 없는 특성들을 가질 수 있는지 설명하는 데 도움이 된다. 아메바 같은 단순한 생물도 복잡한 분자구성체로서 그 구성 요소인 분자 단위에서는 볼 수 없는 특성들을 보여 주지. 아메바의 행동은 분자들 자체가 아니라 분자들이 조직된 상태에서 나오는 거야. 이런 의미에서 아메바의 행동은 창발적 특성의 한 사례지.

과학 문헌에서 볼 수 있는 창발성의 또 다른 용어가 있는데 바로 **동적 시스템 이론**(dynamic systems theory)이다. 이 이론을 적용하면 요소들 간의 고도의 비선형적 상호작용이 특징인 복잡한 시스템에서 어떻게 인간의 행동 같은 새로운 인과적 힘을 가진 특성들이 생겨날 수 있는지 설명할 수 있단다. 이것의 완벽한 사례가 바로 인간의 대뇌피질이야. 수백만 개의 뉴런들이 수백만 가지의 방식으로 상호연결되면서 이상적인 동적 시스템이 만들어진다. 이 관점에서 보면, 인간 신경생물학의 요소들이 대뇌피질에서 구현되어 온전한 인간의 인지적 특성을 만들어 낸다고 할 수 있어.

이런 복잡한 시스템들은 새로움을 보여 준다는 면에서 매우 흥미롭단다. 세세한 내용까지 다 알지는 못해도, 내가 이해한 바로는 소규모로 만든 동적 시스템의 수학 모델에서도 같은 시스템 모델을 돌리면 그때마다 늘 다른 결과가 나온다는 거야. 인간 뇌의 복잡성에 비하면 이런 시스템들은 아무것도 아니지만, 물리적 뇌가 어떻게 물리화학 법칙들과 뉴런의 작용만으로는 설명할 수 없는 창발적 특성들을 만들어 내는지 설명하고 이해하는 데 도움이 되지.

고차원의 창발적 특성들은 상의하달식 효과와 상당히 유사해. 이런 식으로 보면, 생각, 믿음, 기억은 동적 신경 시스템의 패턴 변화에 의해 나타난다고 볼 수 있고, 이런 패턴들이 (정신활동 자체의 물리적 기초가 되고 그것을 지지하는) 저차원의 신경생리적 현상에 상의하달식 영향을 끼친다고 할 수 있겠지.

이것은 결국 물리적 특성의 관점에서 마음-뇌를 설명하는 것과 생각, 믿음, 기억 같은 심적 개념들의 관점에서 동일한 시스템을 설명하는 일이 양립 가능하다는 의미란다. **두 층위에서 이루어지는 설명을 다 동원해야만 믿을 수 없을 만큼 복잡한 시스템 전체를 온전히 설명할 수 있다.** 이쯤 되면 너도 알아챘겠지만, 이런 문제들로 논쟁과 토론을 벌이는 것을 가능하게 해주는 개념들 자체가 전체 시스템에서 나오는 창발적 특성이야. 고차원의 마음속 개념적 도구 없이는 이런 문제들로 이야기를 나눌 수도, 논쟁을 벌일 수도 없지. 그런 개념적 도구들을 상호작용하는 뉴런들의 재잘거림으로 환원시키려고 하면 결국 일체의 논리와 의미 모두 설 자리가 없어진다.

4
결정론, 유전학 그리고 신 유전자란 무엇인가

벤 교수님은 결정론 얘기를 하실 때, 유전자 결정론이나 환경 결정론 같은 것에 대해서는 언급을 안 하시네요. 저는 데이비드 마이어스가 쓴 심리학 교과서의 '본성, 양육, 인간의 다양성'이라는 장을 읽은 후에, 우리 행동이 우리의 유전적 구성에 의해 이루어진다고 확신하게 되었어요.[1]

여기에 더해, 이번 주 심리학 수업에서 유전학 개론 강의를 들었거든요. 교수님은 유전심리학 분야에서 중요한 발견이 많이 이루어졌기 때문에 유전학을 배워야 한다고 하시더군요. 좀 걱정이 되었어요. 교수님은 사람의 모든 것이 유전적 구성, 특히 우리 뇌의 구성에 의해 상당히 많이 결정된다는 주장을 제가 생각한 것보다 강하게 내세우는 것 같았거든요. 제가 만난 기독교 설교자들은 대부분 누구나 복음을 들으면 똑같이 자유롭게 그리스도인이 될 수 있는 것처럼 말해요. 하지만 유전자가 인간의 행동에 끼치는 영향을 배우고 "신(神) 유전자"에 대한 최근의 발견 내용을 듣고 나니 그 말이 맞나 싶어졌어요. 유전적 구성 때문에 종교를 갖는 일이 더 쉬운 사람이 따로 있는 걸까요? 더 직접적으로 말하면, 교수님이나 저는 그리스도인이 되도록 유전적으로 타고난 것일까요?

죄송해요. 질문이 너무 많죠. 하지만 제 마음속에서 일어나고 있는 일을 이해해 주실 거라 믿어요.

말콤   유전자가 사람이 종교를 갖는 데 영향을 끼치느냐고? 요즘 뉴스에 많이 등장하는 질문이구나. 심각한 질병들의 유전적 기초를 열심히 찾고 있는 오늘날, 그런 흐름에 편승한 언론이 종교성을 포함한 모든 것에 해당 유전자가 있는지 온갖 추측을 해 대는 것은 놀라운 일이 아니지.

유전학과 심리학 수업을 듣는다고 했으니, 성격이 개인의 '유전형'에 의해 결정되는지를 조사하는 연구도 들어 봤겠구나. 이제 20년을 넘어선 인간게놈프로젝트는 아직까지도 새롭게 발견한 내용들을 발표하고 있어. 비만 유전자, 범죄 유전자, 창의성 유전자 같은 것들 말이다. 이에 관한 언론의 머리기사들은 인간의 모든 행동을 이해하는 길이 궁극적으로 인간의 DNA를 통해 열릴 거라고 말해 주지.

유전자 조작은 분명 행동 변화를 낳을 수 있다. 예를 들어 볼까. 21세기가 시작되기 직전, 프린스턴 대학의 신경과학자들이 생쥐의 유전자를 조작해서 뇌세포들의 시냅스 기능을 바꾸어 학습 능력을 눈에 띄게 향상시켰다고 발표했어. 당장 언론에서는 시간이 가면 이 기법이 인간에게도 적용될 수 있는지, 보다 구체적으로는 학습 장애가 있는 아이들이나 기억에 문제가 생긴 노인들에게 적용될 수 있는지 추측하고 묻기 시작했어.

이 연구 결과가 발표되었을 때, 하버드의 저명한 과학자 고(故) 스티븐 J. 굴드는 과학자들이 'IQ 유전자'를 입증했다는 식으로 언론이 그 연구 결과를 해석하는 데 주목했어. 그는 언론이 그 극적인 발견 내용을 다루는 방식이 소위 "꼬리표의 오류"(the labeling fallacy)의 아주 좋은 사례라고 평했지. 그리고 복잡한 생명체는 단순히 유전자들의 총합만이 아니고, 유전자만으로 어떤 해부학적 특성이나 특정한 행동을 만들어 낼 수는 없다고 지적했어. 그는 '꼬리표의 오류'의 사례로 1996년에 과학자들이 "새로움을 추구하는 유전자"를 발견했다고 발표한 일을 거론했지. 당시에는 다들 그것이 좋은 유전자라 여겼어. 하지만 1997년에 동일한 유전자와 헤로인 중독 성향 사이에 연관성이 있다는 사실을 발견한 연구 결과가 발표되었어. 그러자 스티븐 굴드는 이렇게 물었어. "탐구 정신을 높이는 '좋은 유전자'가 중독 성향을 만드는 '나쁜 유전자'가 된 것일까?" 즉, 생화학적으로는 동일할지 모르지만, 맥락과 배경이 중요한 것이지.²

또 다른 사례는 유전학과 관련해서 최근 연구 주제가 된 오래된 질문이란다. 왜 어떤 사람들은 왼손잡이일까? 10퍼센트의 아동이 왼손잡이로 태어나는 이유는 여전히 수수께끼로 남아 있어. 손의 비대칭성은 뇌의 비대칭성과 이어져 있는데, 그것 역시 제대로 밝혀진 내용이 없어. 뇌의 비대칭성은 인간과 가까운 유인원에게도 존재하지만, 인간의 뇌가 극심한 비대칭이라는 쪽으로 의견이 모아지고 있지. 손잡이 유형이 집안 내력이라는 사실은 알려져 있지만, UCLA의 인간유전학, 신경과학, 정신의학과 교수인 대니얼 게쉬윈드(Daniel Geschwind)는 이렇게 말하지. "손잡이 유형은 유전적 영향이 있지만, 키나 몸무게 같은 다른 복잡한 특성들과 마찬가지로 복잡하다. 단일한 유전자가 그것을 만들어 내는 것은 아니다. 환경적 요소도 강하게 작용한다."³

네 질문에는 더 심각한 질문이 숨겨져 있는 것 같구나. "유전적인 것이라면, 그에 대해 할 수 있는 일이 없지 않나요?" 너도 수업을 들어서 알겠지만, 연구자들은 유전적 요인들이 개인의 차이점들을 만들어 내는지 살펴보기 위해서 생명체의 발달과 환경의 상호작용을 탐구한단다. 연구자들은 인간의 경우를 연구하기 위해 일란성쌍둥이와 이란성쌍둥이를 비교해. 쌍둥이 사이의 유사성을 측정하기 위해 상관관계가 가장 높은 것(1.00)부터 가장 낮은 것(0.00)까지 본단다. 눈 색깔 같은 구조적이고 생리적인 변수에서 상관관계가 가장 높게 나타난다. 성격과 정신능력은 중간쯤에 해당하지만 성격보다는 정신능력에서 상관관계가 더 높게 나타나고, 관심사에 대해서는 상당히 낮게 나타나지. 따로 자란 쌍둥이들을 대상으로 한 미네소타 연구에 따르면, 같이 자란 일란성쌍둥이들(MZT)은 0.49이고 따로 자란 일란성쌍둥이들(MZA)은 0.50으로 성인이 된 후 성격의 상관관계는 거의 차이가 없었어.[4]

 몇몇 연구는 가장 두드러지는 인간의 5대 성격특성을 검토했단다. (1) 외향성, 주도성 (2) 우호성, 친화성, 친근성 (3) 성실성, 순응성, 성취 의지 (4) 정서적 안정성 (이것의 반대는 불안과 신경증) (5) 문화, 지성, 경험에 대한 개방성. 외향성 연구 결과는 475쌍에서 많게는 1만 2,777쌍에 이르는 쌍둥이들을 대상으로 한 다섯 팀의 대규모 연구에서 얻었고 통상 상관관계 계수의 형태로 표현되지. 일란성쌍둥이의 상관관계는 0.46부터 0.65에 이르고, 이란성 동성쌍둥이는 0.13에서 0.28에 이르는 것으로 나타난단다. 이 차이에서 분명한 유전적 영향을 볼 수 있어. 같이 자란 경우와 따로 자란 경우를 포함한 쌍둥이 연구와 입양 연구에서 나온 자료까지 다 모아 보면, 외향성에서 유전자가 개인적 차이의 35–39퍼센트를 설명한다는 결론이 나와. 그 동안은 성격에서 나타나는 가족 유사성의 상당 부분을 환경이 설명한다고 생각했지만, 대부분의 연구에서 공통 환경의 효과는 0에 가까운 것으로 드러났지. 성격적 특성 같은 것들은 여러 복잡한 유전적 요인에서 나온다는 것이 현재의 대체적인 의견 같아. 종교성은 아주 복잡한 개념이어서 대체로 성격적 특성으로 여기지. 사정이 이렇기 때문에, 단일한 "종교성" 유전자가 존재한다면 다들 아주 많이 놀랄 것 같구나.

벤   단일한 종교성 유전자가 존재하지 않는다면, 지금까지 연구된 것 중에서 사람의 종교성 여부를 결정하는 가장 영향력 있는 요인은 무엇인가요?

말콤   쌍둥이 연구의 대표주자인 린던 이브즈(Lindon Eaves)는 유전적·사회적 요인이 종교에 끼치는 영향을 뒷받침하는 증거를 수집했어. 그는 2004년에 이 자료를 개관하면서 "종교적 신앙"(religious affiliation)에 대한 "쌍둥이 사이의 상관관계는 순전히 환경적인 것"이라는 결론을 내렸어.[5] 하지만 이게 전부는 아니야. 이브즈는 이런 질문도 했거든. "종교적 신앙과 구별되는 교회 출석 같은 경우는 어떨까?" 이 질문이 암시하는 바는 여기에 성격적 요인―자기초월의 성향―이 작용하고 있을지 모른다는 것인데, 이브즈와 그의 동료들은 이런 성향이 교회 출석 확률 같은 종교적 신앙의 외양에 어떤 영향을 끼치는지 궁금해했어.

    이브즈가 한 연구에서 사용한 '기질과 성격 목록'의 정의에 따르면 자기초월성은 "자신을 넘어선 더 넓은 시각과 행동을 통해 경험의 의미를 찾거나 경험에 의미 부여를 하는 역량"이야.[6] 오스트리아의 쌍둥이들을 대상으로 진행한 연구에서 '자기초월성'란을 구성하는 열다섯 개의 항목 중 상당

부분이 신의 존재 여부에 대한 믿음이나 공식적 종교 활동과는 구분되는 영적 믿음 및 체험과 관련되어 있었어.

이 연구 자료는 자기초월성과 교회 출석의 의미심장한 상관관계를 확인해 주었지. 이브즈는 "교회 출석의 개인차를 만들어 내는 데 유전적 요인들이, 작지만 의미심장한 역할(성별과 국적에 따라 전체적으로 15-35퍼센트의 차이가 있다)"을 한다는 결론을 내렸단다.[7]

이것을 다르게 바라볼 수도 있어. 종교적 믿음과 실천 같은 구체적인 상의하달식 효과가 유전적 영향을 어떻게 바꿔 놓을지 묻는 거지. 소위 "탈억제 행동"(behavioral disinhibition, 행동을 통제하지 못하는 상태)을 보이는 사춘기의 청소년 쌍둥이들을 대상으로 한 네덜란드의 한 연구가 이 질문에 대한 해답의 실마리를 제공했단다. 연구자들은 종교적 양육이 쌍둥이들의 유사성에 많은 환경적 영향을 끼친다는 것을 보여 주었어. 하지만 지금 우리가 논의하는 내용을 생각할 때 그 연구에서 가장 의미 있는 내용은 탈억제 행동과 종교 교육의 상관관계가 보여 주는 패턴이야. 연구자들은 종교적 양육을 받고 자란 쌍둥이들과 그렇지 않은 쌍둥이들을 살펴보았고, 종교적 양육을 받지 못한 쌍둥이들의 경우 유전적 영향에 충실하게 탈억제 행동이 두드러지게 나타났다는 것을 발견했어. 유전적 차이가 나타나는 방식은 고정된 것이 아니라 환경적 맥락(이 경우에는 유전형을 아우르는 가족의 종교)에 따라 달라진다는 사실을 알게 된 거야. 종교가 없는 가정이라는 좀더 자유로운 환경에서는 유전적 결함이 쉽게 표출된 반면, 종교적인 가정에서는 달랐지. 동일한 유전적 결함이 있어도 그렇게 쉽게 표출되진 않았어.[8]

벤   기독교 신앙을 달가워하지 않는 친구가 '신 유전자'의 존재를 뒷받침하는 증거가 축적되고 있다는 글을 읽었대요. 그 친구는 그것이 바로 우리가 종교를 믿는 것이 유전자의 영향 때문임을 보여 주는 증거라고 생각한대요. 자기를 포함해 많은 사람이 종교를 믿지 않는 이유는 '신 유전자'가 없기 때문이라는 거예요.

말콤 네 친구가 '신 유전자' 이야기를 어디서 들었는지 알 것 같구나. 미국의 몇몇 주요 신문들이 이 문제를 여러 번 기사로 다루었지. 섹스나 종교와 관련해서 유전적인 요인을 발견했다고 주장해 봐. 틀림없이 많은 언론이 크게 다룰 거야. 유전자와 신에 대한 믿음 사이에 연관성이 있을 수 있다는 연구 결과는 발표되자마자 언론의 집중 조명을 받았어.
　뉴욕의 과학전문기자 존 호건은 널리 보도되는 과학적 발견들이 있는가 하면, 그렇지 않은 경우도 있다는 점을 지적하며 이렇게 썼어.

저널리스트로인 나는 OOO에 해당하는 유전자를 발견했다는 이야기를 언론이 얼마나 좋아하는지 잘 알고 있다. 우리 과학전문기자들은 거대한 규모의 뉴스와 연예산업에서 아주 작은 부분을 차지하고 있고, 제프리 클러거처럼 경험 많고 재능 있는 기자도 사정은 다르지 않다. "타임"지에 '신 유전자' 기사를 쓴 클러거도 편집자와 독자들의 관심을 끌기 위해서는 치열한 경쟁을 벌여야 한다. '게이 유전자'나 '신 유전자'의 발견은 과학저술가들이 말하는 '깜짝 놀랄'(gee-whiz) 이야기의 고전적인 사례. 거기에 담긴 과학의 내용은 이해하기 쉽고 그 철학적·사회적 함의는 자극적이다. 그것을 '유전자도 놀랄'(gene-whiz) 과학이라고 해 보자.[9]

호건은 이렇게 말했어. "이 기사를 쓰면서 또 다른 질문이 떠올랐다. 행동유전학자들, 특히 딘 헤이머가 지금까지 보여 준 행적을 고려할 때, 그들의 주장을 아직도 진지하게 받아들이는 이유가 무엇일까?" 호건은 헤이머가 이전에 내놓았던 몇 가지 거창한 주장을 거론했어. 헤이머는 어떤 일을 했으며 어떤 주장을 했을까?

1993년에 딘 헤이머는 네 명의 동료와 함께 "사이언스"지에 논문을 기고했어. 40쌍의 게이 커플을 대상으로 연구한 결과, X염색체에서 동성애와 연관된 유전자 표지를 발견했다고 주장했지. 하지만 호건은 이렇게 지적했어. "곧이어 헤이머의 경우보다 훨씬 많은 피험자를 대상으로 두 연구가 진행되었는데, X염색체 안의 유전자와 남자 동성애의 연관성을 보여 주는 어떤 증거도 발견하지 못했다. 그러나 헤이머의 주장이 유명세를 탄 것과는 달리, 그와 상반되는 이 연구 결과들은 사실상 언론에 보도되지 못했다."

2011년 중반에 "종교성의 행동유전학"이라는 제목의 논문이 발표되었어. 저자 중 한 사람인 매트 맥기는 행동유전학회 회장을 역임했고 현재 남덴마크 대학 공중보건연구소의 연구교수로 있지. 엘빙 앤더슨은 유전학과 종교를 다룬 해당 저널의 모든 논문을 개괄하면서 이 논문을 이렇게 소개했어. "종교성은 유전적 요인의 영향을 받지만 그것만으로는 설명이 안 되는 복잡한 특성이고 유전적 영향의 본질 역시 복잡하다." 도대체 얼마나 복잡한지는 로라 쾨니그와 매트 맥기가 논문에서 자세히 설명했어.[10]

린던 이브즈의 선행 연구를 이어받아, 그들은 이 문제를 연구하는 두 가지 주요 방법이 쌍둥이 연구법과 입양 연구법이고, 같이 혹은 따로 자란 쌍둥이들에 대한 연구가 추가로 보태진다고 말한단다.

그들은 '종교성 측정'이라는 개념 자체가 간단하지 않음을 처음부터 인정하고 들어가. "종교성, 즉 더 높은 힘을 믿고 그 믿음에 충실하게 행동하려는 성향은 태도, 신념, 행동과 가치관을 아우르는 다면적 구성물이다. 따라서 종교성을 측정하는 방법도 다양할 수밖에 없다. 예배 참석과 특정한 교리에 대한 지식을 종교성의 척도로 볼 수도 있고 영성과 신비주의에 주목할 수도 있는 것이다."

그러면 입양이나 따로 혹은 같이 자란 쌍둥이를 기반으로 한 종교성 연구에서 어떤 결론을 이끌어낼 수 있을까? 첫째, "유년기와 사춘기에 볼 수 있는 가족 간의 종교적 유사성은 사회화 연구자들의 예측대로 주로 가족이 공유하는 환경적 요인에서 나온다." 하지만 그것이 전부가 아니다. "나이가 들어갈수록 어떤 선택을 내릴 때 경험이 더 큰 기능을 담당하게 되고, 그 선택들은 어느 정도는 우리 안에 유전적인 영향을 받아서 구축된 성향, 능력, 관심사를 반영할 가능성이 높다. 여기에 요약된 결과를 보면 종교성이 이 특징적인 패턴을 따른다는 것을 알 수 있다. 우리가 종교적 태도, 행동, 신념 등에 관해 내리는 선택은 개인의 성향 및 능력과 동떨어진 것이 아니며, 유전적인 영향도 배제할 수 없을 것이다."

그들의 논문 초록은 모든 것을 산뜻하게 요약하고 있어. "가족 간의 종교적 유사성은 유년기와 사춘기에 공유한 환경적 요인에 상당 부분 기인하지만, 성인기에는 유전적 요인들도 관여한다고 볼 수 있다. 종교성과 반사회적 또는 이타적 행동 간에 유전적 상관관계가 있음을 보여 주는 추가 증거도 있다. '신 유전자'를 발견했다는 주장은 시기상조에다 사실이 아닐 가능성이 높다. 모든 유전적 영향은 많은 유전적 요인의 종합적인 효과로 나타날 가능성이 높기 때문이다." 앞에서 언급한 딘 헤이머의 극적인 주장을 생각하면서 이 논문의 마지막 문장을 소개하고 싶구나. "신 유전자는 없다."

과학적 연구 결과를 평가할 때는 최대한 마음을 열어 놓되 그 내용을 생각 없이 받아들이는 일이 없도록 주의해야 해. 어떤 이유로든 그 연구 내용을 언론이 머리기사로 다뤘을 때는 특히나 그렇다. 전문 저널에 발표되는 유전학 연구가 인류에게 엄청난 유익을 가져다줄 것을 기대할 수는 있지만, 성(sex)과 종교처럼 정서적으로 민감한 주제들의 유전적 요인을 찾았다는 주장이 언론에 대서특필될 때는 반사 반응을 보이지 않도록 대단히 주의해야 해. 복잡한 특성들은 각기 작은 영향을 끼치는 많은 유전자가 함께 만들어 내는 작품이라는 것이 많은 연구가 공통적으로 말하는 바니까 말이야.

5
벤저민 리벳의 실험은
자유의지 신화를 무너뜨렸나

벤 신경과학을 전공하는 친구가 벤저민 리벳이라는 사람이 1983년에 발표한 아주 중요한 논문을 소개해 줬어요. 움직이겠다는 의식적 결정이 움직임이 시작된 다음에 이루어진다는 것을 보여 준 논문이라고 하더군요. 친구는 리벳 실험의 주요 내용이 여러 번의 반복 실험으로 확증되었다고 했어요. 그렇다면 어떤 일을 하기로 결정을 내린다는 생각은 모두 착각 아닌가요? 나는 나의 뇌가 하고 있는 일, 또는 이미 해 버린 일을 보고할 뿐인 건가요?

말콤 그래. 벤저민 리벳과 그의 동료들은 뇌에서 벌어지는 사건들의 타이밍 및 그 사건들과 정신현상의 관계를 연구했지. 그들은 뇌에서 사건이 벌어지는 시간과 마음의 의도를 알리는 시간을 비교할 방법을 고안했어. 리벳의 실험을 이해하는 데 필요한 배경 정보와 함께 그들이 어떤 실험을 했는지 소개해 보마.

리벳의 실험이 있기 얼마 전, 두피에 붙인 전극으로 오는 신호에 반응해 움직여야 하는 상황에서, 신호를 기다릴 때 발생하는 소위 "느린 음전위 이동"을 기록할 수 있다는 사실이 밝혀졌어. 그리고 그 무렵에 좀더 흥미로운 발견이 있었어. 사람이 의지적인 행동을 할 때 앞의 "느린 음전위 이동"과 유사한 "준비전위"(readiness potential)가 관찰된다는 것이었지. 리벳과 공동연구자들은 뇌에서 이 준비전위가 일어나는 시점이 피험자가 움직이기로 마음으로 결정하기 무려 0.5초 전이라는 것을 보여 주었어.[1]

그들은 피험자들에게 자리에 앉아서 텔레비전 화면을 보라고 했고, 화면에서는 점 하나가 시계 방향으로 2.5초마다 한 바퀴씩 돌아가고 있었어. 피험자들은 손가락을 움직이기로 자발적으로 결정하고, 그렇게 결정한 순간이 언제인지 화면에 있던 점의 위치로 알려야 했어. 그와 동시에, 연구자들은 피험자의 머리에 부착한 전극을 이용해 피험자의 두뇌에 나타나는 '준비전위'를 기록했지. 그들은 '준비전위'가 나타나는 시점이 피험자가 손가락을 움직이고 싶은 마음이나 의도를 보고하기 평균 350밀리초 **전**이라는 사실을 발견했어. 게다가, 이것은 손가락이 실제로 움직이는 시간보다 훨씬 이전이었지. 손가락의 움직임도 손가락에 부착한 전극으로 감지할 수 있었거든. 그러니까 이 준비전위는 대뇌피질의 전 운동 영역(premotor-motor area)에서 이루어지는 뉴런들의 활동으로 생겨나는 것처럼 보였어. 아마 그런 의도된 행동에 앞서 뇌의 여러 다른 부위에서 일어나는 활동들도 있을 거라고 봐.

리벳 연구의 중요성은 행동을 하겠다는 의식적인 의도보다 뇌가 먼저 작용하는 것 같다는 점을 보인 것에 있었어. 그의 논문을 일부 인용해 보마. "여기서 연구된 바, 뇌에서 시작된 그런 [종류의] 자연스럽고 자발적인 행동은 **무의식적으로** 시작될 수 있고 흔히 그렇게 시작된다.…뇌에서 어떤 결정을 내렸다는 보고 가능한 주관적 인식이 생기기도 전에, 뇌는 행동을 시작하기로, 적어도 행동을 시작할 준비를 하기로 '결정'한다."[2]

이런 연구 결과들의 발표는 후속 연구로 이어졌고 연구는 지금도 계속되고 있어. 어쩌면 당연한 일이지만, 심리철학자들과 도덕철학자들이 이런 결과들을 폭넓게 논의했지.

벤　　리벳이 첫 번째 실험 결과를 발표한 후 지난 30년 동안 어떤 일이 있었는지 더 알고 싶어요. 후속 실험에서 어떤 내용이 밝혀졌고 연구자들이 그 자료를 어떻게 해석하고 있는지 이해하는 데 도움이 될 만한 최근의 논문이 있나요?

말콤　　최신 자료를 찾아보려고 미국의 저명한 신경생리학자인 친구에게 연락해 보았다. 리벳의 실험에 대한 해석 현황도 물어보고 그 문제들을 다룬 최근 논문도 알려 달라고 했지. 메릴랜드 주 베데스다에 있는 국립신경질환뇌졸중연구소 인간운동제어부문 책임자인 마크 핼릿과 그의 동료들이 2년 전에 발표한 논문을 소개해 주더구나.[3]

논문 제목은 "움직임에 대한 의식적 의도의 타이밍"이야. 논문 초록의 첫 문장은 이렇다. "행동의 의도에 대한 현대 신경과학과 심리학의 토대를 놓은 인물은 B. 리벳이었다." (리벳 연구의 폭넓은 의미에 대해 네 친구가 한 말은 정곡을 찔렀다고 할 수 있지.) 그런데 리벳 팀의 연구방법론은 피험자가 보고한 타이밍과 주관적 기억에 과도하게 의존한다는 비판을 받았어. 이 논문에 따르면 리벳 실험의 해석을 두고 많은 논쟁이 있었고, 아직 일반적인 의견 일치가 이루어지지 않았지. (그러나 철학자들은 갖가지 회의를 열어 그 실험이 인간의 자유의지에 대해 함축하는 바를 토의했어!)

　마크 핼릿과 동료들은 움직이겠다고 의식이 의도하는 데 걸리는 평균 시간이 실제로 움직이기 1.42초 전임을 발견했어. (불규칙한 간격으로 소리가 제시되는 가운데 피험자가 움직일 생각이 있었는지 여부를 실시간으로 결정한 데 근거한 측정 시간이었다.) 그들은 이 연구 결과가 리벳의 실험에서 썼던 방법의 문제점을 일부 해결했고 계속되는 일부 논란에 대해 좀더 명확한 답변을 제시하는 데 도움이 되었다고 믿는다. 그들의 결론은 이렇다. "전통적인 결과와 우리 결과의 차이점은 뇌의 지시로 움직임이 시작된 직후부터 다층적인 인식을 거쳐 의도의 자각이 생겨남을 시사한다."[4]

　신경생리학자 친구는 동료 학자들과 함께하는 저널클럽에서 해당 논문을 토의한 결과 두 가지가 분명히 드러났다고 하더구나. 첫째, 움직임에 대한 의식적 의도와 그 이전에 나타나는 '준비전위'의 관계는 피험자마다 많은 차이가 있다. 그들은 실제로 실험에 참가한 피험자 열다섯 명 중에서 다섯 명의 경우 움직임을 의도한 어림 시간이 초기 준비전위가 나타난 시간보다 앞서거나 둘 사이에 별다른 관련이 없다는 사실에 주목했어. **이 정도면 걱정스러울 만큼 높은 비율이야.** 둘째, 그들이 다른 기법을 사용해 자료를 재분석해 보니 핼릿의 논문(리벳 실험의 반복 실험 중 하나)에서 제시한 분석을 보면 움직임을 의도한 시간의 측정치는 대체로 더 늦은 시간을 택하고, 준비전위는 더 이른 시간을 택하는 체계적 편향성이 나타났다고 판단했다.

　결국, 그들은 핼릿의 논문이 리벳 실험을 크게 지지하지 못한다고 보았어. 그들은 보다 공정하게 분석을 해 보면, 움직이겠다고 의식적으로 의도한 시간과 준비전위가 나타나는 시간이 그리 차이가 나지 않는다는 사실이 드러날 것이라고 생각했고, 이것은 리벳 논문에서 제시된 것과는 상당히 다른 해석이지. 이들 신경생리학자들은 햄릿의 실험을 무척 좋아했지만 그 실험 결과에서 도출된 결론에는 회의적인 입장이라는 점을 덧붙여야겠다.

이런 상황에서 논문이 하나 발표되었어. 이 논문은 리벳 실험의 의존 변수가 실제로 측정한 것이 무엇인지 새롭게 바라보도록 촉구하는 것처럼 보였어. 오타고 대학의 제프 밀러와 그의 동료들이 발표한 이 논문의 제목은 "뇌전도(EEG)로 측정한 뇌파에 대한 시계 모니터의 효과: 무의식적 움직임은 시계 때문에 인위적으로 생겨난 것인가?"였다.[5]

이 최신 연구에서 연구자들은 두 가지를 지적했어. 첫째, 사람들이 움직이겠다고 의식적으로 결정하기 전에 뇌가 움직일 준비를 시작한다는 결론은, 뇌전도에 관찰된 뇌파가 움직임의 준비를 꼭 집어 나타낸다는 주장에 결정적으로 의존하고 있다는 것. 둘째, 음전위의 등장이 움직이려는 준비 외의 다른 어떤 뇌의 작용 때문이라면, 움직이겠다는 의식적 결정 이전에 뇌전위가 나타났다고 해도 리벳이 주장한 것처럼 움직임의 준비가 무의식적으로 시작된다는 주장을 지지한다고 볼 수 없다는 것.

연구자들은 두 가지 실험을 수행했어. 먼저 피험자들이 자발적으로 자판을 누르기 전 뇌전도에 나타나는 평균 뇌파 활동을 검토했지. 두 번째는 소리 판단 과제에 대한 자극으로 삐 소리를 들려주기 전 뇌전도에 나타난 피험자들의 뇌파를 측정했어. 그들은 피험자들이 시계를 보고 특정 사건, 즉 움직이겠다는 결정을 의식하게 된 시간을 보고하는 실험 1의 조건과 피험자들이 시계를 보지 않는 조건인 실험 2의 답변을 비교했어. 리벳의 실험에서는 이 시계 절차가 피험자들이 움직이겠다는 결정을 의식하게 된 시간을 추정하는 데 쓰였고, 이런 실험의 결과들에 따르면 움직임의 준비와 관련된 몇몇 뇌파는 움직이겠다는 결정을 내리기 이전에 뇌전도에 나타나기 시작하는 것처럼 보였지(리벳의 연구 결과). 밀러와 그의 동료들은 움직임의 준비를 나타낸다고 여겨졌던 시계 자체가 뇌전도에 나타난 뇌파에 직접적인 영향을 끼칠 가능성을 이전 연구자들이 간과했다는 점을 지적했어. 그들의 결론을 인용해 보마. "우리의 연구 결과는 의도적인 움직임이 뇌의 무의식적인 운동 영역의 활동으로 시작된다는 결론에 이의를 제기한다. 뇌 운동 영역의 활동과 움직임 시작 간의 연관성에 의문을 제기한다는 점에서, 이 이의 제기는 움직임의 의도가 단일한 뇌 영역이 아니라 자주 사용되는 전두두정 네트워크의 산물이라는 주장과 잘 들어맞는다."[6] 그들은 논문 초록을 이렇게 마무리했다. "피험자가 움직이겠다고 의식적으로 결정하기 전에 움직임 관련 뇌 활동이 시작된다는 이전 보고들은 시계를 보는 것이 뇌전위에 관찰된 뇌파에 미치는 효과 때문에 나온 것일 수도 있다."[7]

그들의 결론이 타당한 것으로 밝혀지고 그들의 해석이 받아들여진다면 그동안 우리가, 그중에서도 주로 철학자들이 자유롭게 행동한다는 주관적 느낌을 어떻게 옹호할 수 있는가 하는 문제와 씨름하며 잉크를 허비했음이 드러나겠지. 여기서 배워야 할 교훈은 이거다. 과학자인 우리는 실험 결과에서 도출하는 결론이 가능하면 유일한 결론, 그게 아니면 적어도 가장 설득력 있는 결론이 되도록 최선을 다해야 한다는 거야. 성급한 해석이 함축하는 것처럼 보이는 일반적인 결론으로 성급히 내달려서는 곤란하다.

이 실험 이야기를 꺼낸 이유는, 전문적인 훈련을 받은 실험자가 아닌 이들이 그런 실험을 근거로 삼아 거대한 이론들을 쌓아 올리려 하거든 주의할 필요가 있다는 점을 잘 보여 주기 때문이야. 그런 일이 벌써 일어나고 있거든. 앞에서 말했지만, 철학자들이 정말 열심히 다니면서 리벳의 실험과 그 후속 실험들을 제시하며 자유의지 개념 전체를 재검토해야 한다고 말하고 있어. 어떤 이들은 아예 뒤집어엎어야 한다고 말하기까지 한단다. 하지만 그 실험들을 가지고 실제로 연구를 진행하고 그 실험 결과들이 무엇을 보여 주고 무엇을 보여 주지 않는지 아는 사람들은 전혀 다르게 말하지.

우리는 잠시 멈춰서 물어봐야 해. 손가락을 구부리는 것 같은 도덕적으로 중립적이고 단순한 결정의 타이밍과 뇌 작용과의 관계를 연구한 리벳의 실험 및 그와 비슷한 실험들이 과연 도덕적 의사 결정에 대해 의미 있는 것을 말해 줄까? 리벳의 연구는 자유의지나 도덕적 책임의 문제와 실질적 관련성이 없어. 그리고 그런 의미에서 근본적인 문제점이 있지. 리벳 실험의 피험자들은 손가락을 움직일 정확한 순간을 자유롭게 선택할 수 있었지만, 그것은 도덕적으로 차이가 있는 두 행동 중에서 하나를 선택한 것이 아니야. 우리는 밀리초 단위가 아니라 몇 분, 며칠, 몇 년에 걸쳐 우리의 뇌와 몸의 활동에 영향을 끼치는 의식적이고 자발적인 결정을 내리고, 그런 결정들에는 실제적인 결과들이 따라오지. 이것은 우리가 일상생활에서 접하는 현상적 증거들이 압도적으로 뒷받침하는 사실이야.

이탈리아 과학자 집단이 최근에 발표한 연구에서 리벳형 실험의 또 다른 인위적 특성을 잘 지적했어. 그들은 손가락을 움직여서 반응하는 것 같은 간단해 보이는 실험에 참여할 때도 피험자 개인의 신념 체계가 미칠 수 있는 영향을 고려해야 한다고 주장했지. 그리고 이렇게 물었어. '사람들이 자유의지를 믿지 않게 된다면 어떤 일이 벌어질까?' 그들은 자유의지에 대한 믿음이 훼손되면 사회적 행동에 영향을 받는다는 사실이 이미 드러났다는 데 주목하고, 자유의지에 대한 믿음을 손상시킬 경우 리벳이 연구한 자발적 운동 준비와 관련된 뇌파에 변화가 생기는지 알아보기로 했어. 그리고 참가자들을 두 집단으로 나누어 실험을 진행했지. 우선 "자유의지 부재" 집단은 '이제 과학자들은 자유의지가 착각이라는 사실을 인정한다'고 주장하는 유명한 책의 한 대목을 읽었어. 통제 집단에 해당하는 다른 집단은 같은 책에서 자유의지를 언급하지 않고 의식을 다룬 대목을 읽었지. 글을 꼼꼼히 읽게 할 요량으로 참가자들에게는 실험 막바지에 이해도 측정 시험을 볼 거라고 말했지. 그런데 뇌파 측정 결과 자유의지를 믿지 않도록 유도된 사람들의 준비전위가 낮게 나온 거야. 게다가 이 사실이 분명히 드러난 시점은 피험자들이 움직이겠다는 의식적인 결정을 내리기 1초 이상 전이라고 하니, 조작이 전(前)의식 단계에서 의도적 행동에 영향을 끼친다는 것을 시사하는 발견이라고 해야겠지.

벤   마크 핼릿은 이런 리벳형 실험들이 어떤 영향을 줄 수 있다고 보았나요? 자신의 반복 실험이 자유의지에 대한 폭넓은 문제들과 어떤 관련이 있다고 보았을까요?

말콤   그 연구를 수행할 당시에 핼릿은 우리 모두 자신의 움직임을 자발적으로 선택하는 자유의지가 있다는 인식을 공유한다고 했어. 그는 사람들이 이것을 당연하게 받아들인다고 했지. 그리고 자유의지에 대한 논의는 흔히 의식에 대한 논의와 뒤섞인다고 언급했는데, 의식의 문제는 이제 철학자들도 "어려운 문제"라고 부르기 시작했을 만큼 자유의지 못지않게 까다로운 문제야.
  의식과 자유의지에 대해, 핼릿은 수 세기에 걸쳐 크게 두 견해가 형성되었다고 지적하지. 하나는 이원론적 견해란다. 이 견해는 뇌와 마음이 별개고, 과학자들은 뇌를 연구하며 핼릿의 표현대로 의식은 "마음의 별개의 특성"이라고 주장한다. 또 다른 견해는 "일원론"(monism)이야. 햄릿은 이 견해를 지지하면서 증거를 따져 볼 때 이원론적 이해가 옳지 않다고 주장한다. 마음은 뇌의 부산물이라는 거지.[8] 너도 알다시피, 나는 제한적인 일원론을 지지한단다. 마음과 뇌는 단일한 실체의 두 **양상**이라고 본다는 것이 더 정확한 표현이겠지. 그래서 내 견해는 '이중 양상 일원론'(dual-aspect monism)의 일종이라고 할 수 있어.

햄릿은 자신의 견해가 폭넓은 함의가 있다고 생각해. 그래서 논문 말미에 그것이 "도덕과 법에 대해 갖는 함의"에 대해 썼지. 그는 이렇게 물었단다. "자유의지라는 추진력이 존재하지 않는다면, 행동에 대한 책임이 사람에게 있을까?" 그는 이원론자만 이 질문을 어려워한다고 생각하고 거기에 대해선 나도 동의한다. 하지만 햄릿이 다음과 같이 쓴 것은 사려 깊지 못했다고 생각해. "사람의 행동은 분명히 전적으로, 그리고 언제나 그의 뇌의 책임이다."[9] 그가 무슨 말을 하려는 건지는 알지만, 책임이 있는 주체는 뇌가 아니라 사람이잖니. 물론 이것은 소위 '통상적 상황'에 해당하는 말이지.

벤   통상적 상황이란 무슨 의미인가요? 자유의지를 가능하게 하는 뇌를 가진 사람과 그렇지 않은 뇌를 가진 사람이 따로 있다는 건가요? 과연 우리가 우리 행동에 책임이 있는지, 있다면 언제 그런지 어떻게 아나요?

말콤   그걸 물어볼 줄은 몰랐구나. 리벳의 실험과 햄릿의 실험 모두 수의운동(의지에 따른 근육의 움직임 – 편집자 주)과 관련이 있었고, 그 연구 결과 자유의지에 대한 논의가 촉발되었어. 그런 연구들 때문에 나는 (자유의지를 말할 수 있는) "통상적 상황"을 언급해야 했어. 하지만 신경학적 환자들에게 불수의운동이 일어나는 사례가 있다는 사실은 기억해 둘 만하지.

그런 상태에 있는 한 환자는 한쪽 손이 종종 제멋대로 움직여 당혹스러워한단다. 통제 불능인 거지. 신경학자를 찾아온 환자의 가족은 환자가 식당에서 갑자기 왼손을 뻗어 접시에 남은 생선 뼈를 입에 집어넣는 바람에 환자 본인도 크게 놀랐다고 말했어. 한번은 그녀가 동생의 아이스크림을 잡아챈 적도 있었다는구나. 그녀는 자신의 왼손에 "다른 마음이 있어서" 제 뜻대로 한다고 주장했지. 사람의 의지와 손이 하는 행동 사이에 갈등이 일어난 상황인 거야.

몇 년 전 내가 뇌량 기능을 활발하게 연구하고 있을 때 있었던 일이야. 종양을 제거하기 위해 뇌량의 일부를 잘라 내야 했던 부인을 봐 달라는 요청을 받았어. 진찰 전에 부인과 가볍게 대화를 나누는데, 그녀가 한 손은 스카프를 두르고 다른 손이 제멋대로 움직여 그것을 벗겨 내는 바람에 놀랐다고 했어. 그녀의 남편은 아내가 아침 식사 때 숟가락을 집어 시리얼을 먹으려고 하면 그녀의 다른 손이 제멋대로 움직여 숟가락을 뺏는다고도 했지. 그녀로서는 참 괴로운 일이었을 거야.

피터 셀러스가 주연한 영화 "닥터 스트레인지러브"에도 이런 사례가 나온다. 소설 「적색경보」를 기초로 만든 영화지.[10] 피터 셀러스가 연기한 독일계 미국인 핵과학자는 자꾸만 나치 경례를 하려고 드는 오른손을 끊임없이 붙들어야 했어! 한때 "무정부 손 증후군"이라 불리던 이 증상을 오늘날 대중과학잡지에서는 '닥터스트레인지러브 증후군'이라 불러('외계인 손 증후군'이라고도 한다—역주).

무정부 손 증후군이 해부학적으로 어떤 문제 때문에 나타났는지 자세히 설명하지는 않으마. 너를 괴롭히고 싶지는 않으니까. 내가 본 환자의 경우처럼 뇌의 좌우 반구 연결이 끊어진 것이 원인이라고 생각한 적도 있어. 그런 경우도 있을 거야. 하지만 요즘에는 주로 보조 운동 영역이라 알려진 뇌 부위에 손상이 생겨서 발생하는 증상이라는 쪽으로 의견이 모아지고 있어. 뇌량에 발생한 별개의 장애나/와 내측전두엽의 손상이 일으키는 일을 두고 신경학자와 신경심리학자들 사이에서 논쟁이 이어지고 있기는 하지. 요는, 뇌의 특정 영역이 손상되어 손의 불수의운동을 제어하기 어려워졌다고 거의 단언할 수 있는 신경학적 상태가 존재한다는 거야. 이것은 자유의지(free will)의 결여가 아니라 "자유거부의지"(free won't)의 결여라고 말할 수 있을 거야. 마크 핼릿은 그의 실험 중 일부를 "자유거부의지"에 대한 연구라고 표현했어.

그의 지적은 유용하고 주목할 만하단다. "인간의 다른 모든 요소가 그렇듯, 행동도 그 사람의 유전과 경험의 산물이다. 사람의 행동은 보상과 처벌 같은 구체적인 환경적 개입에 의해 영향을 받을 수 있다고 봐야 한다."[11]

뇌량을 언급하고 보니 뇌량의 기능을 40년 동안 연구해 온 저명한 연구자 마이클 가자니가(Michael Gazzaniga)가 최근에 자유의지를 포함해 신경과학과 관련된 폭넓은 주제들에 대해 사려 깊은 견해를 밝힌 것이 생각나는구나. 그는 평생에 걸친 최첨단 신경과학 연구 경험을 토대로 최근 「뇌로부터의 자유」(Who's in Charge, 추수밭)라는 책을 썼어.[12] 그의 견해는 경청할 만한 가치가 있지.

가자니가는 분별없는 환원주의의 오류를 폭로하는 데 열정이 있는 사람이야. 그는 차량 부품을 연구한다고 해서 교통의 흐름을 설명할 수는 없는 것처럼 신경과학은 자유의지 같은 거시적 수준의 현상을 미시적 수준의 설명으로 담아내려는 경향을 버려야 한다고 했어. 한 인터뷰에서 결정론을 어떻게 생각하느냐는 질문을 받자 그는 이렇게 대답했단다.

내 말은, 어떤 수준에서 결정론은 우리가 그냥 들러리라고 말한다는 것입니다. 우리는 수동적인 입장에 있다는 거지요. 신경과학은 행동과 인지를 이해하는 데 도움이 되는 메커니즘들을 끊임없이 밝혀내고 있습니다. 또 인간의 마음을 기계론적으로 보는 견해의 증거를 점점 더 많이 제시하고 있습니다. 그것을 불길하게 여기고 탐탁지 않게 여기는 이들이 많습니다. 그러나 분명히 말합니다만, 그것은 불길한 일이 아니라 기계의 작동 방식을 밝히는 일일 뿐입니다. 우리는 사람들이 자신이 저지른 행동에 개인적인 책임을 지기를 바랍니다. 이것은 모든 인간 사회가 공유하는 근본 가치입니다. 마음이라는 기계가 어떻게 작동하는지 알게 된다는 것은, 우리 행동이 신경학적으로 결정된 것이라서 우리가 우리 행동에 책임지지 않아도 된다는 뜻일까요? 아닙니다. 저는 그렇게 생각하지 않습니다. 사회적 책임이라는 개념은 사회집단에서 생깁니다. 그것은 사람들 사이의 상호작용의 법칙 안에 있습니다. 뇌 안에서 그것을 찾는 사람은 없습니다. 교통 상황을 이해하기 위해 차량 부품을 들여다보는 경우가 없는 것과 같요. 우리가 이해하려는 것은 다른 층위의 구조거든요.[13]

이후에 그는 이런 질문을 받았어. "내가 독자적으로 책임 있는 선택을 내린다는 생각은 자기기만일까요?" 그의 대답은 '아니다'였다. "책임 있는 선택이란 무엇입니까? 당신이 현명하다고 생각하는 신념이나 행동 계획을 뇌가 수립하는 것입니다. 그런 신념이나 행동 계획은 당신의 인지 시스템 안에 존재하고 당신은 그것을 따르고 싶어 합니다. 문제는 '당신이 실제로 그렇게 하는가'입니다. 그것을 따르는 경우는 얼마나 되고, 따르지 않는 경우는 얼마나 될까요? 정말 개인적인 문제지만 '그것이 진짜라고 생각한다'는 본인의 인지적 판단의 책임은 본인에게 있습니다. 우리가 머릿속에 이런 사회 계약 모델을 통째로 갖출 수 있다는 말로 이해하면 되겠습니다."[14]

이러한 지적은 가자니가의 또 다른 요점으로 이어지지. 그는 "자동적 과정은 어디에서 끝나고 자발적이고 책임 있는 행동은 어디에서 시작되는지 그 지점을 뇌과학이 정확하게 짚어 줄 수 있을까요?"라는 질문에 이렇게 대답했다. "지금은 못 합니다. 아마 영원히 못 할 것입니다.…올바른 판단이나 자유의지 같은 사회적 구성물에 대한 설명은 그보다 훨씬 더 요원하고요. 생물학적 작용의 관점에서 그것들을 정의하려는 시도는 결국 바보짓입니다."[15]

여기서 뇌과학에서도 가장 급속히 확장되는 영역 중 하나인 사회신경과학으로 곧장 넘어갈 수 있겠다. 하지만 벤저민 리벳의 실험에 대한 최신 소식을 먼저 전하고 싶구나. 2012년 8월 미국국립과학원회보(*Proceedings of National Academy of Sciences*)에 실린 한 논문은 리벳의 실험에 대해 널리 받아들여지던 해석에 또 다시 문제를 제기했어. 논문 저자는 프랑스 사클리의 국립보건의료연구원(National Institute of Health and Medical Research) 소속 아론 셔거(Aaron Schurger)인데, 그는 "리벳의 연구에 비판적이었던 사람들조차도 대체로 그 전제는 문제 삼지 않았다"는 데 주목했다. 행동의 결정을 내리기 550밀리초 전에 뇌파 신호가 잡힌 것은 "움직이려는 충동을 의식하기도 전에 뇌가 제대로 행동할 준비를 한다"는 의미로 해석되었지.[16]

앞서 언급한 대로, 뉴질랜드 연구자들인 주디 트레번과 제프 밀턴이 이미 리벳 실험에 문제를 제기한 바 있어. 그런데 그런 연구 결과가 또 나온 거야. 셔거는 직접 진행한 뇌전도 연구에서 나온 증거를 제시하며 이렇게 말해. "전(前)의식 결정으로 보이는 것이 **실은 결정을 반영하지 않을 수도**

있다. 그것이 그렇게 보이는 이유는 오로지 저절로 이루어지는 뇌 활동의 본질 때문이다." 그들의 결론은 이거야. "만약 우리가 옳다면, 리벳 실험은 의식적 의지의 가능성을 부정하는 증거가 아니다."[17]

영국 서섹스 대학교의 인지심리과학자 애닐 세스는 이런 실험들과 그 해석에 대해 이렇게 평한단다. "새로운 모델 덕분에 '의지라는 의식적 경험의 신경적 토대를 더 풍성하게 이해할 수 있는 장이 마련되고' 있다."[18] "자유의지에 대한 자각"은 거의 보편적인 인간의 경험이니, 리벳 실험을 근거로 이 보편적 경험을 부인하거나 거부하는 것은 전혀 과학적인 일이 아니라는 것을 명심해야 해. 그러니 앞으로 나올 소식을 계속 지켜보렴!

6
모든 게 뇌 안에 있나

벤   저는 요즘 사회심리학 수업을 듣고 있어요. 마음과 뇌의 연관성을 연구해 온 사람들은 인간의 중요한 측면을 놓친 것 같아요. 우리는 사회적 동물 아닌가요? 평생 다른 사람들과 교류하면서 살아가잖아요. 그런데 인간의 사회적 상호작용을 고려하지 않고 뇌의 작용만 지나치게 강조하는 것 같아요.

말콤   네 질문을 받고 보니 저명한 철학자가 최근에 쓴 지혜로운 글이 생각나는구나. 그는 "진실을 말하는" 것만으론 충분치 않고 "온전한 진실을 말해야" 한다고 했어. 신경심리학 연구에서 개인에게 지나치게 집중한 나머지 인간 행동의 중요한 요소를 배제했다는 네 말은 참으로 옳다. 그런데 변명처럼 들릴 말부터 해야겠구나. 마음과 뇌의 연관성을 이해하려는 과정에서 마주치는 문제는 사실 매우 버겁단다. 그래서 정상적인 과학 절차에 따라 통제할 수 없는 변수를 먼저 최대한 줄여야 해. 그리고 나서도 자료를 명확하게 해석하는 일은 쉽지 않거든. 그래서 실험실 환경에서 개인들을 연구하는 것부터 시작한 거야. 하지만 오늘날 신경과학에서 가장 빠르게 발전하는 영역 중 하나가 사회신경과학이라는 말을 들으면 네가 좋아할 것 같구나.

2004년과 2005년에 「사회적 상호작용의 신경과학」[1]과 「사회신경과학」[2]이라는 제목의 책이 각각 나왔단다. 두 책은 지금 진행되는 사회신경과학 연구의 좋은 사례라고 할 수 있지. 「사회신경과학」의 차례를 보면 뇌 연구에서 사회적 요인과 사회적 상호작용이 차지하는 중요성과 그것들이 어떻게 뇌의 작용에 의존하고 영향을 끼치는지 이해하기 시작했음을 알 수 있을 거야.

그 책 서문에는 의미심장한 구절이 나와. "사회신경과학의 전체 범위를 그려 내려 하다 보면, 인류가 인간과 인간의 마음에 대해 물었던 가장 흥미로운 질문들을 여러 층위에서 분석할 때 얻을 수 있는 풍성한 깊이와 일관성을 놓치게 될 것이다."[3] 네가 이 구절을 읽고 나면, 이 책의 기고자들이 인간 행동에 대한 한 층위에서의 분석은 다른 층위에서의 분석으로 보완해야만 의미 있고 일관성 있는 그림을 얻을 수 있음을 제대로 인식하고 있다는 걸 바로 알아챌 거야. 한 층위에서만 행동을 분석하면 그 층위에서 일어나는 일에 대한 진실은 알 수 있을지 몰라도, 인간 행동에 대한 온전한 진실을 알 수는 없는 법이지.

5월에 열릴 미국심리학협회 심포지엄이 눈에 들어오는구나. 이 모임의 사전 통지문에는 이런 문구가 있었어. "본성인가 양육인가? 이분법은 더 이상 없다! 최근 심리과학에서 둘은 한편이다. 생물학적 시스템과 사회적 맥락의 상호의존성이 연구를 통해 드러난다. 환경적·대인 관계적 요인들은 생명이 시작되는 순간부터 유전자의 표현, 뇌의 발달, 개인의 성장에 영향을 미친다." 우리가 생물학적 존재로서 사회적 맥락 가운데 살아간다는 사실을 잊지 말라는 것 같아.

　시작한 지 몇 년 안 된 분야지만, 이 분야가 어떻게 발전해 나갈지 보여 주는 단서들은 한 세기 넘게 축적되어 왔어. 피니어스 게이지라는 사람이 사고로 뇌의 전두엽을 다친 후 사회적 행동과 성격이 극적으로 달라진 것 같은 고전적인 사례는 너도 알 거야. 그보다 최근에는 상측두고랑(superior temporal sulcus)이 사회적·정서적으로 적절한 행동이 무엇인지 판단하는 데 개입한다는 사실이 확인됐어. 그 후 다른 연구자들이 이에 대해 길게 썼지. 예를 들어 안토니오 다마지오와 그의 동료들은 뇌의 특정 부위가 어떻게 사회적 지각(social perception)과 인지와 의사 결정에 개입하는지 보여 주었어. 뇌의 다양한 부위가 사회적 인지(social cognition)에 각각 어떤 역할을 하는지 사회신경과학 전문가들이 계속 벌이고 있는 논쟁은 급속도로 발전하는 이 분야의 연구가 오늘날 어디로 향하고 있는지 잘 보여 준단다.

벤　　피니어스 게이지에 대해서는 들었어요. 하지만 최근의 진행 상황은 잘 몰라요. 좀더 말씀해 주시겠어요?

말콤　　그래. 내가 언급한 책 중 한 권으로 시작하면 좋겠다. 「사회신경과학」의 편집자들은 이런 논평을 내놓았지. "요약하면, 뇌 안에서 벌어지는 활동이 사회과학과 뇌과학에 이론을 제공할 잠재력을 가진 사회적 기능을 한다는 사실에는 의문의 여지가 없다. 그 일이 어디서 어떻게 이루어지는지가 문제일 뿐이다."[4] 뇌 손상을 입은 환자들을 조사하고 동물을 피험체로 사용한 통제 연구가 가끔씩 있었던지라 이 내용이 그리 놀랍지는 않구나.

　이 책에 실린 논문 중 몇 가지만 살펴보아도 편집자들이 무엇을 염두에 두었는지 잘 드러난단다. 비침습적인 방식으로 뇌에서 벌어지는 일을 살펴보는 방법 중 하나가 사건 관련 fMRI를 쓰는 것인데, 사람들이 특정 과제를 수행할 때 나타나는 신경활동을 이 장치로 측정할 수 있어. 앞에서 언급했지만, 이 장치의 작동 방식을 좀더 자세히 설명해야 할 것 같구나. 그것만 알아도 fMRI가 얼마나 정확한지, 거기 나타나는 일부 결과를 잘못 해석할 여지가 얼마나 되는지 판단할 수 있거든.

fMRI는 뇌에서 활동하는 뉴런의 산소 소모량을 측정하는 방식으로 작동해. 뉴런은 활동하면서 혈류에서 산소를 가져오고 헤모글로빈의 자성에 변화를 주지. 그런데 fMRI에 있는 강력한 자석은 헤모글로빈 분자들을 일렬로 늘어세운 다음 회전해서 에너지를 방출하게 만들어. fMRI는 이 에너지를 측정해서 우리가 생각하거나 느끼거나 구체적인 행동을 계획할 때 어떤 부위가 더 활성화되는지 알려 주는 거야. 대단히 유용하고 중요한 측정 기법이지. 하지만 사람들의 두골 형상을 만져 보고 그들의 마음을 이해하려 했던 과거의 골상학처럼, fMRI 연구 결과도 오용될 위험이 있어. 일종의 현대판 골상학이 되는 거지. 그렇게 된다면 대단히 안타까운 일일 거야. fMRI 연구 결과는 현재의 신경과학 연구를 발전시킬 엄청난 잠재력을 갖고 있단다.

예를 들어 볼게. 실험자들은 피험자들에게 명사와 형용사 단어 쌍을 잠깐 보여 주면서 fMRI로 촬영을 했어. 형용사가 명사와 같이 쓰일 수 있는 경우와 없는 경우를 구분하여 각기 다른 버튼을 누르게 했지. 명사는 사람 이름이거나 옷이나 과일 같은 사물의 이름이었어. 형용사의 일부는 '열정적인' '변덕스러운' '신경질적인'처럼 사람을 묘사할 때는 쓰일 수 있지만 사물(옷이나 과일)에는 적절하지 않았어. 나머지 절반의 형용사는 특정한 사물을 묘사할 때는 쓸 수 있지만 다른 사물에는 쓸 수 없었어. '기운' 옷이나 '해진' 옷, '씨 없는' 과일이나 '말린' 과일 등의 조합이었지. 그들은 이 실험의 결과가 뇌 안에 사람과 사물에 대한 의미론적 지식을 표현하는 네트워크가 따로 있음을 말해 준다고 보았어. 사람은 사회적 상호작용을 하고 사물은 그렇지 않잖아. 따라서 이 실험 결과를 보면 사회적 요인들이 관여할 때 선별적으로 가동되는 시스템들이 존재함을 알 수 있지.

「사회신경과학」이 학교 도서관에 있을 테니, 길게 얘기하진 않으마. 사례 하나만 더 소개하고 넘어갈게. 사회적 상호 관계의 성공이 얼굴만 보고 상대가 어떤 사람인지 가늠하는 능력에 좌우된다는 데 많은 사람이 동의할 거야. 얼굴만 보고 상대가 믿을 만한지 판단하는 것도 그 능력의 한 가지 측면이지. 연구자들은 fMRI를 사용해서 얼굴의 신뢰성에 대한 판단을 내릴 때 작용하는 신경적 기제를 연구했어. 그들은 신뢰성에 대한 판단을 내릴 때 우측 상측두고랑이라 불리는 뇌 부위가 활발히 활동한다는 것을 밝혀냈단다.

「사회신경과학」의 편집자들이 책의 마지막 부분에 "생물학은 예정을 뜻하지 않는다. 사회적 작용과 생물학적 작용의 상호 영향"[5]이라는 제목의 짧은 에세이를 실어 놓은 것은 의미심장한 일이야. 너도 알아챘겠지만, 이것은 '우리 행동의 어떤 측면의 생물학적 토대가 밝혀지면 우리에게 행동의 자유가 없다는 뜻인가?' 하는 앞서 논했던 질문과 이어져 있어. 위의 에세이의 마지막 단락에서 편집자들은 이렇게 썼어.

요약하면, 인간의 모든 행동은 어느 층위에서는 분명 생물학적이지만, 생물학적 설명으로 복잡한 행동을 단순하고 단일하고 만족스럽게 기술할 수 있다거나, 분자 단위에서의 설명이 **인간 행동을 이해하기 위한 분석 수준으로 유일하거나 최선이라는 뜻은 아니다.** 사회심리학자들이 제시하는 도덕적 개념들은 가장 작은 구성 요소의 개별적 행동 하나하나를 파악하지 않고도 고도로 복잡한 활동을 이해하게 하고, 그로써 복잡한 시스템의 행동을 기술할 유효한 수단이 된다. 전통적으로 인간 행동에 대한 사회적·생물학적 접근법들은 서로 반대되거나 상호 배타적인 것처럼 각을 세웠다. 이 책에 실린 글들은 **이런 생각이 오류임을 보여 주었고 마음과 행동에 내재하는 메커니즘은 생물학적 접근법이나 사회적 접근법 중 어느 하나로는 온전히 설명될 수 없으며 다층적이고 통합적인 분석이 필요할 수 있음을 시사한다.**[6]

한마디로, 하나의 선택된 층위에서만 연구가 이루어지면 그것이 제아무리 **철저한** 설명이라 해도, 연구 대상을 온전히 이해하는 데 필요한 유일하고 **배타적인** 설명이라고 할 수 없어. 다른 층위에서 추가적인 정당화 작업이 반드시 필요한 거지.

벤 소개해 주신 몇몇 인용문을 보니 얼마 전부터 여쭙고 싶었던 것이 생각이 났어요. 심리학자들이 의식에게 무슨 짓을 한 건가요? 의식이야말로 우리 삶에서 가장 실제적이고 분명한 특징이 아닌가요?

말콤 정곡을 찌르는 질문이구나. 심리학자들이 왜 그토록 오랫동안 의식에 대해 침묵하다시피 했는지 대중도 너처럼 어리둥절할 거야. 거의 반세기 동안 대다수 심리학자들의 책에서 의식은 등장하지 않았어. 그전에는 그렇지 않았지. 그때는 프로이트의 영향으로 의식과 무의식에 대한 논의가 무대의 중심에 있었거든.

50년 전, B. F. 스키너가 대표하는 행동주의가 미국에서 절정기를 맞았을 때, 마음이나 의식에 대한 이야기는 "지나치게 심리주의적이고 주관적이고 수상쩍은" 것으로 간주되었어. 당대의 대표적인 실험심리학자였던 조지 밀러 교수는 스키너의 견해에 반대했지. "진짜 심리학자라면 의당 눈과 귀, 코와 목구멍을 통해 마음에 다가가야 한다."

당시 어떤 일이 벌어졌는지 알고 싶으면, 내가 대학생이던 1951년에 실험심리학의 표준참고서로 쓰인 S. S. 스티븐스가 편집한 「실험심리학 핸드북」[7]을 보면 될 거다. 1,362쪽에 달하는 그 책에서 마음을 다룬 부분은 27쪽에 불과해. 인지 과정을 다룬 짧은 장이었지. 너도 잘 알다시피, 인지심리학이 지배적이고 인지신경과학이 많은 성과를 내는 오늘날에는 마음을 하찮은 것인 양 무시했던 당시를 이해하기가 어려울 거야.

이제는 의식이 자기 자리를 되찾은 듯 보인다. 의식을 다루고 마음과 뇌의 관계를 연구한 책과 저널 논문이 많이 나와 있거든. 아, 의식과 마음이 같은 것이냐고 물을 수도 있겠구나. 그렇다고 답하는 사람들도 있고, 아니라고 주장하는 이들도 있어. 아니라고 말하는 사람들은 인간이나 다른 동물들이 마음에 힘입어 시시각각 쏟아지는 엄청난 양의 정보를 처리하고 그 정보를 숙고한 후 그 너머를 예측하고 계획하며 행동한다고 말하지. 그리고 의식은 마음의 도구 중 하나라고 주장해. 마음이 의식보다 큰 것이지. 이렇게 보면, **마음**이란 고차원적 인지 과정들의 집합을 가리키고, 의식은 인지 과정들에서 나오지만 그런 과정 대부분은 의식의 작용 없이 이루어진다고 말할 수 있겠지.

앞에서 얘기한 대로, 지난 20년 동안 심리학자들은 상의하달 효과의 연구에 관심이 많았어. 이런 연구의 주된 특징은 어떤 순간이건 우리의 생각을 어떤 대상에 집중시키면 뇌의 세부 영역과 시스템이 선별적으로 가동된다는 것을 보여 주는 데 있었지. 어쩌면 상의하달식 효과는 우리가 의식의 작용을 연구하고 싶을 때 알고자 했지만 파악할 수 없었던 과학적 기초의 첫 번째 희미한 증거일지도 몰라.

의식이 과학의 현미경 아래 들어온 것은 신경심리학에서만 일어난 일이 아니란다. 의식의 본질에 대한 달라진 이해가 영향을 끼치고 있는 심리학의 다른 분야로는 사회심리학과 성격심리학이 있단다. 사회심리학자 데이비드 마이어스는 자동적인(무의식적인) 앎과 통제된(의식적인) 앎이라는 두 가지 방식에 대해 길게 썼어. 그는 사회적 직관과 임상적 직관을 새로운 눈으로 비판적으로 바라봐야 이 영역의 연구가 진전할 수 있음을 보여 주었어.[8]

성격심리학자 로버트 에먼스는 성격 연구 분야에서 의식적·무의식적 요소에 대한 현대 모델들을 살핀 후 개인의 노력은 두 시스템이 공동으로 이루어낸 산물임을 보여 주었어.[9] 이것은 바우마이스터, 마시캄포, 보스가 2011년 "심리학애뉴얼리뷰"(*Annual Review of Psychology*)의 "의식적 생각이 행동을 초래하는가?"라는 글에서 길게 다룬 문제이기도 하지.[10] 대학 도서관에 있을 테니 한번 읽어 보렴.

7
그러면 영혼은 어떻게 되는가

벤 앞에서 마음-뇌의 관계에 대해 말씀하셨을 때, 인간의 "심리생물학적 통일성"에 대해 여러 번 언급하셨잖아요. 무슨 말씀인지는 알 것 같은데 좀더 자세히 알려 주시면 좋겠어요. 무척 중요한 대목인 것 같아서요. 먼저, 그것이 교수님의 사견인지 아니면 동료 과학자들도 그렇게 생각하는지 궁금해요. 그리고 성경적 인간관을 갖는 데 그것은 어떤 함의가 있나요? 창세기는 인간만이 불멸의 영혼을 가지고 있고 그래서 인간이 특별하다고 말하잖아요. 이것이 성경의 한 가지 주요 테마라고 알고 있었거든요.

말콤 첫 번째 질문이 좀더 답하기 쉽고 내용이 분명하구나. 구별된 불멸의 영혼을 믿는 저명한 과학자들이 있고 그중에는 노벨상 수상자들도 있지만, 그 수가 아주 적단다. 내가 아는 한, 대다수는 크리스 프리스가 최근에 밝힌 견해에 동의할 거야. 그는 "뇌라는 물리적 세계와 마음의 심적 세계가 관련되어 있음을 부인하는 끈질긴 이원론과 맞서 싸우고 싶었다"고 썼어.[1] 신경생리학자이자 노벨상 수상자인 고(故) 존 에클스 경은 마음과 뇌의 긴밀한 연관성을 잘 알고 있으면서도 인간에게는 몸과 뇌와 상호작용을 하는 비물질적인 불멸의 영혼이 있다고 믿었지. 이런 견해는 기독교회의 역사에서 오랫동안 확고하게 자리잡았단다.

지난 이천 년 동안, 교의학과 조직신학의 주요 테마 중 한 가지는 신학적 인간학과 인간 교리에 초점을 맞추고 인간의 독특성을 고려하면서 인간만이 "신적 형상을 따라" 또는 "하나님의 형상대로" 창조되었음을 강조하는 것이었어. 이 테마의 근거 본문은 물론 창세기 1:27이야. "하나님이 자기 형상 곧 하나님의 형상대로 사람을 창조하시되 남자와 여자를 창조하시고." 이 구절에 따르면 '무엇이 우리를 인간으로 만들고 나머지 피조물과 구별되게 만드는가?' 하는 질문에 대한 답변은 간단해. 영적 존재이신 하나님이 우리에게 영성을 부여하셨고 불멸의 영혼을 주셨다는 거야. 하지만 이 본문과 인간의 독특함에 대한 본문의 가르침을 다른 식으로 이해하는 방법도 있단다.

제임스 바(James Barr)는 지금까지 제시된 하나님의 형상에 대한 다섯 가지 해석을 유용하게 정리해 놓았어. 첫째, 하나님의 형상은 인간이 가진 불멸의 영혼을 말한다. 둘째, 오직 인간만이 할 수 있는 이성적 추론을 말한다(아우구스티누스와 아퀴나스가 주장했고 루터와 많은 종교개혁가들이 받아들인 입장). 셋째, 두 발로 걷기 같은 인간의 신체적 특징을 말한다. 넷째, 바가 '기능성'이라 이름 붙인 것으로, 세상을 다스리는 인간의 소명을 말한다. 이렇게 보면 하나님의 형상은 인간의 현재 모습이 아니라 '감당하도록 부름받은 일'이지. 다섯째는 하나님 및 다른 피조물들과 관계를 맺을 수 있는 능력을 말한다. 이 부분을 강조한 사람이 칼 바르트야. 그에게 하나님의 형상은 관계를 맺을 능력일 뿐 아니라 관계 자체지. 하나님 및 서로의 관계는 홀로 온전히 하나님의 형상이신 예수님 안에서 가장 분명한 사례를 볼 수 있어.[2]

네 말대로 과거의 그리스도인들은 인간이 동물 이상의 존재라는 증거가 바로 인간에게만 영혼이 있다는 점이라고 생각했어. 테르툴리아누스는 "영혼이 없다면 우리는 아무것도 아니다"라고 확신했지. 영혼은 인간 존엄의 토대며 인간의 삶에 신성함을 부여했어. 몸과 구별된 비(非)물리적 영혼은 인간이 이생에서 내세로 넘어갈 수 있는 수단으로 여겨지기도 했지. 전통적인 기독교 사상에서 몸은 약하고 유한한 반면 영혼은 죽지 않는다고 생각했거든.

네 질문에 간단히 대답하려다가 자칫 심오한 질문들에 단순한 해답이 있는 척 가장하게 될 수도 있겠구나. 하지만 요즘 언어학자들과 성경학자들은 (모종의 심신통일성을 인정했던) 히브리 사상과 (모종의 이원론, 즉 영혼과 몸이 별개라고 주장했던) 그리스 사상이 확실히 구분된다는 오래되고 널리 퍼진 견해가 지나치게 단순화된 것이라고 하더구나. 그리스 하면 플라톤이 전부인 줄 알지만, 그리스 사상에는 영혼의 본질에 관한 훨씬 다양한 입장이 있었다는 거지. 이 분야를 연구하는 한 학자는 이렇게 썼어. "그리스인들에게 단일한 영혼 개념은 없었고, 헬레니즘 시기의 철학자들과 의사들 사이에서는 몸과 영혼의 관계에 대한 다양한 생각이 있었다."[3]

주전 4세기 후반, 알렉산드로스 대왕이 근동 지방을 정복한 이후 몇 세기 동안 헬레니즘과 유대교는 복잡하게 얽혀 있었지. 그 결과, 신약성경의 형성 무대가 된 근동 지역에는 로마의 헬레니즘이나 헬레니즘적 유대교라는 틀 안에서 다양한 견해가 공존하게 되었어.

여러 세기 동안 **영혼**과 **마음**이라는 단어를 바꿔 쓸 수 있었다는 사실은 분명하지만 "여러 철학 사상과 기독교 사상은 영혼과 마음의 속성들이 본질적으로 같다고 여겼다" 같은 진술은 지나치게 단순화한 측면이 있어. 기독교 사상에서 영혼의 존재와 중요성을 뒷받침하는 분명한 증거 본문은 성경의 맨 앞부분, 창세기 2:7에 등장해. 친숙한 킹제임스성경(King James Version, KJV)에는 "여호와 하나님이 땅의 흙으로 사람을 지으시고 생기를 그 코에 불어넣으시니 사람이 생령(living soul)이 되니라"라고 나와 있어. 이 본문에 대한 전통적인 해석은 하나님이 유일무이하고 특별한 창조 행위를 하심으로써 흙이라는 물리적 물질 안에 비물질적인 영적 본질을 부여했다는 거야. 인간은 이 "생기"에 의해 영혼 또는 영적 본성을 지닌 피조물이 되었어. 영혼은 인간이 죽을 때 몸을 떠나 영적 영역에서 살다가 마지막 날 죽은 자들이 부활할 때 몸과 다시 합쳐지지. 따라서 많은 사람은 인간성을 규정하는 데는 영혼의 지위를 지키는 일이 꼭 필요하다고 생각한단다. 하지만 오늘날 많은 성경학자가 이 견해에 문제를 제기하고 있어. 그들은 우리를 특별하게 만드는 핵심 요인이 창조주가 우리를 그분과의 인격적 관계로 부르신 데 있다고 보거든. 이 내용은 창세기 기록에도 나와 있어.

오늘날 대표적인 성경학자이자 해석학 전문가는 이 점을 강조하며 이렇게 썼지. "'하나님의 형상'은 무엇보다 하나님을 대표하라는 부르심을 뜻한다. 하나님을 닮은 성향과 특성들을 지녔다는 의미로 해석되기도 하는데 그것은 파생적이고 부차적인 차원에서의 의미일 뿐이다."[4] 또 N. T. 라이트는 내게 보낸 편지에서 이렇게 썼어. "나는 창세기 1장에 나오는 '하나님의 형상'이 인간의 특징적이거나 특별한 능력 또는 특성이 아니라 소명을 가리킨다는 주장을 펼쳐 왔습니다.…문제의 소명은 창조주가 세상을 다스리기 위해 인간이 특별한 역할을 맡도록 계획하셨다는 것입니다. '왕 같은 제사

장'이 바로 이 소명을 가리키는 말인데, 저는 이 부분이 더없이 중요하다고 생각합니다."⁵

벤　교수님의 메일을 보니, 앤서니 티슬턴(Anthony Thiselton)이나 N. T. 라이트 같은 성경학자들의 견해에 동의하시는 것 같네요. 그들의 견해는 저를 비롯해 많은 그리스도인 친구들이 배운 내용과 달라요. 그 내용들을 다시 생각할 필요가 있을까요?

말콤　그래, 그런 것 같구나. 물론 이것이 성경학자들과 신학자들이 널리 논의하고 있는 큰 주제고, 여러 견해가 있다는 점도 알아. 원한다면 성경학자들의 강의를 들을 수 있는 사이트를 알려 줄게. 네가 말한 창세기의 핵심 구절들에 쓰인 몇몇 단어에 대한 자세한 주해를 들을 수 있을 거다. 나도 너처럼 히브리어 학자가 아닌 터라, 관련 학자들의 전문 지식에 의지해야 하지. 그들이 밝힌 내용을 읽으니 몇 가지 사실이 분명해지더구나. 내게는 도움이 되었어.

구약성경에서 '흙'은 주로 약함과 필멸성 개념과 관련이 있단다. 이렇게 볼 때 우리가 흙이라는 사실은 창세기 앞부분, 동물들에 대해 기록된 내용에서 분명히 드러난 우리의 약함과 죽을 운명을 강조한다고 할 수 있지. 그런데 우리가 다루고 있는 논의에서 더 중요한 부분은 창세기 해당 구절에 나오는 "생기"의 의미야. 전통적으로, 그리고 최근까지만 해도 신학자들은 이것을 하나님이 특별한 창조 행위로 아담에게 생명을 불어넣었다는 의미로 해석했다. 하지만 창세기 본문을 포함해 관련 증거 모두를 보다 꼼꼼히 살펴본 성경학자들은 이 "생기"가 아담과 동물들을 구별하는 것이 아니라

한데 묶어 주는 것이 분명하다는 결론을 내린 것 같구나. 그들은 동물들의 창조를 가리킬 때 쓴 것과 정확히 동일한 단어들이 인류 창조를 가리키는 이 구절에 쓰이고 있다고 지적한단다. 이 단어가 하나님이 창조하셔서 인간의 본성 안에 두신 불멸의 실체를 의미하며 인간과 동물을 구분해 준다고 주장할 근거는 없는 거지.

창세기 2:7의 이 핵심 구절과 그것이 인간 본성에 대해 가르치는 내용은 창세기 아담 창조 기사의 끝 부분에 나온단다. 하나님이 흙에 입김을 불어 넣으시고 아담을 빚으셨다고 나와 있지. KJV에 따르면 이 "생기"에 의해 아담이 "a living soul"(생령)이 되었어. 흥미롭게도 이 구절을 번역한 번역자들이 갖고 있었던 다양한 전제들이 다양한 영어 역본들에 고스란히 반영되어 있지.

KJV는 이 대목에서 'soul'이라는 단어를 썼는데, 구약성경 그리스어 역본의 네페쉬 또는 영혼의 번역어로 쓴 고대 그리스어를 반영한 것이야(이를 영어로 *nephesh*로 표기하기도, 나처럼 *nefesh*로 표기하기도 한다). 하지만 대부분의 현대어 역본들은 이 단어를 "살아 있는 존재"(a living being)로 번역하고 있어. 한 번역본(NLT)은 아예 "그리고 그가 살아 있는 사람(a living person)이 되었다"고 번역했어. 이 본문이 인간의 독특성과 인간됨에 대한 아주 중요한 내용을 말하고 있는 걸까? 그래서 그것을 **영혼**이라는 용어로 표현해야 하는 걸까? 아니면 하나님이 흙에 생기를 불어넣으시자 살아나 움직이게 되었다는 뜻일까? 과연 어느 쪽일까? 이 단어를 제대로 연구해 볼 생각이 있다면 미리 경고하마. 네페쉬라는 단어는 구약성경에 팔백 번 정도 나온단다!

벤   그럴 마음이 있다손 쳐도, 따로 연구할 시간이 없어요. 이미 연구해 본 학자들, 특히 우리와 성경에 대한 입장을 같이하는 학자들의 결론을 짧게 요약해 주시겠어요?

말콤   네 질문은 학문적인 관심사를 뛰어넘는 내용이야. 얼마 전, 한 의학 전문지에 "고대 이스라엘과 바울 기독교에 나오는 필멸의 영혼: 이것이 현대 의학에 미치는 영향"이라는 제목의 논문이 실렸어.[6] 내가 이 논문을 언급하는 이유는 두 가지야. 첫째, 거기서 네 요청에 부응할 만한 짧은 답변을 찾을 수 있기 때문이야. 둘째, 그 답변이 심리학자들과 신경과학자들뿐 아니라 의료 행위에도 의미가 있기 때문이야.

영혼이라는 말을 가장 잘 이해할 방법을 물었지. 너와 같은 교회 전통에 몸담고 있는 신학교의 대표적인 구약학 교수의 견해를 요약해 보마. 미국 애즈버리 신학교의 로슨 스톤(Lawson Stone) 교수는 여러 문제에 대해 중요한 지적을 했는데, 여기에 인용해 볼게.

1. "하나님이 아담에게 생기를 불어넣으"셨을 때 벌어진 일에 대하여, "우리는 그때 아담이 동물과 구별된 존재로 창조되었으며 영생을 누릴 수 있는 무형의 인격적 본질을 받았다고 상상해선 안 된다. 여기서 네페쉬는 아담이 가진 무엇이 아니다. 아담의 본성을 이루는 구성 요소나 그 '일부'도 아니다. 하나님이 호흡을 불어넣으시자 흙더미가 실제로 변하여 살아 있는 네페쉬가 된 것이다. '살아 있는 네페쉬'라는 용어는 아담이라는 존재의 총체성을 나타낸다. 아담이 네페쉬를 '가진' 것이 아니라, 그 자체가 '살아 있는 네페쉬'다."

2. 그다음 스톤은 이렇게 물어. '살아 있는 네페쉬'란 무엇인가? 그는 가장 간단한 답변이 본문 바로 근처에 등장한다고 말하지. 생령에 해당하는

용어가 본문 앞쪽 문맥에 네 번 등장하고 본문 직후에 한 번 등장해. 창세기 1:21, 24, 30에 나오는 이 용어는 보통의 동물들을 가리키는 게 분명하지. 해당 구절들에서는 이 용어를 "생물"이라고 번역할 수 있어. 스톤은 그 동물들을 가리켜 이렇게 말해. "각 동물 하나하나는 아담처럼 살아 있는 '네페쉬'다. 그리고 이것은 살아 있는 '네페쉬'가 무형의 영적 실체를 보유하여 나머지 피조 세계와 구별되는 존재가 아님을 분명하게 보여 준다."

3. 스톤의 말은 이렇게 이어진다. "네페쉬를 초월성이나 인간의 불멸하는 내적 본질이 아닌 물리적 존재와 연결시키는 것은 내세에 전반적으로 무심한 구약성경의 흐름과 잘 들어맞는다.…요약해 보자. 창세기 2:7의 네페쉬가 말하는 것은 아담 본성의 일부가 아니다. '네페쉬'는 인간을 다른 동물과 구별하는 초월적이고 개인적이며 영적인 실체 '영혼'이 아니다. '네페쉬 하야'는 창세기 1장과 2장에서 창조된 동물들처럼 생물로서의 아담을 의미한다. 이 표현이 강조하는 것은 아담과 동물들의 차이점이 아니라 둘의 연결성이다."[7]

로슨의 이 견해는 기독교계에 진작부터 퍼져 있었단다. 사반세기 전, 성경학자 H. D. 맥도널드도 같은 견해를 밝혔지. 그는 구약성경에 나오는 네페쉬의 다양한 의미를 설명한 다음에 이 단어가 신약성경의 프쉬케(*psyche*)와 어떻게 연결되는지 보여 주었어. 그는 이렇게 썼지.

구약성경에 700번 이상 등장하는 네페쉬는 영혼에 해당하는 히브리어 단어로 "살아 있는"이라는 일반적 의미를 갖고 있다. 이런 의미로 이 단어를 동물에게도 쓸 수 있다(창 1:20 등). 이 단어가 시편에 나올 때는 대부분 "삶의 원리"라는 뜻을 내포하고 있다. 많은 구절에서 이 단어는 물리적 생명을 가리키는 것이 분명하고(욥 33:20 등), 심리적 측면(도덕적 행동)을 가리키기도 한다(욥 7:15 등). 때로는 개인이나(레 7:21 등) 자아를 가리키기도 한다(삿 16:16; 시 120:6). 신약성경의 그리스어 단어 프쉬케는 구약성경의 네페쉬와 대체로 같은 의미를 갖고 있다. 바울 서신에 나타난 프쉬케는 개역표준역(Revised Standard Version, RSV)에서 다음과 같이 다양하게 번역되었다. "인간"(human being, 롬 2:9), "사람"(person, 롬 13:1), "살아 있는 존재"(living being, 고전 15:45), "목숨"(self, 살전 2:8), "목숨"(life, 롬 11:3; 16:4; 빌 2:30), "마음"(mind, 빌 1:27), "진심"(heart, 엡 6:6). 이런 다양한 용례는 그 전반적 의미를 규정해 준다. "영혼"(soul)은 개인의 생명의 핵심 원리로서 구체적인 개인을 가리키기도 하고(롬 2:9), 사람을 구성하는 특별한 정신적 요소를 가리킬 수도 있다.[8]

위의 저자들이 내세우는 주장의 근거를 네가 직접 확인해 보고 싶어 할 것 같아서 성경 구절들이 소개된 자세한 정보를 인용해 보았다. 이 몇몇 구절만으로도 성경을 근거로 누군가 특정한 인간관을 내세울 때 그것이 명확한 성경적 근거가 없는 과잉 단순화가 아닌지 경계해야 한다는 걸 기억하게 될 거야. 그렇게 되면 좋겠구나.

자, 다 되었다. 이미 경고했다시피 생각할 거리가 가득한 인용문들이라 만만치 않을 거야. 하지만 내가 볼 때 대단히 중요한 내용이란다. 시간이 되면 구약학자 피터 엔스(Peter Enns)가 최근에 쓴 글들도 참고해 보렴. 이 주제를 이해하는 데 도움이 될 거다.[9] 로슨 스톤 같은 학자들의 글에서는 내가 인용한 내용을 더 강조하고 자세히 설명하는 것을 보게 될 거야. 내가 이전 세대 성경학자들의 글에만 의존하는 것이 아니라는 것도 확인하게 될 거고.

벤　　알려 주신 정보 감사해요. 궁금했던 내용을 해결하는 데 도움이 되었고, 말씀대로 생각할 거리가 가득하네요. 하지만 이전 시대의 그리스도인들에 대해서 의문이 생겼어요. 교회는 그분들의 저작을 아주 진지하게 받아들이잖아요. 교수님이 요약해 주신 말씀대로라면, 현대 성경학 연구에 비추어 볼 때 영혼에 대한 그분들의 확신과 가르침은 오해의 소지가 있거나 심지어 잘못되었다는 것인가요? 그리고, 우리 세대가 처음으로 진리를 발견했다는 식의 생각은 오만한 자세가 아닐까요?

말콤　　충분히 이해할 만한 반응이다. 여러 성실한 성경학자들의 도움으로 이해하게 된 것들을 자신만만하게 여기면서 우리가 신앙의 선조들보다 앞서 있다고 오만해지기는 너무나 쉽지. 지난 일을 돌아보는 유리한 입장에 있다 보니 자칫하면 신앙의 선조들을 혹독하고 부당하게 비판하게 되겠구나. 그분들은 어떤 성경 말씀들에 대해 우리와 다른 방식으로 해석하는 것이 적절하다고 확신했고 거기엔 나름의 합당한 이유들이 있었지. 현대 과학 이전의 시대였기에 일부 본문들을 문자적으로 해석하는 경향도 종종 있었고 말이다. 예를 들면 이런 부분들이다.

1. 지구는 기둥들 위에 놓여 있다[삼상 2:8(KJV), 다음의 신국제역(New International Version, 1984, NIV)과 비교해 보라. "이 세상을 떠받치고 있는 기초는 주님의 것이다. 그분이 땅덩어리를 기초 위에 올려놓으셨다"].

2. 지구는 움직이지 않고 정지해 있다[대상 16:30(KJV), "세계가 굳게 서고 흔들리지 아니하는도다"(NIV)].

3. 지구는 끝과 가장자리가 있다[욥 37:3(KJV), "번갯불을 땅끝까지 이르게 하시고"(NIV)].

4. 지구는 네 모퉁이가 있다[사 11:12(KJV), "땅 사방에서"(NIV), 계 7:1의 경우 KJV, NIV 둘 다 "내가 네 천사가 땅 네 모퉁이에 선 것을 보니"].

이와 같이 현대의 지질학, 천문학 지식에 비추어 성경 구절을 해석하면 곤란하듯이, 몇몇 성경 구절을 현대의 생물학에 비추어 해석하는 것도 곤란하다는 것을 알 수 있어.

1. 박쥐는 새가 아니다(레 11:13-19; 신 14:11-18).
2. 낙타의 발굽은 갈라져 있다(레 11:4).
3. 거북이는 소리를 내지 않는다(아 2:12, KJV).
4. 날아다니는 네발 동물은 없다(레 11:21). 날다람쥐 같은 동물을 포함시킨다면 몰라도.

이 모든 사례를 볼 때 천문학, 천문물리학, 지질학, 동물학, 식물학 분야의 과학 서적과 논문에 나오는 지구와 별과 동식물에 대한 기록과 그에 대한 성경의 기록은 분명히 다르지. 이제 우리는 과학적 기술이 성경의 기록과 경쟁한다고 생각하지 않는다. 그 둘을 뒤섞거나 하나를 다른 하나에 통합시키려 하지도 않지. 그렇게 하다가는 혼란만 생기고 자기도 모르게 성경을 오용하게 되니까. 그런 면에서 현대의 그리스도인들에게는 이점이 있단다. 우리는 성경의 기술과 생물학과 천문학의 과학적 기술을 조화시키려고 고민할 필요가 없어. 둘은 그 기원과 목적이 누가 봐도 다르니까.

벤 성경 지식의 적절성에 대한 교수님 말씀은 잘 알겠어요. 그런데 궁금한 게 있어요. 과학적 심리학이 진보하면 그에 따라서 인간 본성에 대한 성경의 기록과 우리가 친숙하게 듣고 자란 성경 해석을 재고해야 하나요? 그래야 한다면 어떤 식으로 해야 할까요? 과학이 성경 해석을 좌우해야 하나요? 아니면 그 반대가 되어야 하나요?

말콤 좋은 질문들이구나. 우리가 얘기하고 있는 내용을 심리학과 신경과학, 그리고 사람의 마음과 그것이 현대 인지심리학과 신경심리학에서 쓰이는 방식에 대한 현재의 논의로 확장해 보자. 심리학이 사람의 마음을 다루는 방식과 성경이 마음을 다루고 해석하는 방식은 다르단다. 겹치는 부분은 아주 가끔씩 등장하는 정도여서 혼란이 발생하는 거지. 예를 들어 볼게.

사도 바울은 로마의 그리스도인들에게 편지를 쓰면서 우리의 악한 본성에 대해 거듭 말하고 있어. 로마서 주석 중 한 권에서 존 스토트는 로마서 8장에 인간 본성에 대한 심오한 가르침이 가득하다고 강조하지. 하지만 로마서 8장을 읽고 나면 누구라도 거기 담긴 내용이 심리학이 아니라 신학임을 알 수 있어. 적어도 현대의 심리학은 아니지. 그러나 보다 일반적인 의미에서 보면 바울이 심오한 심리학적 통찰을 제시하고 있는 것도 분명해. 스토트는 이렇게 썼어.

여기서 바울은 '사르크스'(Sarx)나 '프뉴마'(Pnumah) 중 하나를 특징으로 하는 사람들의 '마음'(mind) 또는 (우리 식으로 말하면) '마음자세'(mindset)에 집중한다.…우리의 마음자세는 그리스도인이나 비그리스도인으로서 기본적인 본성을 표현한다.…이 말의 의미는 생각이 사람의 됨됨이를 만드는 것이 아니라(그런 측면이 전혀 없지는 않지만), 사람의 됨됨이가 생각을 만들어 낸다는 것이다. 겉으로 표현된 생각은 본성을 보여 줄 뿐이다. 성령의 사람들과 육신의 사람들 모두 본성이 마음자세를 결정한다. 더욱이, 육신은 왜곡된 인간 본성이기 때문에 육신이 욕망하는 대상은 불경건한 자기중심성에 영합하는 온갖 것들이 된다.[10]

존 스토트는 뒤쪽에서 주석의 이 항목을 이렇게 요약했어.

요약하면, 여기 두 범주의 사람들이 있다("육신 안에 있는" 중생하지 못한 자들과 "성령 안에 있는" 중생한 사람들). 이들이 가진 두 개의 시각 또는 마음자세("육신의 마음"과 "성령의 마음")는 두 가지 행동 패턴(육신에 따르는 삶과 성령에 따르는 삶)으로 이어지고 두 가지 영적 상태(죽음 또는 생명, 적대 또는 평화)를 만들어 낸다. 따라서 우리가 어디에 마음을 두고 무엇으로 마음을 채우는가에 따라 우리의 마음이 우리의 현재 행동과 마지막 운명 모두를 결정하는 데 주요한 역할을 감당한다.[11]

인간 본성, 마음, 마음자세('마음자세'는 심리학자들이 말하는 '태도'와 유사하다), 중생하지 못한 사람, 중생한 사람이 거듭 등장하는 데 주목하렴. 과학적 심리학의 언어가 아니라 그리스도인들이 쓰는 표현이지만 여전히 옳은 말이야. 힘이 있고 통찰력이 있지. 이 부분에서 다시 한 번 명심할 점이 있다면, 언어에 주의하고 어떤 단어(들)가 쓰이는 맥락에 주목해야 한다는 거야. 그렇게 하면 엉뚱한 충돌이나 불필요한 문제를 양산하는 일을 피할 수 있을 거다.

벤 성경 본문에 오늘날 우리에게 친숙한 **마음** 같은 단어의 의미를 집어넣어서 읽으면 안 된다고 말씀하셨잖아요. 존 스토트의 글을 통해 알려 주신 사례들은 특히 도움이 되었어요.

그런데 교수님은 지금까지 영혼을 이해하는 것에 대한 글을 쓰시면서 주로 창세기의 첫 몇 장에 초점을 맞추셨어요. 제가 "자연스러운 독법"에 따라 시편을 읽어 보았는데, 시편 기자는 영혼을 별개의 "실체"로 보는 것 같아요. ("내 영혼"이 이런저런 것을 한다고 거듭 나오거든요.) 이것은 창세기의 **영혼**이라는 단어에 대해 교수님이 지금까지 하신 말씀과 어떻게 조화를 이룰까요? 그리고 신약성경에서는 **영혼**이라는 단어를 어떻게 이해해서 쓰고 있는지도 좀더 설명해 주세요.

말콤　　네가 나를 쉽게 놔줄 거라고는 생각하지 않았다. 우리가 하루 이틀 알고 지낸 사이도 아니잖니. 시편이 **영혼**이라는 단어를 어떻게 사용하느냐고 물었지? 기독학생회출판부에서 나온 책 한 권을 소개해 주마. 이것이 가장 좋은 방법일 듯해. 데릭 키드너(Derek Kidner)의 시편 주석인데, 네가 갖고 있는 걸로 안다. 네가 말한 대로 "자연스러운 독법"에 따라 시편을 읽는 것, 즉 영혼이 별개의 실체라고 보는 것의 실체를 파악하는 데 도움이 될 거다. 성경의 어떤 구절을 이해하려 할 때는 **문학적 본질**(nature of the literature)과 그 본문이 등장하는 문맥에 맞게 읽는 것이 '자연스러운 독법'이고, 일반적인 관행이기도 하다는 점을 덧붙이고 싶구나. 키드너 주석의 도입 첫 문장을 보자. "구약성경에는 거듭거듭 시가 튀어나온다. 이야기가 진행될 때도 여기저기서 2행 연구나 더 긴 운문이 등장해 인상적인 방식으로 이야기의 요점을 드러낸다(현대어 역본에 실린 창세기 2-4장 등). 구약의 예언들도 대개 이런 형태를 띤다. 시편은 성경에서 가장 많은 시가 나오는 부분이긴 하지만…시편 앞뒤에도 시가 있고 인기 있는 오랜 시적 전통이 시편의 근간을 이루고 있다."[12]

데릭 키드너가 쓴 내용을 꼭 한번 살펴보거라. 시편에는 무엇보다 시적 언어가 등장하기 때문에 본문에다 개별 단어들의 문자적 의미를 넣어서 읽을 위험을 경계하게 될 거야. 그 위험은 둘 중 한 가지 방식으로 현실화되지. 우리 문화가 받아들이고 우리가 배운 의미를 본문에 투사하거나, 한 단어를 다른 단어와 동일시(예를 들어 일부 철학적 글에서처럼 '영혼'과 '마음'을 동일시하는 방식으로)하여 시편의 언어를 과학 문헌에서 흔히 보는 언어로 만들어 버리거나.

인간 본성을 말할 때 어떤 언어를 쓰는지 주의하라고 한 내 말은 성경에서 제기하는 질문들에도 고스란히 적용된다. 예를 들어 보자. 시편에는 '인간이 무엇인가?'라는 질문을 직접 다루는 시가 두 편 등장해(시편 8편과 144편). 데릭 키드너는 시편 8편에 대해 이렇게 썼어. "이 시는 **좋은 찬양이 어떤 것인지** 보여 주는 탁월한 사례다. 하나님의 영광과 은혜를 칭송하고, 그분이 누구시며 어떤 일을 하셨는지 상술하고, 우리와 우리 세계를 하나님과 연결시키는 일을 기쁨과 경외감을 담은 몇 마디 말로 솜씨 좋게 해낸다."[13] 이것은 우리가 과학을 논하며 "인간이 무엇인가"라고 묻는 것과는 달라. 나는 데릭 키드너가 이 문제에 대해 한 말을 높이 평가한단다. 그는 성경이 '영혼은 별개의 실체인가?' 같은 추상적인 질문을 하지 않는다는 점을 강조하거든.

「새 성경 사전」(*New Bible Dictionary*, CLC)[14]은 네가 갖고 있을 테니 간략히 말하마. 거기서 **영혼**(Soul)을 찾아 읽어 보렴. 너도 거론했지만, 이 사전에서 그 단어의 시편 용례를 찾아보면 시편마다 그 단어를 다른 방식으로 쓰고 있다는 걸 알게 될 거다. 어떤 시는 감정의 원천으로, 또 어떤 시는 의지나 도덕적 행동과 관련된 단어로, 다른 시는 식욕과 연결하여 사용한다. 그런가 하면 영혼이 개인을 가리키는 구절들도 있지. 다시 말해, 시편이 영혼이라는 단어를 사용하는 방식을 남김없이 연구한다 해도 영혼이 별도의 실체라는 주장을 내세울 만한 확고한 근거를 얻지는 못할 것 같구나.

벤   신약성경에서 영혼을 어떻게 이야기하는지에 대해서도 질문했었어요. 영혼이라는 말을 성경에 충실하게 이해하려면 구약과 신약을 다 고려해야 하니까요. 신약성경은 **영혼**을 어떤 의미로 쓴다고 생각하세요?

말콤   시편에 대한 먼젓번 질문과 신약성경에 대한 추가 질문을 연결해 대답할 수 있을 것 같구나. 프린스턴 신학교의 구약학 교수 패트릭 밀러의 글을 인용하면 될 것 같다. 그는 "인간이란 무엇인가?"('성경의 인간학'이라는 부제가 달려 있다)라는 글에서 이렇게 썼다. "만물이 그 아래 복종하게 된 인간(시 8편)은 자신을 비워 인간의 모습으로 태어난 분이다(히 2장). 시편에서 히브리서 기자는 인간에 대해 무슨 말을 하건 예수 그리스도의 얼굴을 고려해야 한다는 말을 듣는다."[15]

    이제 네 질문으로 넘어가 신약성경에 나오는 영혼을 살펴보자. 최근 몇 년 사이 이 주제로 많은 책이 나왔다. 원한다면 몇 권을 소개해 줄 수 있어. 대부분의 책은 기독교의 전통적인 가르침이 인간을 몸과 혼(영혼)과 영으로 구분했다고 주장하는데, 어떤 사람들은 이것을 "골치 아픈 삼분설"이라고 부른다. 인간을 이렇게 나누면 문제가 발생한단다. 자세히 연구해 보면 혼과 영의 차이점을 규정하기가 쉽지 않기 때문이야. 기본적으로 신약성경은 사람이 몸(소마)과 영혼(프쉬케)으로 구성된다고 본다. 둘을 더해야 통일체로 완성되지만, 사람이 몸을 가졌다거나["우리가 몸 안에 거하는 동안에는 주에게서 떠나 따로 거한다는 것을 압니다"(고후 5:6, 우리말성경)] 그가 영혼 또는 살아 있는 존재라는 말은 여전히 가능하다["성경에 '첫 사람 아담이 살아 있는 존재가 되었다'고 기록된 것처럼 마지막 아담은 생명을 주는 영이 되었습니다"(고전 15:45, 쉬운성경)].

영혼과 영을 구분하기 어려운 데는 신약성경 저자들이 사용하는 어휘가 다른 탓도 있어. 바울은 (사람의 영을 가리키는 말로) 프뉴마를 널리 쓰고 프쉬케는 거의 쓰지 않아. 반면 요한은 프뉴마를 사람에게 절대 쓰지 않지. 이 모두를 고려해서 말하자면, 영혼이 무엇인지 또는 무엇이 아닌지에 대해 교리적 진술을 하고 싶은 유혹이 들 때 조심할 필요가 있다는 거야.

그러면 '신약성경에서는 영혼을 어떤 의미로 쓰는가' 하는 질문에 답을 해 볼까? 현대어 번역 성경을 보면 영혼을 하나의 사물, 별개의 실체로 생각하는 일이 없게 하려고 온갖 시도를 하고 있음을 알게 될 거야. 그런 번역본들은 영혼이 살아 있는 사람 전체를 가리킨다는 것을 알라고 말하고 있어. 누가복음 12:19을 예로 들어 보자. KJV에서는 "또 내가 내 영혼에게 이르되 영혼아…"라고 나와 있지만, 새영어성경(New English Bible, NEB)에는 "그리고 자기 자신에게 말할 것이다. '인생아…'"라고 나와 있고, NIV에는 "그리고 내 자신에게 말할 것이다. '너는…'"이라고 나와 있어. 다시 말해, 그리스도께서 부활하셨기에 우리도 그분과 더불어 부활할 것이라는 확신을 갖고 부활을 고대하는 주체는 그리스도 안에서 이미 새 생명을 누리고 있는 사람 전체라는 거지. 우리 영혼만이 아니라 우리가 부활할 거야.

벤 정말이지 생각할 거리를 많이 주셨네요. 데릭 키드너의 시편 주석과 「새 성경 사전」을 다시 살펴볼게요.

이제 마음과 뇌에 대한 교수님의 생각과 그것이 몸과 영혼의 관계를 이해하는 데 어떤 의미가 있는지 대체로 알 것 같아요. 그런데 성경관은 비슷한데 몸-영혼의 관계는 다르게 보는 견해들이 있나요? 있다면 교수님의 생각과 그 견해들이 어떻게 다른지 알고 싶어요. 마음-뇌의 연관성을 그들처럼 생각하면 몸과 영혼에 대한 우리의 생각이 어떻게 달라지는지 알고 싶어요. 이 부분에 관한 자료를 추천해 주시겠어요?

말콤　　네가 보면 좋을 책이 최근에 나왔어. 「몸과 마음 어떤 관계인가」(*In Search of the Soul*, 부흥과개혁사)는 인간을 구성하는 마음과 뇌에 대한 네 가지 견해를 소개하는 책이야. 저자들은 하나같이 성경에 최고 권위를 부여하고, 인간 본성에 대한 나름의 과학적 해석에 비추어 성경이 말하는 인간 본성을 바라보는 다양한 견해를 제시한단다.[16]

내가 볼 때는 과학과 성경 모두를 공정하게 다룬다는 점에서 낸시 머피가 제시한 입장이 가장 설득력 있는 것 같아. 그녀는 자신의 견해를 "비환원적 물리주의"(Nonreductive Physicalism)라고 표현하지. 굳이 이름을 붙여야 한다면, 나는 내 견해를 '이중 양상 일원론'이라고 부르고 싶구나. 이해하고 설명해야 할 실체가 하나뿐이라는 점을 강조해서 말이다. 나는 이 실체를 "마음-뇌 통일체"라고 부를 거야. **일원론**이라는 단어도 그래서 고른 거지. '이중 양상'이라는 말은 이 실체의 본질을 제대로 다루려면 적어도 두 가지 방식으로 설명해야 한다는 뜻이야. 물리적 구성의 관점과 정신적 인지적 능력이라는 관점에서의 설명이 모두 필요해. 둘 중 하나를 다른 하나로 환원시킬 수는 없어. 괜히 말 가지고 트집 잡는 것으로 보일 수도 있겠지. 하지만 낸시 머피처럼 '물리주의'라는 용어를 쓰면 인간의 정신적 측면보다 물리적 측면을 우위에 두는 듯한 인상을 줄 수 있지 않겠니? 물리적 측면을 우위에 둔다면, 내가 전에 이야기한 대로 우리가 심신 문제에 대해 알 수 있고 말할 수 있는 것은 언어를 쓰고 언어가 구사하는 정신적 범주를 쓰는 덕분이라는 사실을 무시하는 처사가 될 거다. 따라서 '정신적' 또는 '물리적'이라는 표현을 쓰지 않으면 어느 한쪽의 우위를 인정한다는 인상을 주지 않겠지. 좀더 직설적으로 말하면, '비환원적 물리주의'처럼 물리적인 것만 언급하는 명칭은 마음이 뇌세포들의 재잘거림에 "불과하다"는 걸 암시하는 유물론적 견해를 지지하는 것처럼 보일 위험이 있어.

그건 그렇고, 조엘 그린이 편집한 「몸과 마음 어떤 관계인가」의 첫 장 "몸과 영혼, 마음과 뇌"는 탁월한 글이란다. 저명한 신약학자 그린은 영혼이 신약에서 어떻게 논의되고, 그것이 우리가 구약성경에서 살펴본 내용과 어떻게 들어맞는지 다루고 있지. 네가 흥미를 가질 것 같구나. 읽고 나서 어땠는지 알려 주렴.

벤 지금까지 우리가 성경 이해와 관련된 다양한 주제들을 다루었네요. 다소 전문적인 내용도 있었고요. 성경을 제대로 읽고 거기에서 교훈을 얻는 방법을 알려 주실 수 있나요?

말콤 성경 말씀을 진지하게 받아들이되 제대로 된 성경 해석법에 대해 우리가 지닌 새로운 통찰들을 충분히 반영해야 한다고 보는 그리스도인들 사이에서 활발한 논쟁이 벌어지고 있단다. 내가 앞서 언급한 구약학자 피터 엔스는 이렇게 강조했어. "천지창조의 날들은 문자적인 것인가 비유적인 것인가, 창조의 날들을 현대 과학의 내용과 일치시킬 수 있는가, 홍수는 지역적인 것인가 전(全) 지구적인 것인가 등 현대에 제기된 질문에 대한 답변을 창세기에서 기대하는 것은 창세기를 근본적으로 오해해서 나온 발상이다. 창세기에서 답을 찾을 수 있는 질문은 따로 있다. '이스라엘의 하나님 야훼는 경배받으실 만한 분이신가?' 바로 이 질문이다."[17] 마크 놀이 신간

「그리스도와 지성」(*Jesus Christ and the Life of the Mind*, IVP)에서 엔스의 견해에 대해 논평하며 쓴 다음 글도 도움이 될 거다.

> 그는 기라성 같은 여러 신학자와 성경 신학자들—많은 이들이 있지만 그중 아우구스티누스, 칼뱅, 제임스 오어(James Orr), 네드 스톤하우스(Ned Stonehouse), N. T. 라이트—을 따라 몇몇 문제에서는 성경의 강조점과 모더니즘이 내건 가설들이 의미하는 바가 다를지 모른다고 결론짓는다. 그런 문제들로 연대, 숫자, 한 덩어리로 기록된 설교(가령 산상설교)와 한 번이나 여러 번에 걸쳐 실제 말로 한 설교 또는 서로 다른 여러 가지 경로로 전달된 폭넓은 가르침들이 반영된 것 사이의 관계, 모더니즘 추종자들이 신화로 여기는 것과 검증 가능한 역사로 여기는 것의 뒤섞임, 역사 형식의 기록에 우리가 근래 몇 세기 동안 신학과 윤리와 역사 기록으로 구분해 온 것을 구별하는 분명한 표지의 부재 등을 든다.[18]

벤　　성경신학을 전공하는 친구들에게 영혼과 성경 해석의 변화에 관한 교수님의 말씀을 들려준 적이 있는데요. 그중 한 친구가 성경의 어떤 부분을 이해하고 해석하는 새로운 방법으로 "심층심리학"을 시도한 사람들이 있다고 하더라고요. 제가 듣는 심리학 수업에서는 심층심리학을 전혀 다루지 않고 프로이트만 잠깐 언급하고 넘어가요. 융에 대해서는 그보다 더 간단히 언급하고요. 심층심리학이 성경 말씀을 이해하는 데 요긴할까요?

말콤　　네 친구가 성경학과 교수님들에게 신간 「심리학과 성경」(*Psychology and the Bible*)에 대해 들은 것 같구나.[19] 이 책은 성경 해석에 대한 다양한 심리학적 접근을 제시하고 있어. 하지만 그 내용을 자세히 살펴보면 거의 다 심층심리학에 토대를 두고 있단다. 프로이트와 융은 물론이고 에릭슨이나 위니코트 같은 최근의 심층심리학자들도 소개하고 있는데, 책 전체에서 심리치료 분위기가 아주 강하게 나지. 우리가 이메일을 주고받기 시작했을 때, 심리학에 관심을 보이는 많은 그리스도인은 주로 목회심리학과 상담 같은 분야에 초점을 맞추고 있다고 말한 기억이 나는구나.

프레이저 와츠(Fraser Watts)가 지혜롭게 지적한 대로, "특정 성경 구절에 심리학적으로 접근한다는 사람의 말은 일단 경계해야 하고, 그것 또한 가능한 여러 접근법 중 하나 정도로 보는 것이 적절하다."[20]

벤   맞는 말 같아요. 하지만 성경은 사람들에 대해 또는 하나님이 사람들을 다루시는 일에 대해 많은 말을 하는데 심리학을 성경 해석에 적용하려는 시도는 많지 않았다는 게 놀라워요.

말콤   그래, 다소 놀라운 일이지. 그러나 많은 성경학자와 신학자가 성경에 대해 심리학적으로 사고하기를 꺼린 데는 이유가 있단다. 그들은 현대 심리학이 본질적으로 환원주의적 성격이 강하다고 보았기 때문이야. 그들은 그것을 반대하지.

그러나 심리학이 환원주의적 성격을 띠는 게 불가피한 일은 아니야. 아주 최근에 조애나 콜리커트(Joanna Collicutt)가 현대 심리학에는 성경 본문이 만들어진 과정과 그 해석과 이해 과정을 파악하는 데 적절한 연구 영역이 있다고 설득력 있게 주장했어. 그중 한 예로 그녀는 기억심리학이 성경 본문의 생성을 이해하는 데 더없이 적절하다는 것을 보여 주었지. 성경학자 리처드 보컴은 「예수와 그 목격자들」(Jesus and the Eyewitnesses, 새물결플러스)에서 이 부분을 더 상세하게 발전시켰어.[21] 콜리커트는 사회심리학이 성경 본문의 생성에 대해 의미 있는 통찰을 제공할 수 있다는 점도 보여 주었어. 본문의 형성뿐 아니라 본문이 수용되는 방식에 대해서도 심리학이 보탤 말이 있을지도 몰라. 콜리커트는 인지부조화이론(the theory of cognitive dissonance)과 정보 처리의 체계적 편파성을 그런 사례로 제시하지. 그녀는 본문 주석에 심리학을 적용하는 일도 가능하다고 보고 있어. 그녀의 논증은 설득력이 있고 진지하게 받아들일 만한 가치가 있으니 이 주제를 철저히 공부해 보는 것도 좋을 거다.

조애나 콜리커트는 자신의 접근법을 훌륭하게 요약해 놓았어. "심리학은 근본적으로 사람들과 그들의 행동 방식을 다룬다고 할 수 있다. 사람들이 어떻게 생각하고 기억하는지, 의미를 만들고 보존하는지, 감정을 전달하고 처리하며 표현하는지, 다른 사람들과 더불어 존재하는지 다루는 것이다. 어떤 성경 접근법이라도 엄정한 심리학 연구 방법론을 적용하여 인간적 요소들에 제대로 관심을 기울이지 않거나 그것을 존중하지 않는다면 그 성과는 빈약할 가능성이 크다."[22] 생각을 자극하는 콜리커트의 논문에 성경학자들이 어떻게 반응할지 아주 궁금하다. 함께 흥미롭게 지켜보자꾸나.

다양한 문화적 배경과 생각의 전제를 가진 비서구권 국가의 그리스도인들을 위한 성경 읽기 교재 및 성경 공부 교재를 제작하는 일을 돕고 있는 친구가 있어. 성서유니온선교회(Scripture Union) 소속인 그가 국제 성경학자 그룹이 만든 간결하고도 대단히 유용한 지침을 알려 주었단다. 성서유니온의 '성경 해석 원칙 선언문'은 성경을 해석할 때 기도하며 공동체적으로, 통째로, 맥락에 맞게(기록된 대로), 상황에 맞게(성경과 맞닥뜨리는 대로, 성경대로 살아

가면서), 그리스도 중심적이고 관계 중심적으로 읽어야 한다고 진술하지. 성명서의 전문을 끝까지 읽어 보라고 권하고 싶구나(부록 참조).

여기에 각주를 하나 추가하자면, 북미 최고의 신학자 조나단 에드워즈가 몇 세기 전에 성경 해석법 문제를 직접 다룬 글을 소개하고 싶다. 너와 친구들이 에드워즈의 저작을 높이 평가하리라 믿는다. 조지 마스던은 최근에 나온 에드워즈 전기에서 이렇게 썼어. "에드워즈는 성경만이 진정한 권위를 가지고 있다고 여겼기에 이전 해석자들의 해석은 수정될 수 있다고 보았다. 그는 성경의 진정한 의미를 이해하는 일이 끊임없는 진행형 과업이라고 보았고, 자신이 그 일에 기여하기를 희망했다."[23]

나는 에드워즈가 이 과업의 진행성을 강조한 것이 대단히 중요하다고 생각해. 권위는 성경에 있지 특정 시기의 특정 그리스도인 집단이 제시한 해석에 있지 않거든. 하지만 나는 에드워즈에서 더 나아가 N. T. 라이트처럼 좀더 명확하게 말하고 싶구나. 진정한 권위자요 성경을 통해 말씀하시는 분은 바로 하나님이시라고 말이다.[24] 라이트의 책 제목 「성경과 하나님의 권위」(*Scripture and the Authority of God*, 새물결플러스)는 최종 권위가 예수 그리스도 안에서 자신을 탁월하게 계시하신 하나님께 있다는 사실을 잘 보여 준다.

8
초심리학과 임사체험은
영혼의 존재를 입증하는가

벤 얼마 전에 그리스도인 친구들과 이야기를 나누다가 특별히 성경학자들 사이에서 영혼에 대한 견해가 달라지고 있다는 교수님의 말씀을 전했어요. 그런데 친구 중 몇몇은 영혼이 인간의 본성을 이루는 별개의 비물리적 요소고 이것이 초심리학과 심령연구에서 나온 증거로 "입증되었다"는 생각을 굽히지 않았어요. 친구들은 비물질적인 영의 세계가 존재한다는 것과 물리적 몸으로부터 자유로워질 수 있는 영혼이 있다는 것을 확고하게 믿더라고요. 그들은 교수님이 말씀하신 마음과 뇌의 관계에 대한 견해에 이의를 제기했고, 인간이 몸과 영혼이라는 구별된 두 부분으로 이루어져 있다는 이원론적 견해가 심령연구와 초심리학의 증거로 입증되었다고 주장했어요. 친구들은 이 내용을 가정교회에서 배웠고 이것이 성경적이라고 믿어요.

하나같이 만만찮은 문제인 줄 알지만, 친구들과 대화할 때 다시 등장할 게 분명해요. 초심리학과 심령연구에 대한 교수님의 생각을 말씀해 주시면 생각을 정리하는 데 도움이 될 것 같아요. 그것들이 마음과 뇌가 단일한 통일체의 두 양상이라는 교수님의 견해를 반박하지는 않나요?

말콤　　모두 정당한 질문이란다. 내가 마음과 뇌의 관계에 대해 말한 내용을 생각하면 더욱 그렇지. 네가 초심리학에 대한 수업을 듣게 될 가능성은 희박하다. 초심리학과 관련된 현상들을 진지하게 여기는 사람이 없어서는 아니야. 요 몇 해 사이에 초심리학 연구 집단을 만든 심리학과들도 있으니까. 그보다는 모든 것을 다 다루기에는 시간이 부족한 데다 초심리학이 사기꾼과 협잡꾼들의 활동으로 오명을 자초한 역사가 있다 보니 건드리지 않는 게 낫다고 생각하기 때문이다.

　용어 몇 가지를 정리해 보자꾸나. 심령연구는 무엇보다 죽은 사람들과의 접촉에 초점을 맞춘다. 초심리학은 다른 사람들의 마음을 읽어 내거나, 마음으로 벽을 투시하거나 미래를 예언하는 사람들의 존재 여부를 다루지. 몇 년 전 미국국립과학원 회원들을 대상으로 조사한 결과 96퍼센트가 그런 현상이 존재한다는 데 회의적인 것으로 나타났어. 초감각적 지각(extrasensory perception, ESP)이 진짜라면, 인간의 마음과 뇌가 통합된 전체의 두 양상이라는 널리 받아들여진 과학적 이해의 일부를 뒤집어야 하겠지. 과학사를 보면 가끔씩 새로운 증거가 나타나 과학적 선입관을 뒤집기도 하잖아. 그러니 이 문제에 대해 마음을 열어 놓되 비판적인 자세를 견지하면서 내용을 잘 파악하고 있어야 한다.

　현재 내 견해를 간략하게 요약해 보마. 초상현상(paranormal phenomena)의 종류에는 **텔레파시**(한 사람이 다른 사람에게 생각을 보내는 마음 대 마음의 의사소통), **투시**[clairvoyance, 멀리서 벌어진 실제 사건(예: 친구가 방금 교통사고를 당했다)에 대한 지각], **예지**(precognition, 미래의 사건들이 발생하기 전에 지각함)가 있다.

미래를 내다보는 예지에 대해서 현재까지 나온 모든 증거는 분명히 부정적이야. 누군가가 신뢰할 만한 예지를 보여 준다면, 증권거래소 펀드매니저들이 그들을 고용하고 싶어 할 테고 그들을 찾는 수요가 많겠지. 게다가, 그런 초능력자가 있다면 9·11 같은 사건을 미리 막을 수도 있지 않았겠니? 9·11 이후 오사마 빈 라덴의 소재를 알리는 사람에게 5천만 달러의 포상을 약속했지만 상금을 받아간 초능력자는 없었단다. 지금까지 꿈이 가진 예언 능력을 검증하려는 여러 시도가 있었지만 그것을 뒷받침하는 어떤 증거도 제시하지 못했어.

텔레파시나 ESP는 어떤 면에서 내가 앞서 언급한 골상학과 다소 비슷하다. ESP는 검증 실험을 통과하지 못해. 대부분의 과학자들은 초심리학에 대해 재현 가능한 현상과 그것을 설명할 이론이 필요하다고 말한단다. 오래 전인 1998년에 초심리학자 레아 화이트(Rhea White)는 이런 결론을 내렸어. "44년 가까이 이 분야에 몸담은 결과, 초심리학을 생각할 때 머리에 떠오르는 이미지는 1882년부터 경험과학이라는 공항의 활주로를 끝없이 달리는 소형비행기다.…비행기는 달리다 간간이 조금 떠오르나 싶지만 다시 활주로에 내려앉는다. 그 비행기는 날아올라 일정 거리를 비행한 적이 한 번도 없다."[1]

뇌 스캐닝 기계가 등장하면서 ESP에 관한 일부 주장을 시험할 새로운 기회가 찾아왔어. 하버드 심리학자 새뮤얼 무톤과 스티븐 코슬린이 그 실험을 했지. 그들은 '송신자'에게 두 개의 그림 중 하나를 fMRI 기계 아래 누워 있는 '수신자'에게 텔레파시로 보내라고 요청했어. 이 실험에 참가하는 두 사람은 서로를 잘 아는 부부거나 친구거나 쌍둥이였지. 실험 결과는 과거와 달라진 게 없었어. '수신자'가 그림을 제대로 맞출 확률은 50퍼센트였어. 연구자들은 이렇게 결론을 내렸지. "이 실험 결과는 초상(超常) 정신 현상의 존재를 부정하는 지금까지의 증거 중에서 가장 강력하다."[2]

초심리 현상을 지지하는 증거를 찾으려는 시도는 지금껏 성공한 적이 없어. 유명한 미국의 마술사 제임스 랜디(James Randi)는 "적절한 관찰이 이루어지는 조건으로 진정한 초능력을 입증하는 모든 사람에게" 백만 달러를 지급하겠다고 제안했지. 다른 나라의 다른 단체들도 비슷한 액수의 상금을 걸었지만, 지금까지 이 큰 상금을 받아 간 사람은 한 명도 없어. 그러니까 시도가 부족했던 것은 아니지. 랜디의 제안은 12년 동안 홍보가 되었고 독립적인 심사 위원의 감시 아래 검증을 받았지만 지금까지 초능력은 나타나지 않았어.

이 문제에 대한 자세한 내용을 일부라도 살펴보고 싶다면, 네가 수업 시간에 쓴다고 말한 심리학 교과서가 출발점으로 괜찮다. 저자 데이비드 마이어스는 일부 증거를 간결하게 정리해 놓았어.[3]

벤 이 문제와 관련된 다른 주제에 대한 교수님의 생각을 알고 싶어요. 마음과 뇌, 또는 영혼과 몸이 분리될 수 없다는 교수님의 견해와 충돌하는 것처럼 보이는 주제예요. 제 그리스도인 친구들은 영혼에 대한 믿음을 강하게 내세우면서 임사체험(near-death experience)이 우리가 경험하는 현재 너머에 별도의 존재 영역이 있다는 것을 "입증한다"고 주장해요. 임사체험에 대한 보고가 사람들의 영혼이 잠시 현재의 이곳을 떠나 다른 영역으로 갔다가 돌아왔다는 사실을 "입증한다"는 거예요. 임사체험을 이렇게 활용하는 것을 어떻게 생각하세요?

말콤   '임사체험'에 대한 이야기는 많아. 그런데 전형적인 임사체험 이야기에 꼭 등장하는 요소들이 있지. 데이비드 마이어스는 전형적인 임사체험의 내용을 소개했어.

"한 남자가 자신에 대해 사망선고를 내리는 의사의 목소리를 듣는다.…그는 자신이 길고 어두운 터널을 빠르게 통과하는 것을 느낀다. 그리고 자신이 몸 밖으로 나와 있다는 것을 알게 된다. 그는 멀리서 자기 몸을 바라본다. 곧 여러 일들이 발생한다. 사람들이 와서 그를 돕는다. 오래전에 죽은 친척과 친구들의 영이 보이고…따뜻한 사랑의 기운을 가진 낯선 영이 그의 앞에 나타난다.…그는 기쁨과 사랑과 평화의 느낌에 압도된다. 그러나 이 모든 경험에도 불구하고 그는 결국 자신의 몸과 재결합하고 살아난다."[4]

이것은 심장마비나 그 밖의 외상으로 죽음 직전까지 갔던 사람들이 들려준 임사체험의 전형적인 내용이다. 어떤 연구 자료를 보느냐에 따라 조금씩 다르지만, 심장마비나 그 밖의 외상으로 죽음 직전까지 갔던 사람들 중 대략 12-40퍼센트가 임사체험을 한 것으로 알려져 있어.

이런 경험의 원인은 무엇일까? 현재까지의 증거는 다양한 소인들을 보여준다. 측두엽 간질이 있는 사람들이 임사체험과 유사한 심오한 신비 체험을 했다는 내용이 보고되었고, 산소 부족으로도 터널환상을 볼 수 있어. 한 연구자는 산소 부족 상태가 되면 뇌의 억제 세포가 꺼지기 때문에 시각 피질의 활동과 뇌의 신경활동이 증가하게 되고, 그 결과 터널을 통과할 때처럼 빛줄기가 점점 커지는 걸 보게 된다고 보고했지. 한 연구자는 임사체험을 "뇌의 환각 반응"으로 이해하는 것이 가장 낫다는 결론을 내렸어.[5] 그러나 임사체험을 연구한 다른 이들은 그런 단순한 결론에 이의를 제기하며, 환각과 임사 현상을 다 경험해 본 사람들이 둘의 유사성을 부인한다고 말해.

임사체험에 대한 묘사와 환각제를 복용한 사람들의 경험 사이에는 모종의 유사성이 있어. 마약 사용자들은 흔히 옛일을 다시 보거나 밝은 빛이 비치는 터널환상을 본다고 하거든. 다른 연구들에 따르면, 임사체험을 한 사람들이 묘사하는 환상은 각 사람이 속한 문화에 따라 내용이 다르단다. 그러니 논쟁은 계속 이어지겠지.

벤 임사체험이 뇌 기능 장애와 관련이 있다면, 일부 사람들이 생각하는 것처럼 신비로운 일이—비물질 세계로 들어가는 문이—아닐 수도 있겠네요. 하지만 사도 바울은 유체이탈체험 같은 걸 했다고 말한 적이 있잖아요. 구약성경에도 사무엘이 다른 세계에서 불려 올라오는 대목이 있고요. 교수님은 이 두 사건을 어떻게 이해하고 계세요?

말콤 고린도후서에 기록된 바울의 체험 이야기를 해 보자. 바울은 이렇게 썼지.

무익하나마 내가 부득불 자랑하노니 주의 환상과 계시를 말하리라. 내가 그리스도 안에 있는 한 사람을 아노니 그는 십사 년 전에 셋째 하늘에 이끌려 간 자라(그가 몸 안에 있었는지 몸 밖에 있었는지 나는 모르거니와 하나님은 아시느니라). 내가 이런 사람을 아노니 (그가 몸 안에 있었는지 몸 밖에 있었는지 나는 모르거니와 하나님은 아시느니라) 그가 낙원으로 이끌려 가서 말로 표현할 수 없는 말을 들었으니 사람이 가히 이르지 못할 말이로다. (고후 12:1-4)

이 구절을 이해하기 위해서 조엘 그린의 도움을 받아 보자. 그는 이렇게 썼어. "첫째, 바울이 고린도후서 12:1-4에서 유체이탈체험을 이야기하고 있을 가능성은 낮다. 그렇지 않다면 그는 이 '환상과 계시'가 '몸 밖에서' 이루어진 것이라고 분명히 밝혔을 것이다. 이런 고려 사항은 아이러니한 두 번째 결론으로 이어진다. 유체이탈체험은 우리 몸 안에서 뇌의 작용으로 발생한다는 것이다. 유체이탈체험은 인간이 물질적 몸과 정신적 자아로 이루어져 있어서 둘을 분리할 수 있음을 입증하기는커녕, 대부분 우리가 당연시하는 방식으로 우리를 시공간 속에 자리잡게 해주는 뇌의 놀라운 복잡성을 보여 준다."[6]

여기에 덧붙일 사항이 있다. 뇌의 특정 부위가 작용한 결과 발생하는 경험을 해석하는 방식은 우리가 속한 전통, 우리가 이미 받아들인 신념에 많이 의존한다는 거야. 앤드루 뉴버그와 그의 동료들이 최근에 이것을 입증했지. 그들은 단일광자단층촬영(Single Photon Emission Computed Tomography, SPECT) 또는 SPECT 뇌영상법을 써서 다양한 형태의 종교 활동에 참여한 사람들의 뇌를 연구했어.[7] 그들은 수준 높은 명상을 하는 티베트 불교 명상가가 시간과 공간을 초월한 채 구별된 자아감을 상실하는 것 같은 체험을 하는 것을 발견했어. 그리스도인들은 전통적으로 그런 체험을 하나님과의 신비한 연합이라 여긴 반면, 불교도들은 인격적인 관계와는 무관한 열반으로 이해했지. 그런 체험을 해석하는 방식은 뇌의 특정 영역의 구체적인 활동과 각 사람이 갖고 있는 전제에 의존한다는 것을 알 수 있어.

벤 유체이탈체험의 원인에 대해 일말의 단서라도 제공하는 최근의 증거가 있나요? 혹시 있다면, 바울이 말한 내용과 관련하여 그것이 시사하는 바는 무엇일까요?

말콤   그래, 최근에 나온 증거가 조금 있어. 유체이탈체험은 흔히 지속 시간이 아주 짧고 의식적 자아는 그 사이에 자기 몸을 떠나 외부에서 자신과 타인을 바라보지. 그런 유체이탈체험이 놀랄 만큼 흔하다는 증거가 나와 있어. 일부 그리스도인 집단에서도 그런 체험들을 귀중하게 여기고 추구하는 모습을 볼 수 있지. 미국 오리건 주의 한 종교 집단은 기독교와 브라질 토착 종교를 혼합한 신앙을 믿는데, 최근에 예배에 쓸 환각성 차를 수입할 권리를 얻어 냈어. 이 차는 아야와스카라는 식물과 함께 끓이는데, 아야와스카에 소량 함유된 화학적 디메틸트립타민(dimethyltryptamine, DMT)이 환각 현상을 일으키지. 그중에는 유체이탈체험에 전형적으로 나타나는 시청 감각도 포함되어 있단다.

유체이탈체험을 간질이나 정신분열증 같은 뇌 질환의 산물 또는 환각제의 결과로 생각하는 경향이 있는데, 유체이탈을 체험했다고 말하는 사람들은 대부분 정신 병력이 없는 보통 사람들이야.

헨릭 에르손(Henrick Ehrsson)의 최근 연구[8]는 마약을 쓰거나 뇌에 전기자극을 주지 않고도 건강한 사람이 유체이탈을 경험할 수 있음을 보여 주었어. 그는 건강한 사람의 열 명 중 한 명꼴로 인생의 어떤 시점에서 유체이탈을 경험하는 것 같다고 말했지. 이런 사건들은 흔히 간질이나 뇌졸중 같은 뇌 기능에 문제가 생긴 경우와 관련이 있다고 말야. 에르손은 런던 소재 웰컴트러스트 뇌영상화센터와 협력해서 실험실에서 비디오 시스템을 사용해 유체이탈체험을 재현해 냈어. 피험자들은 머리에 쓴 카메라를 통해서 뒤에 앉은 다른 사람의 눈에 보이는 자신의 몸 뒤쪽 영상을 실시간으로 보았어. 그다음, 연구자들은 플라스틱 막대기 두 개를 준비해서 하나로는 피험자의 진짜 가슴을, 다른 하나로는 (그가 쓰고 있는 카메라에는 보이지 않는) "가공의 가슴"을 건드렸어. 이렇게 하자 유체이탈체험이 이루어졌어. 피험자들은 자기 몸 뒤쪽에 앉아 있는 듯한 체험을 했다고 말했지. 가공의 몸이 위협을 받을 때 피험자들이 보인 생리적 반응(땀을 흘림)을 살펴보면 그 위협이 현실이라고 인식하는 것을 알 수 있었어. 이 실험의 기획자는 우리가 자아감을 신체와 그토록 긴밀히 연결된 것으로 생각하게 만드는 메커니즘을 이런 식의 실험으로 밝힐 수 있기를 바라고 있지.

유체이탈체험이 일어날 때 뇌의 어떤 부위가 주로 활성화되는지도 막 밝혀지고 있는데, 측두엽과 두정엽의 경계 부위가 그곳이야. 내가 지난번에 언급한 스위스의 신경과학자 올라프 블랑크(Olaf Blanke)는 뇌의 특정 부위에 전기 자극을 주자 그전까지 유체이탈체험을 해 보지 않은 환자가 유체이탈체험을 했다고 보고했어. 그 실험은 환자가 완전히 깨어 있고 주위 환경을 인식하는 상태에서 이루어졌지. 환자는 침대에 누워 있는 자기 모습과 그 주변을 위쪽에서 내려다보고 있다고 말했어.⁹

이런 유의 정보는 많이 나와 있단다. 내 말의 요지는 우리가 이런 특이한 체험들의 신경적 토대를 좀더 분명히 이해하기 시작했다는 거야. 그러니 유체이탈체험은 비물질적인 영혼의 존재에 대한 신통한 증거가 될 수 없어.

벤   아주 흥미롭네요. 그런데 사무엘이 이 세상으로 다시 불려 오는 구약성경 이야기는 안 하셨어요.

말콤   한마디만 경고하마. 우리는 성경 본문 해석에 대해 간단해 보이는 질문들을 던지며 짧은 답변을 기대하지만, 그 안에 수 세기에 걸쳐 다양한 해석이 이루어진 오랜 역사가 있다는 사실을 알지 못해. 성경 기록에는 엔돌의 마녀 또는 강령술사가 죽은 사무엘을 다시 불러올리는 것으로 나와. 이 사건이 비물질적이고 불멸하는 영혼의 존재를 증명한다고 보는 이들은 엔돌에 정말 사무엘의 영혼이 나타났다면, 내가 성경과 과학 모두와 일치하는 것으로 옹호했던 일원론적 인간관은 유지될 수 없으며 비성경적인 것이라고 말해. 심각하게 받아들여야 할 도전이 아닐 수 없지.

나는 자격이 충분한 성경학자들에게 기대서 대답할 생각이야. 애즈버리 신학교 히브리구약성경학 교수 빌 아놀드가 이 대목에 대해 말한 내용을 나눠 보마.

아놀드에 따르면, 일군의 초기 저자들은 엔돌에 나타난 존재가 "사무엘이 아니라 악마적 세력에 기원을 두고 거짓 예언을 일삼는 망상적이고 기만적인 환영"이라고 생각했어.[10] 예를 들어, 테르툴리아누스는 그 현상을 악마적인 것으로 보고 고린도후서에 나오는 사도 바울의 말을 근거로 제시했지. "사탄도 빛의 천사로 가장합니다. 그렇다면, 사탄의 일꾼들이 의의 일꾼으로 가장한다고 해서, 조금도 놀랄 것이 없습니다"(고후 11:14-15, 새번역). 아놀드는 아우구스티누스를 포함한 많은 초기 주석가가 바울의 본문을 같은 방식으로 인용한다고 지적했어. 1세기 교회사에서는 이와 같은 견해를 갖고 있었지만 바울의 주장을 내켜하지 않은 주석가들도 있었지. 그중 잘 알려진 이들로는 니사의 그레고리우스와 히에로니무스가 있어.

이 입장을 내세운 대부분의 사람들은 이미 죽은 거룩한 선지자가 강령술 의식으로 불려 나오는 것이 불가능하다고 생각했지. 그래서 이들 초기 기독교 사상가들은 악마나 사탄이 사무엘로 나타나 사울 왕과 그 여자를 속였다는 결론을 내렸어. 아놀드의 말에 따르면 당시 대부분의 주요 주석서들은 죽은 선지자가 나타났을 가능성을 고려하는 것조차 거부했다고 하는

구나. 다른 주석서들은 "자신의 신학에 본문을 끼워 맞추려는" 궁여지책으로 환각제를 썼다거나, 향정신성 약물을 쓰지는 않았다 해도 황홀한 심리적 도취 상태였다는 등의 창의적인 설명을 내놓았어. 너도 알다시피, 약간의 창의성만 발휘하면 이런저런 설명을 내놓기는 어렵지 않지.

사무엘상의 이 구절을 다룬 초기 저자들 중에는 사무엘의 출현이 진짜라고 생각한 이들도 있었어. 하나님이 부활시키셨는지 아니면 여자가 효력 있는 불법 강령술을 써서 부활시켰는지는 몰라도, 분명히 사무엘이 직접 엔돌에 나타났다고 믿은 거야. 순교자 유스티누스는 이 본문을 근거로 인간 영혼이 존재하며 죽음 이후에도 생존한다고 주장했어. 오리게네스와 암브로시우스 그리고 역사가 요세푸스도 사무엘이 엔돌에 정말 나타났다고 믿었어. 아우구스티누스는 사무엘이 나타난 것인지 아니면 기만적인 악마가 나타난 것인지에 대해 중간에 생각이 바뀐 것 같아. 말년에는 두 번째 견해를 믿었지.

어떤 의미에서 이런 자세한 내용은 중요하지 않단다. 중요한 것은 역사가 진행되면서 같은 본문을 가지고 전혀 다른 해석을 내릴 수 있다는 점이지. 새로울 것이 없는 사실이야. 종교개혁 시대에는 이런 식의 해석의 변화로 엄청난 결과가 따라왔지.

아놀드는 사무엘이 물리적 몸으로 소생하여 엔돌에 나타났다고 본 고대와 고전 시대 권위자들이 고대 이스라엘의 인식에 더 가깝다고 보고 있어. 그리고 그런 해석에 따르면 육신을 떠난 죽은 사무엘의 중간 상태를 상정할 필요가 없다고 말한단다.

아놀드 교수의 견해를 간단히 요약해 보마. 그는 성경 본문을 해석할 때 주석적 문제를 새로 검토하기 전에 지금까지의 해석사를 살펴보아야 한다고 지적하지. 그다음에 사무엘이 엔돌에 나타났다는 기록을 고대의 신자들이 어떻게 읽었는지 기술해. 이렇게 배경 작업을 해 놓고는 이 본문을 비롯한 히브리 성경[구약성경]의 다른 자료들이 인간 본성을 둘러싼 현재의 논쟁 전반에 어떤 의미가 있는지 살핀단다. 그리고 '본문이 육신을 떠난 인간 영혼의 모습을 보여 주는가?'라는 질문에 대해 그것이 소생한 육신이라고 보는 게 본문의 원래 취지에 더 가깝다는 결론을 내렸지. "다시 말해, 고대 이스라엘 민족에게 이 질문을 던진다면, 그들은 '물론 육신과 별개의 존재는 없다'고 대답할 것이다. 그러므로 사무엘의 엔돌 출현이 망상이 아니라고 받아들인다면 그가 어떤 식이 되었건 물리적으로 나타난 것이라고 생각해야 한다."[11]

더 나아가 그는 이런 해석이 오늘날의 새로운 성경해석학에 비추어 어떤지 묻고 이렇게 결론을 내린단다. "이 본문은 구약의 규범적 종교가 인정하지 않았지만 가나안 사람들과 일부 이스라엘 사람들에게 남아 있던 관습과 종교적 관행을 보여 준다." 그러나 아놀드 교수는 새로운 해석이 이원론이나 일원론 어느 한쪽을 압도적으로 지지한다고 말하지는 않고 이렇게 밝힐 뿐이야. "이 대목이 육체적 소생 개념의 사례를 제시하긴 하지만 히브리 성경의 다른 자료들이 그렇듯, 기독교 인간론의 문제를 확정할 만한 결정적인 단서를 제시하지 않는다."[12]

오늘날의 일부 그리스도인들이 사무엘상 28장을 피상적으로 읽고 해석한 것이 일원론적 인간관을 반박하는 듯 보일 수도 있어. 그러나 이 까다로운 본문에 대한 초기 기독교 신자들의 의견은 하나로 모이지 않았으니 이 본문을 근거로 전통적인 이원론을 옹호하는 합의를 이끌어낼 수는 없지 않겠니? 나는 인간 본질에 대한 성경의 현상적 언어에 보다 주의를 기울여야 한다고 생각한다. 성경 본문에서 사람이 생각하는 과정이 나올 때 "뇌"라는 말은 보이지 않아. 그러나 그것은 성경 히브리어에 '뇌'에 해당하는 단어가 없기 때문이야.

이 문제에 대해 너무 깊이 들어갔다고 느낄 수도 있겠구나. 기독교 인간론을 구축하기에는 히브리 성경의 내용이 확정적이지 않다고 보기 때문에 그랬어. 어쨌건 내 생각은 분명하다. 성경은 인간에 대한 전인적 견해를 제시하고 있고, 그 안에서는 육체적 소생 개념이 중요하다는 거지. 어떤 성경 구절을 특정한 방식으로 해석하면서 다음 둘 중 하나를 내세우는 경우를 접하거든 바짝 경계해야 해. (1) 과학과 성경은 직접적으로 충돌한다. (2) 과학이 틀렸음을 성경이 입증했다 혹은 성경이 틀렸음을 과학이 입증했다.

우리 그리스도인들이야 그리스도께서 부활하셨으니 우리도 그분과 함께 부활할 거라는 "확실한 소망"과 약속을 받았어. 하지만 그렇지 못한 사람이라면, 죽음 이후에도 다른 세계가 있고 그곳에서 먼저 죽은 가족을 만날 거라고 믿는 것이 위로가 되겠지. 프로이트가 우리의 대화를 듣고 있다면, 그것이야말로 전형적인 "소망투사"라고 말하겠지. "증거"를 보아하니 임사체험 연구는 앞으로도 계속 사람들을 매료시키고, 어떤 이들에게는 위로를 줄 것 같구나. 그러니 어떤 소식이 나오는지 지켜보렴. 그러나 우리는 사도신경의 고백대로 부활에 대한 믿음을 계속 이어 가야 해. 지금 우리 인간의 본질, 다시 말해 우리의 정체성과 의식은 육신을 입고 있으니 우리는 부활해서도 여전히 몸을 입게 될 거다. "영광의" 몸, "영적" 몸 등 다양한 이름으로 불리지만, 어쨌거나 몸이 있는 것이지. 몸 없이 림보에서 떠도는 막연한 상태는 아니야. 초심리학과 임사체험의 이원론에 기댈 필요는 없단다.

9
무엇이 우리를 인간으로 만드는가

벤   진화심리학은 이번 학기 수업의 큰 주제예요. 그 얘기를 했더니 전에 부전공으로 진화생물학을 공부한다고 말했을 때처럼 그리스도인 친구들이 걱정스러운 눈길로 바라보더라고요. **진화**라는 단어가 붙은 과목은 다 의심스럽게 여겨요. 그들의 우려에 답을 하려면 이번 학기에 교수님의 도움이 좀 필요할 것 같아요.

말콤   네가 진화심리학 수업을 듣는다는 말에 그리스도인 친구들이 눈살을 찌푸리는 이유를 알 것 같다. 과학적 발견들에 대한 언론의 지나친 해석을 생각하면 충분히 그럴 수 있지. 심리학과 학생까지 갈 것도 없이 언론 보도만으로도 충분히 어리둥절하고 부담스러우니까. 텔레비전 프로그램들과 화려한 잡지들은 홍보 효과를 극대화할 목적으로 만들어지고, 과학적 발견에 대한 보도들은 "깜짝 놀랄" 기사의 범주에 들어가지.
    진화심리학자들의 연구 결과가 인간의 독특성 같은 기존의 종교적 신념에 도전장을 내민다는 주장을 듣고 걱정하는 것은 이해할 만한 일이다. 그런 주장들을 제대로 평가하고 잘못된 주장일 경우 반박할 수 있을 만한 지식을 갖추지 못했다면 더욱 그렇겠지. 인간은 다소 세련되고 발전된 침팬지에 "불과하다"는 과장된 주장이 그런 사례가 될 거야. 그러나 네가 지금 듣는 수업은 최신 전문 지식을 다룰 테니, 언론 보도에 불안해하는 친구들에게 답하는 데 도움이 될 거다.

벤 오늘날 진화심리학이 왜 각광을 받는 거죠? 다윈 시대부터 늘 있던 이야기잖아요. 그런데 지난 몇 년 사이에 언론의 주목을 받는 이유는 뭔가요?

말콤 도움이 될 만한 배경 정보를 좀 알려 주마. 그래, 진화심리학은 다윈의 자연선택설과 관련이 있어. 자연선택의 원리를 바탕으로 행동과 마음의 진화를 연구하는 학문이니까.

1992년, 존 투비와 리다 코즈미다스는 진화심리학을 "인간 마음의 유전 구조는 진화 과정의 산물이라는 사실에 토대하는 심리학"이라고 정의했어.[1] 우리 선조들이 직면했던 생존의 문제를 해결한 행동 경향과 정보처리체계를 만들고 그것을 퍼뜨리는 데 기여한 유전자를 자연선택이 선호했다고 전제하는 거지. 따라서 진화심리학은 '인간이 어떻게 지금과 같은 특별한 동물이 되었는가'라는 질문에 초점을 맞춰서 연구해.

진화심리학자들의 질문은 새로운 것이 아니야. 이전 세대에도 우리보다 더 지혜로운 사람들이 비슷한 질문을 했어. 진화심리학의 권위자 프란스 드 발(Frans de Waal)의 「인간 및 다른 동물들의 옳고 그름의 기원」(*Good Natured*)

은 널리 읽히는 책인데, 최근에 이 책에 대한 호 서평이 이 점을 지적했더구나. 서평은 이렇게 시작해. "처음부터 철학자들은 무엇이 우리를 인간으로 만드는가 하는 질문으로 고민했다. 우리와 다른 동물 사이에는 질적 차이가 있는가, 아니면 정도의 차이만 있을 뿐인가?" 서평은 이렇게 이어져. "사람과 동물을 직접 비교하는 것은 흔히 인간의 품위를 손상시키고, 더 나아가 모욕하는 일로 여겨졌다."[2]

그런 질문을 제기하는 것 자체가 그리스도인들이 받아들일 수 없는 일 아니냐고 물을지도 모르지만 내 생각은 달라. 인간-동물의 비교는 신학계 안에서도 새로운 일이 아니거든. 탁월한 수학자이자 사상가이며 독실한 그리스도인이었던 블레즈 파스칼은 1659년에 이렇게 썼어. "사람에게 그의 위대함을 보여 주지 않은 채 짐승을 많이 닮았다는 점만 분명히 보여 주는 것은 위험하다. 그의 저속함을 드러내지 않고 그의 위대함만 또렷이 보게 하는 것도 위험하다. 위대함과 저속함을 둘 다 모르는 상태로 사람을 내버려두는 것은 더욱 위험하다."[3] 진화심리학은 그런 무지를 줄이는 데 분명히 도움을 줄 수 있어.

벤   진화심리학의 과학적 기반에 대해 어떻게 생각하세요? 진화심리학은 심리학 분야에서 상대적으로 최근에 생긴 흐름이잖아요. 그런데 그리스도인들이 진화심리학의 주장에 비추어 유서 깊은 종교적 신념들 중 몇 가지를 재검토할 만큼 그 과학적 기반이 탄탄한가요?

말콤   내가 볼 때 진화심리학의 과학적 기반은 갈수록 확고해지고 있어. 물론 실험적·실증적 연구로 새로운 증거가 자꾸 나오니 근본적인 변화가 없을 거라고 장담할 수는 없지. 변화는 분명히 있을 거야. 과학은 그렇게 진보하는 법이거든.

근거 없는 지나친 주장을 하는 데는 대체로 최첨단 연구를 진행하는 진화심리학자들이 훨씬 더 조심스럽다는 인상을 주더구나. 특히, 자신들이 발표하는 내용이 더 넓은 분야에서 어떤 함의가 있는지 추측할 때 훨씬 조심스러운 태도를 보이지. 반면 좋은 기삿거리를 원하는 언론이 단편적인 연구 결과만을 가져다가 눈길을 확 사로잡는 머리기사를 달아서 보도하지.

아마도 그럴 거라고 생각한다만, 수업 시간에 교수님 중 몇몇 분이 진화심리학이 현대 심리학의 한 부분일 뿐이라는 사실을 네게 상기시켜 주시면 좋겠구나. 그런 지적이 필요한 이유가 있어. 요즘 진화심리학에 열광한 나머지 그것이 심리학 전체를 접수할 거라고 보는 심리학자들이 있거든. 데이비드 버스(David Buss)는 2000년에 출간된 책 「진화심리학」(*The New Science of the Mind*, 웅진지식하우스)에 '새로운 마음의 과학'이라는 부제를 붙였어.[4] 그러고 나서 심리학 전체를 진화심리학의 대체적인 얼개 아래에 두고 재구성했지. 그보다는 좀 신중한 이들도 있어. 영국 개방대학의 과목 소개란에는 "진화심리학은 인간이 어떻게 오늘날과 같은 특별한 모습의 동물이 되었는지에 초점을 맞춘다" 정도로 밝히고 있더구나.

최근에는 영국의 대표적인 진화심리학자이자 옥스퍼드 대학 진화인류학 교수 로빈 던바(Robin Dunbar)가 진화심리학의 역할을 둘러싼 논쟁에 대해 말하면서 그것이 대체로 자리를 잘못 잡았다고 주장했어. 그는 진화심리학에 제시된 몇 가지 방식 때문에 "전통적인 심리학자들이 부정적으로 반응"했고 그 과정에서 "거친 논쟁"이 불필요하게 생겨났다고 생각해. 그는 그것이 "대체로 자리를 잘못 잡은" 논란이라고 보더구나.[5] 나도 그의 의견에 동의해.

최근에 던바는 이렇게 썼어. "이런 오해가 생겨난 데는 진화론적 접근을 본성/양육 논쟁의 관점에서 해석하는 심리학자들의 못 말리는 경향도 한몫한 것 같다." 이런 해석은 인종과 성별, 심지어 사회 계급의 유전적 차이와 같은 대단히 민감한 주제와 이어진단다.

혼란의 두 번째 원인은 심리학자들이 인간의 행동을 동인의 관점에서 설명하는 데 익숙하다는 데 있었다. 그래서 진화심리학자들이 누군가가 "적합성[fitness, 최대한 많은 후손을 남기기 위해 환경과 상호작용하는 능력]을 극대화하기 위해" 특정한 방식으로 행동한다고 주장하면, 다른 심리학자들은 이 말을 사람들이 실제로 그런 동인을 의식하고 행동한다는 진술로 해석한다.…그러나 이것은 사과와 오렌지를 혼동하는 것과 같다. 진화론적 설명의 관심은 직접적인 동인이 아니라 행동을 이끄는 궁극적인(즉, 진화론적) 목표를 제시하는 것이다. 그런 설명은 더 높은 층위의 설명에 해당한다. 진화론적 목표를 달성하려면 그것을 가능하게 하는 별도의 동인이 필요하다.[6]

여기서 그는 "각각 다른 층위에서 이루어지는 설명들"에 대해 말하는데, 인간 행동을 논할 때는 이 점을 늘 염두에 두어야 한단다.

앞서 뇌의 작용과 종교적 경험 및 행동 사이의 연관성에 대해 말할 때 설명의 여러 층위를 언급했었지. 던바의 말은 이렇게 이어진다. "문제는 진화심리학에 대한 이런 공통 반응이 여러 층위에서의 설명을…하나로 뭉뚱그린다는 점이다.…물론, 유전자들의 개입이 있겠지만 이런 유전자들이 행동이나 심지어 마음까지 시시콜콜하게 다 결정하는 것은 아니다.[7]

벤   로빈 던바에 대해서는 많이 들었어요. 진화심리학 분야에서 상당히 중요한 분인 것 같던데요. '던바의 수'를 잘 아세요?

말콤   그 용어를 잘 알지. 던바는 내가 앞에서 인용한 그의 논문에서 '던바의 수'를 정의했어. 그는 그것을 "사회적 집단의 보편적이고 전형적인 규모에 해당하는 대략 150명"이라고 했어. 해당 논문에 있는 또 다른 인용문은 우리가 현상을 여러 층위에서 연구한다는 점을 인식할 필요가 있음을 잘 알려 준단다.

> 이 사례[던바의 수]의 요점은, 진화론의 틀에서 바라보면 '우리 친구가 몇 명이나 되는가' 같은 꽤 단순한 현상을 이해하는 것만으로도 다양한 하위 학문들을 통합해 낼 수 있음을 보여 주는 데 있다. 여기서 우리는 사회적 행동도 다르고 인지적·신경적·발생적 기초도 다르며 개인과 사회의 창발적이고 구조적인 측면 및 집단생활의 기능에 미치는 사회적 결과도 다른 여러 요소를 퍼즐 조각처럼 맞추어 냈다. 우리는 신경심리학에서 사회학으로 손쉽게 넘어갔다가 다시 돌아왔고, 중간에 생태학에도 들렀다.[8]

내가 볼 때 던바의 수는 여러 다양한 학문이 행동을 이해하는 데 어떻게 기여하는지 잘 보여 주고, 진화심리학은 그렇게 기여하는 전문 영역 중 하나일 뿐이야. 따라서 특정한 행동에 대한 분석과 연구는 다양한 설명의 층위에서 이루어질 수 있음을 명심해야 해. 이것이 오늘날 심리학 전반에 널리 퍼져 있는 주제란다. 설명에 다양한 층위가 존재함을 망각하고 그것들을 섞어 버리면, 온갖 불필요한 문제가 발생하게 돼.

벤 진화심리학에 대한 논의와 무엇이 우리를 인간으로 만드는가에 대한 논의를 좀더 생각해 봤어요. 침팬지와 어린아이가 보여 주는 문제 해결 행동의 공통점이 수업 시간에 거듭 나와요. 그런데 그런 공통점은 인간이 피조 세계에서 매우 독특한 존재라는 성경의 가르침에 위배되지 않나요? 동물과 인간의 유사성을 염두에 두면서도 둘의 차이점을 제대로 다룰 방법은 없을까요?

말콤 인간의 독특성에 대해 물었지. 그것이 진짜일까, 환상일까? 각 문(phylum)에 속한 동물들이 다 독특하다는 점을 기억해야 해. 다들 다른 문의 동물들에게는 없는 특성과 능력을 갖고 있지(새들은 날지만 우리는 날지 못하잖아). 과학 영역 바깥에서 독특함을 내세우는 주장들도 있어. 가령 모든 피조물 중에서 오직 인간만이 하나님과 인격적인 관계를 맺도록 은혜로운 초청을 받았다는 신앙적인 주장처럼 말이야. 진화심리학은 과학의 한 부분인지라 그런 질문에 관심이 없어. 그러다 보니 딱히 입장이랄 것도 없지. 하지만 심리학자들이 그런 큰 문제들에 대해 개인적인 신념을 가지고 있지 않다는 말은 아니야. 그들은 각기 신념을 갖고 있고 앞으로도 그럴 거야.

오늘날 진화심리학자들이 논의하는 주제들이 오히려 그런 오해를 부추기는 경우도 있어. 그들이 쓰는 언어가 네가 신경과학 수업에서 접하는 언어와 달리 딱히 전문적이지 않기 때문이지. 현대 진화심리학의 두 영역, 마음읽기와 이타적 행동에 대해 생각해 보자. 둘 다 과학자들이 활발하게 연구하는 대상이고 언론의 많은 관심을 받고 있어. 둘은 서로 관련이 있고, 이타적 행동은 과거에 철학자와 신학자의 영역으로 여기던 주제와 겹치는 부분이 있을 수 있지. 일단 그렇게 주제가 겹치면 혼란의 소지가 생겨. 그럴 때는 엄격한 기준을 세워서 자신이 신학적 주장을 하는 것인지 과학적 연구 결과를 알리는 것인지 주의 깊게, 분명히 밝혀야 해. 그렇지 않으면 혼란을 피할 수 없어. 예를 들어 이타적 사랑은 성경이 광범위하게 다루는 테마지만, 성경의 내용과 사회행동신경과학 저널에서 동물의 이타적 행동을 기술하는 진술을 같다고 여겨서는 안 되겠지.

'마음이론'의 다른 이름인 '마음읽기' 연구는 1978년 프리맥과 우드러프의 생각에서 시작되었어. 그들은 다른 동물의 마음을 이해하는 능력을 지닌 동물들이 '마음이론'을 갖고 있다고 했지.[9] 화이튼은 이렇게 썼어. "마음이론은 '알기'와 '믿기' 같은 마음의 상태를 참고하여 우리 자신과 다른 사람의 행동을 이해하고 설명하는 데 쓰는 일상의 심리학을 가리킨다."[10] 그는 더 나아가 이렇게 썼지. "'마음읽기(mindreading)라는 표현은 '마음을 읽다'(to mindread)라는 유용한 동사를 제공한다. 여기서 우리가 논하는 주제는 심리학이라는 과학이 아니라 사람들이 일상적으로 '마음'에 대해 생각하는 내용일 뿐이라며 '이론' 운운하는 표현을 꺼리는 사람들은 '마음읽기'라는 표현을 선호하는 경향이 있다."[11]

마음읽기라는 주제는, 급속히 발전하는 분야를 연구하는 신중한 과학자라면 그 분야에 아무리 열정이 넘쳐도 때로는 잘 확립되어 널리 받아들여지던 견해조차 새로운 증거에 비추어 빠르게 변할 수 있음을 과학사 지식을 바탕으로 잘 알고 있어야 함을 보여 준단다. 마음이론 연구의 발전으로 이 사실이 잘 드러났지. 한때는 마음이론을 가진 것이 인간뿐이라는 주장이 대세였어. 대표적인 연구가 마이클 토마셀로(Michael Tomasello)도 2000년까지는 그렇게 생각했어. 이곳 세인트앤드루스 대학에서 나와 친구이자 동료로 지내는 리처드 번과 앤드루 화이튼은 관찰 자료를 바탕으로 침팬지들에게서 기초적 형태의 마음읽기를 볼 수 있다고 주장했는데, 토마셀로는 그것이 비인간 영장류들이 마음이론을 갖고 있다는 설득력 있는 증거는 될 수 없다고 보았어. 그러나 이제 그는 본인이 실험실에서 진행한 연구를 토대로 자신의 이전 견해가 잘못되었고 수정이 필요함을 확신하고 있지. 2003년 토마셀로는 이렇게 썼어.

> 1997년에 나온 책 「영장류 인지」(*Primate Cognition*)에서 우리는 기존의 증거를 모두 검토했고 비인간 영장류는 같은 종의 행동은 이해하지만 심리적 상태는 이해하지 못한다는 결론을 내렸다. [그러나]…지난 5년 사이에 이 가설의 변경을 요구하는 새로운 자료들이 등장했다. 새로운 가설이 어떤 형태로 제시될지는 아직 분명하지 않지만, 인간이 아닌 일부 영장류-주로 침팬지를 대상으로 연구가 이루어졌다-도 동료의 심리 상태를 어느 정도 이해한다는 것만큼은 분명하게 말할 수 있다.…지금 우리가 볼 때 침팬지가 다른 침팬지의 심리 상태를 어느 정도 이해할 수 있다는 것은 확실하다. 어떤 심리 상태를 어느 정도 이해하는가의 문제만 남아 있을 뿐이다.[12]

그보다 최근인 2010년 10월, 토마셀로는 다수의 침팬지, 오랑우탄, 2.5세의 어린이 다수, 이렇게 세 집단에 대해 종합적인 인지 시험을 하고 그 결과를 논문으로 발표했어. 시험 내용은 여러 물리적·사회적 문제를 해결하는 인지 능력을 평가하기 위해 고안된 다양한 비언어적 과제로 이루어져 있었지. 토마셀로와 동료들은 아이들과 유인원들이 물리적 세계를 대할 때 비슷한 기술을 사용하는 것을 발견했어. 여기까지는 과거에 보고된 것과 같아. 그러나 어린아이는 2.5세만 되면 사회적 세계를 대할 때 침팬지나 오랑우탄

보다 더 정교한 인지 기능을 갖췄어. 연구자들이 사회적 인지라고 부른 "인간 종 특유의 구별된 기능"이 2년 6개월을 기점으로 아이들에게서 나타난 거야.[13]

그러니까 동물과 인간 사이에 겹치는 기능에 주목하는 것도 합당하지만 둘 사이에 분명히 나타나는 차이점에 주목하는 것 역시 중요하다는 거지. 토마셀로의 논문은 진화심리학 리더들이 인간의 독특성을 인식할 필요성을 민감하게 파악하고 있다는 점을 잘 보여 준단다. 10-20년 후 진화심리학 연구의 몇몇 분야는 동물과 인간의 인지적 성취와 행동 사이의 공통점과 유사성을 꼼꼼히 기록하는 데서 벗어나 인간의 인지와 행동의 독특성을 찾아내는 쪽으로 달라질 거야. 이렇게 생각하는 데는 이유가 있어. 과거에는 인간의 뇌가 비인간 영장류 조상들과 너무나 비슷한데도 인간이 어떤 영장류와도 완전히 다른 까닭은 무엇인가 하는 극도로 곤혹스러운 질문을 무시하는 경향이 있었기 때문이지. 비인간 영장류 무리를 연구하려고 아프리카로 간 연구자들 중에서 그들 사이에서 병원, 도서관, 기술 단지, 미술관, 교회, 교향악단 등을 발견한 사람이 있었니? 내가 무슨 말을 하는지 알 거다. 그런 엄청나고 근본적인 차이점들을 얼버무리고 넘어가기는 매우 쉽지만, 뇌는 그렇게 유사한데 우리는 왜 이렇게 완전히 다른가 하는 질문은 피해 갈 수 없단다.

벤   정말 흥미롭군요. 교수님 말씀을 좀더 듣고 싶어요. 마음읽기 행동이 인간과 침팬지 모두에게 있다고 하셨는데, 그것이 어떤 식으로 드러났나요? 그리고 혹시 최근에 그것을 잘 보여 주는 연구가 있었나요?

말콤 그래. 세인트앤드루스 대학의 내 동료 리처드 번의 저작에 나오는 사례를 소개하마. 일부 연구자들은 인간의 마음읽기와 비슷해 보이는 일부 비인간 영장류의 영리해 보이는 행동이 대뇌 신피질 크기의 급속한 증가에서 온 결과라는 신경과학적인 주장을 했어. 그들은 신피질 크기와 (영리해 보이는) 행동의 양 사이에 직접적인 관계가 있음을 보여 주지. 여기에 해당하는 행동은 속임수, 혁신과 도구 사용이야. 리처드 번은 이렇게 썼어.

> 신피질이 커질 때―이것이 원숭이와 유인원의 정교한 사회성을 가능케 하는 바탕이 되는 인지적 토대야―어떤 이득이 따라오는지는 간단하게 대답할 수가 없다. 우호 관계를 형성하려고 여러 달에 걸쳐 노력하는 동물을 보면 그 행동이 다른 동물의 마음에 끼치는 영향을 어느 정도 알고 있다고 생각하고 싶은 마음이 불쑥불쑥 들지만 그 생각은 완전히 틀린 것일 수도 있다.···우리는 행위자가 피행위자에게 잘못된 믿음을 갖게 하면 친구를 잃거나 적을 만들 수 있다는 것을 녀석들이 알고 있다고 추정한다. 하지만 녀석들의 행동은 그저 유전적 성향과 급속한 학습의 결합이 낳은 평범한 결과일 수도 있고, 그게 답일 가능성은 흔히 더 높다.···그렇다면 연구자들은 비인간 영장류에게 사회적 행동이나 성인 인간들의 기계적 일처리 방식을 이해할 능력이 있다고 판단하는 데 대단히 조심해야 한다.···관찰자들이 고등 영장류를 보고 지적 존재라는 인상을 받게 된 것은 환경에 대한 신속한 학습 능력, 개체들의 좋은 기억력과 다양한 특성들, 몇 가지 단순한 유전적 성향들만으로도 상당 부분 설명할 수 있다.[14]

더 최근에는 심각한 윤리적·의료적 문제가 발생할 수 있는 또 다른 맥락에서 진화심리학자들의 연구 결과가 논의되었어. 2011년 영국의학아카데미는 인체 유래 물질(human material)을 포함한 동물들의 (현재와 앞으로의) 사용 문제에 대한 연구 결과를 출간했지.[15] 이 보고서는 인간 DNA를 동물들에게 넣고 인간과 동물의 세포나 조직을 섞어 "인체 유래 물질을 포함한 동물"을 만들어 내는 연구를 검토하고 있어. "미래 과학과 그 영향"이라는 부분에서 저자들은 미래를 전망하는 동시에 인간 뇌 질환 모형 동물들이 이미 개발되었고 인간 유전자 도입 생쥐가 치매 연구에 쓰이고 있다는 데 주목하지. 다른 사례로는 쥐에게 인간의 신경 줄기세포를 이식하고 이 세포가 뇌졸중으로 생긴 손상을 회복시키는 데 어떤 잠재력이 있는지 연구하는 실험이 있어. 보고서는 이런 연구 방법이 비인간 영장류로 확대되면 윤리 문제가 심각하게 대두된다는 점을 분명히 했지. 그리고 "인간과 대형 유인원들을 다른 종들과 구분해 주는 뇌 기능의 측면들"을 요약했어.[16] 그들이 인간과 유인원들을 같이 묶어서 "무엇이 인간을 다르게 만드는가?"라는 우리의 질문을 다시 한 번 생각하게 만드는 데 주목하렴.

보다시피 여기선 심각한 과학적 사안들을 다뤄야 해. 인간의 독특성을 추구하다 보면 마음읽기 같은 아주 인간적인 특성을 인간과 비인간을 분리하는 기준으로 삼고 싶은 마음이 들 수 있어. 그런가 하면, 인간의 행동과 비인간 영장류의 어떤 행동이 아주 유사한 점을 발견하고 그것을 근거로 인간은 유달리 복잡한 영장류에 "불과"하다고 말하고 싶을 수도 있지. 이는 인간 인지와 행동이 지닌 윤리적·도덕적·종교적 측면들의 특수성과 아인슈타인 같은 과학자와 아주 영리한 원숭이 사이의 문제 해결 능력의 "양자적 도약"을 무시하는 거야. 과학과 믿음의 접점에 있는 문제들을 논할 때마다 생각이 필요 없는 환원주의로 빠지고 싶은 유혹이 끊임없이 일어나는 것 같아. 하지만 주도적인 과학자들은 환원주의를 조심하라고 분명히 경계하고 있어. 그들은 환원주의 때문에 정신 활동과 그 물리적 기반의 관계 같은 주요 문제에 대한 추가 연구가 방해받을 수 있다는 사실을 아는 거야.

벤   교수님이 환원주의를 반대하는 논증을 과장하고 계신 것은 아닐까요? 어떤 행동을 뇌 속 뉴런의 활동이나 뇌의 생화학의 관점처럼 보다 기본적인 수준에서 설명할 수 있다면, 동인 같은 것들의 관점에서 설명하는 것보다 더 만족스럽지 않을까요?

말콤   좋은 질문이구나. 너뿐 아니라 뛰어난 전문가들도 그렇게 물었어. 아주 저명한 과학자들 중에도 과학적 설명으로 종교를 포함한 인간의 삶을 생물학적 또는 물리적 과정으로 환원시킬 수 있다고 믿는 이들이 있어. 앞에서 "마음 이야기"와 "뇌 이야기"를 연결시키면서 노벨상 수상자이자 20세기의 위대한 생물학자인 프랜시스 크릭을 언급했던 것을 기억하지? 그는 「놀라운 가설」(The Astonishing Hypothesis, 한뜻)에서 가차 없는 환원주의에 대한 확고한 신념을 드러냈는데, 어떤 이들은 그것을 "'불과'주의"(nothing buttery)라고 불렀지. 크릭은 이렇게 썼어. "당신은 신경세포들과 그것들이 모인 분자들의 방대한 집합체의 행동일 뿐이다.…당신은 뉴런들의 묶음에 불과하다."[17] 그러나 전에도 보았듯, 크릭의 주장대로라면 그가 '놀라운 가설'에 대해 쓴 글도 종이에 묻은 잉크에 "불과"하고 어떤 메시지도 전달하지 않는다고 봐야 하지. 그조차도 책의 말미에서 그런 입장에서 다소 후퇴해 이렇게 말했어. "우리의 가설에서 '불과'하다는 단어를 너무 문자적으로 이해하면 오해의 소지가 있을 수 있다."[18]

오늘은 여기까지만 써야겠구나. 인간과 동물 사이의 긴밀한 유사성을 논할 때 뉴스에 자주 등장하는 이타주의에 대한 내 의견이 듣고 싶었다면 다음 기회로 미뤄야겠다. 성경에서 이타주의의 일부 형태를 다루고 있기 때문에 이타주의가 마음읽기보다 더 마음을 끄는 주제라는 걸 알아서 하는 말이다.

10
인간은 다른가

벤　　진화심리학 수업을 들으면 계속 새로운 질문이 생겨요. 지난주 동물들에게 문화가 있을 가능성과 그 증거를 다루는 세 번의 수업을 들었어요. 이제껏 저는 인간만 문화를 창조한다고 생각했거든요. 동물의 문화에 대한 최근 연구를 혹시 아시나요?

말콤　　그쪽 교수님들이 최신 자료를 섭렵하고 있는 게 분명하구나. 동물들에게 **전통**과 **문화**라고 부를 만한 것이 있는지 살피는 문헌이 늘어나고 있지.

내 동료 앤드루 화이튼은 2005년에 빅토리아 호너, 프란스 드 발과 함께 "네이처"지에 "침팬지들 사이에서 나타나는 도구 사용의 문화 규범에 대한 동조"라는 제목의 논문을 게재했단다.[1]

침팬지 무리가 사용하는 지배적인 방식과 일치하는 도구 사용법을 발견한 일부 침팬지 무리에게서 인간 문화의 특징이라고 여겨지는 다수 동조 편향이 보인다는 연구 결과를 알린 것이지.

    2010년에는 캐나다의 맥마스터 대학교 연구팀이 "디스패치"(*Dispatches*) 지에 "동물 전통: 뜻밖의 동물에게서 발견한 모방 학습의 실험적 증거"라는 제목의 논문을 게재했어.[2] 연구자들은 진화론적 관점에서 흔히 인간과 가깝다고 여겨지지 않는 동물인 몽구스를 연구했어. 그들의 논문은 이렇게 시작해. "인간 외의 동물들이 자연 상태에서 '문화'를 가질 가능성이 근래에 큰 관심을 끌었다." 그들의 연구는 사회적 학습을 통해 단일 개체군에서 행동이 전통으로 유지될 수 있음을 보여 주었단다.

벤   다른 문화에 속한 사람들은 종종 다른 도덕률을 갖고 있잖아요. 그렇다면 이 최근의 연구에 따르면 전통을 가진 동물들도 나름의 도덕적 판단을 내린다는 말이 되나요? 동물에게도 "도덕률"이 있느냐는 거죠. 만약 그렇다면, 인간과 동물의 차이점 하나가 또 사라졌다는 뜻인가요?

말콤   시의적절한 질문이구나. 미국의 대표적인 진화생물학자인 프란시스코 아얄라(Francisco Ayala)는 최근에 발표한 논문에서 도덕을 논했단다.[3] 그는 인간이 인간 아닌 조상에게서 진화한 동물이라는 것을 사실로 받아들인다. 인간이 여러 능력(정신 능력을 포함해)을 발전시켜 특별한 동물, 고유의 변별적 자질을 가진 유인원 종이 되었다는 거지. 그는 그런 자질 중 하나가 도덕감각(moral sense)이라고 믿어. 하버드의 심리학자 스티븐 핑커도 도덕성을 이해하는 것이 현재의 중요한 사안이라는 점에 동의해. "도덕성은 심리학의 오래된 주제일 뿐 아니라 삶의 의미 개념과 긴밀하게 이어져 있다. 도덕적 선이야말로 우리 각 사람에게 자신이 가치 있는 인간이라는 느낌을

갖게 한다."⁴

아얄라의 주장에 따르면, 성인 인간의 뇌는 침팬지, 유인원 뇌와 비교할 때 상대적으로 크고 복잡하며 이 사실이 인간에게서만 볼 수 있는 가장 근본적 변화인 지적 능력을 이해하는 핵심 요인이야. 크고 복잡한 뇌 덕분에 인간이 범주화하고 추상적으로 생각하며, 당장 눈앞에 보이지 않는 것들을 머릿속에서 만들어 내고 추론할 수 있게 되었다는 거야.

아얄라는 인간만 갖고 있다는 다른 기능적 특성들도 제언하는데, 그것을 뒷받침하는 증거가 그렇게 확실한 것 같지는 않구나. 그는 자의식과 죽음에 대한 의식도 그런 특성들 중에 포함시켰는데, 도대체 그걸 어떻게 알 수 있는지 궁금하다. 상징 언어는 충실한 근거를 가지고 말하는 것 같은데, 도구 제작에 대해서는 근거가 빈약한 것 같더구나. 하지만 그가 과학, 문학, 예술, 윤리와 종교의 발달이라는 관점에서 본 인간 사회와 여느 동물 사회 사이의 엄청난 차이점은 그 근거가 아주 확실하단다.

벤 아얄라가 말하는 '도덕감각'이 무엇인가요? 중요한 얘기 같은데요.

말콤 아얄라는 도덕감각이 자신의 행동이 다른 이들에게 미치는 영향을 그들의 입장에서 고려하는 것이라고 생각해. 이제 살펴보겠지만, 이것은 이타주의 논의와 이어지고, 이타주의는 다시 공감, 동정, 위로와 이어지지. 아얄라는 "이타주의는 다른 이들의 행복에 대한 사심 없는 배려나 헌신으로 정의할 수 있다"고 말해.⁵

그는 거기서 한 걸음 더 나아가 도덕과 윤리가 같은 말이라고 봐. 이런 배경에서 그는 이렇게 질문하지. 현대인들은 처음부터 윤리감각을 갖고 있었을까? 네안데르탈인들에겐 도덕적 가치관이 있었을까? 호모 에렉투스와 호모 하빌리스는 어땠을까? 도덕감각은 어떻게 진화했을까? 자연선택에 따라 직접 자극을 받고 생겨났을까? 하나같이 어려운 질문이야.

아얄라는 그와 동료 진화생물학자들이 말하는 **적응**(adaptation)과 **굴절적응**(exaptation)의 차이에서 인간과 비인간 영장류의 차이점을 이해하는 단서를 찾을 수 있다고 보고 있어.

진화생물학자들의 정의에 따르면 굴절적응은 모종의 기능을 수행하기 때문에 진화했지만 나중에는 원래 자연선택의 표적이 아니었던 추가적 기능 또는 다른 기능으로 사용되는 생물의 특성을 말한다. 새로운 기능이 옛 기능을 대체할 수도 있고 둘이 공존할 수도 있다. 새의 깃털은 처음에 체온 유지를 위해 진화한 것처럼 보이지만 나중에는 하늘을 나는 데 쓰였다.…여기서 문제는 도덕적 행동이 자연선택에 따라 직접 촉진되었는가, 아니면 단순히 (더 나은 도구 제작을 가능하게 만들었기 때문에 자연선택의 대상이었던) **지능 상승**의 결과였는가 하는 점이다. 미술, 문학, 종교를 비롯한 인간의 많은 문화 활동은 **지능이 고도로 진화**한 결과 생긴 굴절적응으로 볼 수도 있을 것이다.[6]

그러니까 아얄라가 볼 때 인간의 도덕감각은 적응이 아니라 굴절적응에 해당하고, 자연선택의 대상은 고도로 발달한 지적 능력이었던 거야. 나중에 그는 고도의 지능과 연관된 굴절적응으로 진화한 도덕감각이 결국 이로운 행동을 선호하여 적응이 되었을 수 있다고 말하지. 윤리 발달에 대해서도 비슷한 주장을 펼치고 있어.

윤리적 능력은 점진적 진화의 결과지만, 기초가 되는 속성(예를 들면 지적 능력)이 고등한 수준에 이를 때만 존재할 수 있다. 윤리적 행동의 필요조건은 어떤 진화론적 한계점을 넘어선 후에야 생겨난다. 접근 방식은 점진적이지만, 지능이 추상적 개념의 형성과 미래에 대한 예상이 가능한 수준까지 이른 다음에야 비로소 윤리적 행동의 조건이 나타나는 것이다. 물론 언제 그 한계점을 넘어섰는지 확정할 수는 없을 것이다.[7]

프란시스코 아얄라는 도덕률이 문화적 진화의 결과로 생겨났다고 보는 거야. 그는 문화적 진화가 더 효과적인 형태의 적응이며 생물학적 진화를 넘어선 독특한 진화 방식이라고 보고 있어. 문화적 진화는 생물학적 진화보다 더 빠르고 유도될 수도 있다는 것이지. 아얄라의 견해는 신경과학자들의 견해로 수렴해. 대표적인 신경과학철학자 퍼트리샤 처칠랜드(Patricia Churchland)는 2011년에 「뇌 트러스트」(*Braintrust*)라는 책을 출간했어.[8] 아디나 로스키스는 "네이처"지에 이 책의 서평을 썼는데 처칠랜드가 "인간의 도덕적 행동이 사회적 상호작용을 촉진하도록 진화된 메커니즘에서 나온다고 주장"하고 더 나아가 "도덕성을 내재적인 것이거나 유전적으로 특정된 것 혹은 뇌의 한 모듈과 관련이 있다고 생각하는 것은 오해"라는 주장을 한다고 했지.[9]

아얄라와 처칠랜드의 견해에 대해 내 생각을 간략히 덧붙여 볼게. 첫째, 창발성 개념의 중요성을 지적하고 싶구나. 둘째, 뇌에서 '신(神) 모듈'을 찾지 말라고 다시 한 번 말하고 싶어. 창발성은 나중에 다시 다룰 기회가 있을 거다.

벤   도덕적 행동이 어떻게 진화했는가에 대한 아얄라의 분석을 비중 있게 보시는 것 같네요. 알아 둬야 할 다른 견해가 또 있을까요?

말콤   그럼, 있고말고. 프란시스코 아얄라의 논문이 나올 무렵에 "도덕적 행동은 이성적 추론에 의존하는가?"라는 제목의 심포지엄 자료집이 나왔지.[10] 자료집에는 제목에 대한 철학자, 변호사, 신학자, 신경과학자들의 답변이 담겨 있었지. 그들의 답변에 등장한 몇몇 테마는 아얄라의 주장을 평가하는 데 도움이 된단다.

벤   아얄라의 견해에 대해 교수님이 하신 말씀을 가지고 몇몇 친구들과 이야기를 나누었어요. 한 친구는 아얄라가 최근에 종교 부분에 기여한 공로로 템플턴상을 받았고 기독교인이라는 말을 들었대요. 신자가 아닌 그 친구는 그리스도인이 아닌 다른 사람들의 견해를 들어 보고 싶다고 했어요. 다른 저명한 과학자들도 인간이 자유롭게 선택하고 자신의 도덕률을 발전시킨다고 믿나요? 신경과학자들은 이에 대해 어떻게 생각하나요? 철학자들과 심리학자들은 어떤가요?

말콤   템플턴 심포지엄에 참석한 신경과학자들은 신경과학이 함의하는 바에 동의했어. 마이클 가자니가는 이 문제에 대해 지식 시장에서 유통되고 있는 여러 견해를 정리해 주었지. 그중 한 견해는 인간 안에 "내재하는 도덕적 모듈"이 있고, 그 모듈들은 "진화의 산물이며 자연선택의 관점에서 순결, 부정행위, 살인 등 각기 다루는 문제마다 최적화된 반응을 보인다"고 주장한다. 하지만 가자니가는 이렇게 평해. "다른 이론가들은 인간이 경험과 문화를 통해서 사회집단의 규칙에 따라 행동하는 법을 배운다고 주장한다. 의식적 지식을 축적함에 따라 우리 뇌의 결정 네트워크는 여러 행동에 따르는 다양한 손실과 이득을 배우고, 전통적인 학습 패턴을 거쳐 도덕적 행동을 하게 된다. 이 견해의 지지자들은 사회적 환경이 도덕적 행동의 발달을 이끌어낸 주된 요인이라고 본다."[11] 이것은 아얄라의 견해와 상당히 유사해 보인다. (하지만 가자니가의 느슨한 언어 사용이 염려가 되는구나. 인간의 뇌는 물리적 기계야. 손실과 이익에 대해 배우는 것은 뇌가 아니라 인간이다.)

가자니가의 결론을 들어 보자.

뇌가 어떤 작용을 통해 도덕적 행동을 만들어 내는지 이해하는 데에 최근 이런 진전이 있었다 해도, 사람들의 행동에 책임을 묻는 일의 가치가 의문시되거나 한물간 것이 되지는 않는다. 자유의지 등에 관한 끝없는 역사적 논의는 이 문제에서 거의 또는 전혀 의미가 없다고 할 수 있지만, 우리는 정신적 주체이지 뇌 활동의 부속물에 불과한 존재는 아니다. **우리는 마음이 뇌에서 어떻게 나오는지 이해하기 시작하면서, 마음이 어떻게 뇌를 제약하는지도 깨닫고 있다.**[12]

벤   감사해요 교수님. 처칠랜드와 가자니가의 견해를 요약해 주신 부분이 도움이 되었어요. 다른 신경과학자들은 이 문제에 대해 어떻게 생각하나요?

말콤   심포지엄에서 제기된 질문에 대해 신경과학자 안토니오 다마지오는 "그렇기도 하고 아니기도 하다"고 답변했어. **그렇다**는 것은 "우리가 참으로 도덕적이라 부를 수 있는 행동들은 어떤 단계에서는 이성의 작용에 의존한다"고 보기 때문이야. **그렇지 않다**는 것은 "도덕적 행동이건 아니건, 매 순간의 행동이 반드시 이성의 통제를 받지는 않기 때문이다. 이성이 행동 전의 심사숙고와 행동을 수행하는 통제 시스템의 강화에 일정한 역할을 하기는 하지만 말이다."[13]

벤 그 심포지엄에 참석한 신경과학자들과 심리학자들이 정신병리학도 논의했는지 궁금해요. 수업 시간에 교수님 한 분이 사이코패스들의 뇌와 보통 사람들의 뇌를 비교하는 뇌 스캐닝 연구 결과에서 나온 사진들을 보여 주셨거든요. 도덕적 결정을 내려야 하는 상황에서 두 집단의 뇌는 분명한 차이를 보이더라고요. 사이코패스들의 뇌가 보통 사람들의 뇌와 다른 경우가 있다는 것이 증거로 드러난다면, 그들의 행동과, 그들은 옳다고 여기지만 우리는 받아들일 수 없는 도덕적 결정에 대해 책임을 물을 수 있을까요? 이것은 '우리에겐 원하는 대로 행동할 완전한 자유가 있고 우리의 모든 행동에 대해 완전히 책임을 져야 한다'고 말하고 싶어 하는 사람들이 풀어야 할 핵심 문제인 것 같아요.

말콤 해당 심포지엄은 정신병리학 문제도 다루었어. 심리학자 조나 레러(Jonah Lehrer)는 사이코패스들의 두드러진 특징 하나가 사회적으로 널리 받아들여지는 도덕적 판단에 대한 무관심이라고 지적했지. 그는 사이코패스들의 무엇이 잘못되었는지 물었어. 그는 그들이 탁월한 언어능력을 갖춘 머리가 좋은 사람들이라는 데 주목하면서 이렇게 질문했지. "왜 사이코패스들은 자신의 목표를 달성하기 위해 폭력을 사용할 가능성이 훨씬 높을까? 수감자들 중 그들의 비율이 압도적으로 높은 이유는 무엇일까? 이 질문에 대한 답은 마음속 도덕성의 구조에 주목하게 만든다. 사이코패스들의 멀쩡한 지능이 치명적인 문제점을 숨기고 있기 때문이다. 그들은 뇌의 정서적 부분들이 손상되었기 때문에 위험한 존재가 되는 것이다."[14]

이것은 적절한 지적이야. 아얄라의 주장에 따르면 뇌가 진화 및 발달한 결과, 인간이 뛰어난 지능을 갖게 되었지만 레러는 뇌의 감정 관할 부위가 손상되면 지능이 아무리 뛰어나도 도덕적 행동을 장담할 수 없다는 사실을 지적하기 때문이지. 레러는 이렇게 썼어. "사이코패스의 뇌를 들여다보면 말 그대로 감정을 찾아볼 수가 없다. 겁에 질린 표정을 보고 난 후, 보통 사람은 뇌의 감정 부위가 크게 활성화되는 것을 볼 수 있다.…하지만 사이코패스의 뇌는 겁에 질린 얼굴을 보고도 철저히 무심하게 반응한다. 그들의 감정 조절 영역은 동요하지 않고, 얼굴 인식 시스템은 멍한 표정보다 겁에 질린 표정에 더 반응이 없다. 그들의 뇌는 두려움의 표현에 지루해한다."[15]

레러는 더 나아가 이렇게 말해. "신경과학자들은 사이코패스의 뇌를 규정하는 구체적인 결핍을 이제 막 파악하기 시작했다." 그리고 이렇게 덧붙여. "다시 말해, 그들이 가장 기본적인 도덕적 개념들을 이해할 수 없는 이유는 합리성의 결핍이 아니라 **감정의 부재** 때문이다."[16]

벤   감사해요. 정신병리학에 대한 내용은 수업 시간에 배운 내용과 일치하네요. 교수님은 이 모든 것을 어떻게 생각하세요? 동물들 사이에 모종의 도덕성이 있다는 증거가 인간의 특수성을 훼손한다고 보세요? 성경을 포함한 다른 분야와 비교할 때 인간의 특수성을 연구하는 데 과학이 어떻게 기여할 수 있을까요?

말콤   내가 장담하는데 말이다, 과학자들 사이에서 인간의 특수성에 대한 과학적 연구는 앞으로도 계속될 거야. 앞서 예를 들었지만, 생의학 분야에서 적절히 진행되는 이 연구는 인간의 행복에 크게 기여할 잠재력이 있어. 인간의 특수한 표지에 대한 연구는 많은 놀라운 발견으로 이어질 거야. 하지만 인간과 동물 사이의 모호한 경계라 부를 만한 것이 등장한다 해도 그리스도인들과 종교적 인생관을 가진 사람들이 걱정할 일은 없을 거란다. 신을 믿지 않는 많은 이들도 인간이 폭발적 학습 발달, 철학, 문학, 음악, 미술, 과학, 종교 등의 관점에서 특별하다는 사실을 암묵적으로 받아들이기 때문이지. 어쩌면 최근에 이룬 과학 발전의 일부 성과는 사고 능력이나 추론 능력을 인간이 특수하다는 근거로 삼지 않도록 경계하는 것일지도 몰라. 사고와 추론이 무엇인지를 정의하는 방식에 따라 달라지겠지만, 그 둘은 기초적인 형태로나마 동물들에게서도 볼 수 있어. 내가 볼 때 이것은 그리스도인들에게 큰 문제가 되지 않아. 우리 그리스도인들에게 인간의 특별함은 신경생물학적 관찰이 아니라 신학적 전제에서 나오기 때문이야.

언론이 동물 행동의 연구 분야에서 이루어진 발전을 보도하면서 대중적 과장을 일삼는 행태에 대해서는 성실한 과학자들처럼 우리도 우려할 수 있어. 그래야 마땅하지. 나는 우리 그리스도인들이 진화심리학의 발전에 마음을 활짝 열어야 한다고 생각해. 무턱대고 다 믿으라는 게 아니라 분별력을 발휘하면서 그 안에서 놀라운 창조 세계에 드러난 창조주의 위대함을 가리키는 새로운 표지를 보라는 거야.

도덕적 행동에 대해서는, 도덕적으로 행동할 능력이 인간 뇌의 진화 과정을 따라 진화했다는 사실을 부인할 필요가 없어. 특정한 도덕률의 내용은 문화권마다 다르지만, 내가 언급했던 심포지엄의 일부 참가자들은 여러 해 전에 C. S. 루이스가 제안한 견해, 즉 다양한 도덕률을 관통해서 그가 '옳고 그름의 보편적 법칙'이라 부른 공통적인 줄기가 있다는 견해를 다시 한 번 강조했어.

히브리-기독교 전통에 속한 우리에게 도덕률의 근거는 하나님이 여러 세기에 걸쳐 선택된 개인들을 통해 줄곧 말씀하셨고, 예수 그리스도를 통해서 탁월하게 말씀하셨다는 믿음에 있어. 예수 그리스도를 통해 우리는 그리스도인이 본으로 삼아야 할 도덕률에 대한 자세한 가르침을 받았을 뿐 아니라, 그 가르침이 예수 그리스도의 삶과 죽음에서 전무후무한 방식으로 구현된 것을 매우 명확하고 쉽게 알아볼 수 있지. 말보다 행동이 훨씬 더 크게 다가오는 법이잖아.

아가페 사랑의 실체를 확증하기 위해서 비인간 영장류에게서 창발적으로 나타나는 이타성이나 희생적 행동의 요소들을 부인할 필요는 없어. 우리는 아가페 사랑이 예수 그리스도의 자기희생과 비움 안에서 탁월하고 유일무이하게 드러났다고 믿으니까.

예수 그리스도의 발자취를 따라간다고 주장하는 많은 사람에게 남아 있는 과제는 따로 있어. 그리스도의 본을 따르고 우리 자신을 드러 미약하게나마 삶에서 아가페 사랑을 더 구현하려 노력하는 것이지.

11
이타주의, 이타적 사랑과
아가페의 차이가 무엇인가

벤   이타주의는 동물과 사람 모두에게서 관찰되기 때문에, 적어도 이타주의의 관점에서는 인간이 미화된 동물에 지나지 않는다는 결론을 내리는 게 왜 잘못인가요? 모종의 이타주의가 성경의 가장 큰 두 계명 중 하나인 이웃 사랑의 두드러진 특성이라고 한다면, 그런 결론은 꽤 중요한 쟁점이 되지 않나요?

말콤   이타주의 이야기는 새로운 것이 아니야. 다른 사람이 처한 곤경에 감정이입을 하게 되면 흔히 동정심이 우러나고 이타적인 행동이 나오지. 다른 사람이 생각하고 느끼는 바에 반응할 수 있는 거야. 이것은 앞에서 다룬 '마음읽기'와 이어져. 내 동료 앤드루 화이튼의 말을 인용해서 이 내용을 다시 정리해 보마. "마음이론은 '알기'와 '믿기' 같은 심적 상태를 근거로 하며 우리의 행동과 다른 사람의 행동을 이해하고 설명하는 데 사용하는 일상의 심리학을 말한다."[1] 우리 인간은 다른 사람의 행동에 대한 판단을 근거로 그들의 심적 상태를 추정하는 못 말리는 성향이 있는 것 같아. 우리가 볼 때 사람들이 원하는 것과 그들이 알거나 모르는 것을 토대로 그들의 행동을 파악하는데, 인지과학에서는 이런 능력을 '마음이론'이라고 부르게 되었어.

마음읽기에 쓰일 가능성이 있는 뇌 메커니즘이 영장류 사이에서 발견되면서 신경과학, 진화심리학, 사회적 인지 사이에 자연스럽게 다리가 놓이게 되었지.

마음읽기는 그 역사가 25년이야. 이탈리아 파르마 대학의 자코모 리촐라티(Giacomo Rizzolatti)와 그의 동료들은 원숭이 뇌의 전두엽에서 이전에 관찰되지 않았던 기능적 특성들을 지닌 뉴런을 발견했다고 보고했지.[2] 이 신경세포의 특이한 점은 원숭이가 특정한 행동을 시작할 때뿐 아니라 다른 원숭이가 동일한 행동을 시작하거나 하고 있는 것을 볼 때도 활성화된다는 데 있었어. 연구자들은 이 신경세포를 '따라쟁이 세포'(monkey see monkey do cells)라고 불렀단다. 이 특이한 뉴런은 원숭이들이 일반적인 시각 자극을 접했을 때는 반응하지 않다가, 인간 실험자나 다른 원숭이가 손이나 입을 가지고 하는 목표 지향적인 행동을 볼 때만 활성화되었지. 리촐라티와 공동으로 연구를 진행한 비토리오 갈레세(Vittorio Gallese)는 이 거울뉴런이 하는 일이 마음읽기 과정의 바탕이 될 것이라고 추측했어. 거울뉴런은 이타주의와 관련이 있어. 우리는 다른 사람의 괴로움을 알아볼 때 그의 마음을 읽고 공감을 하고 그에 따라 행동할 수 있기 때문이야.

어려움에 처한 다른 사람을 도와주는 인간의 행동이 동물들 사이에도 분명히 있는 것 같아. 비그리스도인 동료들은 이를 보고 인간은 고등동물에 "불과하다"는 결론을 내리기 때문에 일부 그리스도인들이 염려하지. 흔히들 다른 사람의 곤경에 공감하는 능력이 자연스럽게 이타적인 반응을 불러일으킬 거라 생각해. 1950년대 이전에는 공감(empathy) 대신 동정(sympathy)이라는 말을 사용했어. 동정은 다른 사람의 고통을 인지하고 그의 상황을 안쓰럽게 여기는 것을 말해. 지난 반세기 동안 공감의 의미로 쓰인 동정 연구가 실험실에서 이루어졌고 진화심리학자들의 현장 연구 대상이었어. 요즘은 놀랄 만한 일화적 증거가 나오면 통제 관찰로 보완하지. 그 결과, 오늘날 대부분의 연구자들은 유인원들이 인간을 제외한 대부분의 동물들보다 다른 유인원의 감정 상태를 훨씬 잘 평가한다고 믿게 되었어.

기본 개념은 새로운 것이 아니야. 찰스 다윈은 공감이 인간 이외의 종들에게도 어느 정도 존재한다고 말했지. 오늘날에는 이타적 행동은 곧 공감 능력이 있음을 의미하고, 공감 능력은 상대가 처한 상황이나 곤경을 보고 나타나는 마음읽기 능력에 달려 있다는 주장이 나오고 있어. 인지적 공감은 다른 이의 괴로움을 인지의 도움으로 이해하고 특정한 감정을 갖게 되는 것을 뜻해. 정리하면, 이타적 행동을 한다는 것은 공감 능력이 있다는 뜻이고, 공감 능력은 다시 마음읽기 능력에 달려 있다는 거지.

오늘날 진화심리학자들과 신경과학자들은 진정한 공감을 진화론적 의미에서 새로운 인지적 기능이라고 본단다. 그렇게 생각하면 공감은 높은 수준의 인지 테스트를 통과할 수 있는 특정한 동물과 인간(인간도 흔히 일정 연령을 넘어서야 통과할 수 있어)만의 전유물이 되는 거야.

신경과학적 증거를 봐도 이런 공감 능력 중 상당수는 리처드 번이 보여 준 대로 영장류 진화사에서 과도하게 확장된 전전두피질이 수행한다고 짐작할 수 있어. 적어도 부분적으로는 그렇지.

공감 능력의 신경적 기초에 대한 추가 단서는 전전두피질이 손상된 환자들과 공감 표현 능력에 장애가 있는 환자들, 흔히 말하는 '소시오패스'(sociopathy, 반사회적 인격장애자) 연구에서 볼 수 있어. 공감에는 사회적 요소가 있는 것이 분명해. 그것이 무엇이며 어떻게 작용하는지가 문제일 뿐이야. 영장류의 사회 세계는 믿을 수 없을 만큼 복잡하기 때문이지.

벤   진화론적 시각에서 바라보면 이타주의는 자연선택을 통해 생겨난 것이죠? 하지만 그렇게 보면 문제가 있지 않나요? 자연선택의 동력은 적자생존인데 자신을 희생시켜 다른 이들을 구하는 '이타적' 동물들은 유전자를 어떻게 퍼뜨렸을까요? 진화론의 예측과 모순되는 내용 아닌가요?

말콤   그래. 자기희생적 행동으로 보이는 인간과 동물의 행동은 이타적 행동의 사례야. 그럼 진화론은 네 질문에 어떻게 답할까? 첫째, 진화론은 이타주의자의 개별적 생식에 드는 비용이 이타주의자 유전자의 복제본을 가진 그 친척들이 생식에 성공하며 거두는 이득보다 더 크다면, 이타주의를 선호하는 유전자가 미래 세대에 퍼질 수 있다고 주장해. 이른바 '혈연선택'(kin selection)이지. 둘째, 진화론은 이타주의가 충분한 보답을 받으면 이타주의를 선호하는 유전자가 퍼질 수 있다고 봐. '호혜적 이타주의'(reciprocal altruism)지.

첫 번째 메커니즘을 보여 주는 사례들은 동물의 왕국에 널리 퍼져 있어. 가장 극단적인 형태는 예상대로 같은 혈족끼리 군체로 모여 사는 사회적 곤충인 벌과 개미 등의 특이한 종들에게서 볼 수 있지. 눈에 가장 잘 띄는 사례는 꿀단지 일개미야. 놈들은 개미둥지의 천장에 매달려 꿀 용기 또는 저장통 역할을 하는데, 일부 일개미들이 몸 안에 꿀을 채워서 천장에 달려 있다가 필요하면 군체가 그것으로 연명하는 거야. 개미 하나하나로 놓고 보자면 자기희생이지! 호혜적 이타주의의 사례는 훨씬 드문 것 같아. 인간을 제외하면 겨우 손에 꼽을 정도야. 고전적인 사례는 피를 구하지 못해서 굶어 죽을 위기에 처한 흡혈박쥐에게서 찾아볼 수 있어. 그런 상황에 처한 흡혈박쥐는 혈연관계가 아닌 서식처의 동료 박쥐에게서 피를 얻고, 다른 날 밤에 은혜를 갚는다고 해.

이 두 사례 모두 경고가 따라붙어야 한단다. 두 행동이 유사하다고 해서 그 근저의 메커니즘까지 유사하거나 동일하다는 보장은 없다는 것이지. 대표적인 진화심리학자 프란스 드 발은 이타적인 행동 또는 전통적으로 개인이나 집단 안에 있는 도덕감각의 증거로 여겨졌던 기타 행동을 이해하는 데 유용한 글을 썼어. 드 발은 그의 책 「인간 및 다른 동물들의 옳고 그름의 기원」에서 생각 없는 환원주의를 경고했어. "다른 동물들이 인간의 도덕적 행동에 버금가는 방식으로 행동한다 해도, **그 행동이 반드시 우리와 같이 심사숙고를 거친 결과라고 볼 수는 없다.** 동물이 다른 동료들의 권리를 염두에 두고 자신의 이익을 가늠하고, 사회의 더 큰 선을 생각하고, 해서는 안 될 일을 했다며 평생 죄책감을 느낀다고 믿기는 어렵다." 그의 말은 이렇게 이어지지. "의도와 감정을 전달하는 것과 무엇이 옳고 왜 옳은지, 무엇이 틀렸고 왜 틀렸는지 명확하게 파악하는 것은 별개의 일이다. 동물은 도덕철학자가 아니다."[3] 도덕감각에 대해 그는 뒤에서 이렇게 썼어. "인간의 도덕감각은 진화 역사의 저 앞에 있는 다른 종들에서 그 조짐을 볼 수 있다. 이 사실은 인간의 본성이 악하다고 욕을 먹기는 해도 그 중심에 도덕이 확고히 자리잡고 있음을 알게 해준다."[4]

여기서 명심해야 할 반복되는 메시지가 있어. 이데올로기적 의도에 맞추기 위해 복잡한 과학적 사안들을 과도하게 단순화시키는 것은 전혀 과학적이지 않다는 거야. 생각 없는 환원주의는 경우에 따라서 부담스러운 과학적 문제들에 직면하는 것을 회피하려는 게으름의 소산이 될 수도 있다.

하버드의 이론생물학자 마틴 노왁(Martin Nowak)은 최근 첫 번째 대중서 「초협력자」(*Super Cooperators*, 사이언스북스)를 출간했어.[5] 그는 협력을 이끌어낼 수 있는 다섯 가지 메커니즘[직접 호혜성(상대방의 협력이나 배반에 대한 맞대응), 간접 호혜성(집단 내 평판의 힘에 의한 이기심 제어), 공간 게임(협력은 특정 공간을 전제할 때 더 잘 일어난다. 평소 안면을 익힌 이웃에게 공구를 빌리기가 더 쉽다), 집단 선택(배신자들만 모인 집단은 협력자들로 이뤄진 집단을 이길 수 없다), 혈연 선택(혈연관계가 강한 이들과는 협력하기가 쉽다)-역주]을 제시하는데, 모두 동물의 왕국에서 어느 정도 찾아볼 수 있는 것들이야. 하지만 그는 이렇게 덧붙이지. "어떤 동물 종도 그 메커니즘을 인간 사회에서 볼 수 있을 정도로 활용하지는 못한다. 우리와 가장 가까운 친척인 유인원들도 완전히 발달한 언어가 없고 간접 호혜성을 기대할 온전한 잠재력을 갖추지 못했다."[6] 간접 호혜성에서 기대하는 유익인 평판은, 개인이 다른 이들의 경험을 고려함으로써 얻을 수 있기 때문이야. 간접 호혜성 자체가 과거의 행동을 평가하고 전달할 수 있을 정도의 추상적 사고 능력이 있어야만 가능한 것이거든. 노왁은 수학적 모델을 통해 직간접 호혜성이 있는 상황에서 최고의 자세는 "희망을 품고 너그럽게 대하며 용서하는" 것임을 보여 주었어. 바로 이타주의의 구성 요소들이지.

벤   환원주의에 대해 거듭 강조하시네요. 행동을 이해하려 할 때는 더 낮은 층위로 내려가는 것이 유익하지 않을까요? 예를 들어, 특정 유형의 행동과 분명히 이어진 유전적 요인을 찾을 수 있다면 그것은 아주 중요한 정보잖아요. 제가 알기로 자폐증과 정신분열증 같은 증상의 신체적 기반을 이해하는 데서 그런 접근법이 이미 성과를 거두고 있거든요.

말콤   정당한 질문이구나. 자기 증여적인 행동을 판단할 때는, 자기를 내어 주고 제한하는 행동에 **영향을 끼치는** 유전적 요소와 그 행동이 유전적으로 **결정된** 것이 아니라는 증거를 나란히 두고 검토해야 해. 자기 증여의 표현 방식은 우리가 매 순간 내리는 개인의 선택에 따라 결정되고, 그 선택은 우리의 행동에 촉매 작용을 할 뿐 아니라 우리가 속한 공동체에서 목격하는 자기 증여의 모습에 영향을 받아.

그래서 증거를 보면 비인간 영장류에게서 자기를 내어 주고 제한하며 희생하는 행동이 초보적인 형태로 분명히 나타나는 것 같더라도, 어설픈 사고방식에 사로잡혀 표면적인 행동들 사이의 유사성만 보고 기저의 메커니즘까지 같다고 생각하는 일이 없도록 경계를 늦추지 말아야 해.

이제 이타적 행동에 대한 네 질문으로 돌아가 그것을 지지하는 증거를 어떻게 평가해야 하는지 생각해 보자. 한 세기 전, 브리스틀의 심리학자 로이드 모건(Lloyd Morgan) 교수는 동물의 행동에 대해 동물이 인간이라도 되는 것처럼 설명하는 일의 잠재적 위험을 깨달았어. 그는 언제나 가장 단순한 설명을 찾아야 한다고 믿었지. 그는 우리가 따라야 할 지침으로 '로이드 모건의 준칙'(Lloyd Morgan's Canon)을 제시했는데, 그 내용은 이렇단다. "심리학적 척도에서 낮은 수준의 심적 능력의 산물로 설명이 가능한 행동을 더 높은 수준의 심적 능력의 산물로 해석해서는 안 된다."[7] 사실상 가끔은 환원주의에 합당한 자리가 있음을 말하고 있는 거지. 이것과 정반대되는 것이 동물의 행동을 인간의 행동인 것처럼 논하려는 끈질긴 유혹이야. 프란스

드 발은 이렇게 경고했어. "과학자의 궁극적 목표는 인간의 감정을 동물에게 만족스럽게 투사하는 것이 아니라, 시험 가능한 개념과 재현 가능한 관찰 결과에 이르는 것이다. 따라서 의인화는 과학, 수학, 의학 모두에서 직관과 같은 탐구적 기능을 담당한다."[8] 데이비드 마이어스가 기록한 대로, 직관에는 강력한 힘이 있지만 나름의 위험성도 있지.[9]

그러나 이 영역에서의 연구는 빠르게 진행되고 있어. 2011년에 출간된 미국국립과학원 회보에 실린 논문을 읽었는데, 제목이 "친사회적 인간 감정의 진화론적 토대"였지. 이제 이타주의를 "친사회적 인간 감정"이라고 표현하는 게 흥미롭지 않니? 이 논문의 요지는 영장류 전체를 놓고 볼 때 이타주의를 유발하는 동인에서 근본적 차이가 있을 수 있다는 걸 인정해야 한다는 거야. 그리고 이것은 우리가 어떻게 해서 논문의 표현대로 "그런 특이한 유인원"이 되었는지 한 걸음 더 나아간 질문을 제기하지. 논문 저자들은 인간과 비인간 영장류 모두 일상생활에서 사회적 관계가 아주 중요하다고 지적해. 사회적 관계가 이런저런 만성 스트레스에 대처하는 데 도움이 된다는 거지. 저자들은 주의를 기울이며 다음과 같이 언급하더구나. "인간과 다른 영장류 사이에는 협력 패턴과 사회적 유대의 상관관계에서 흥미로운 유사성이 있지만, 협력의 범위에서 중요한 차이점도 여럿 있다."[10] 이런 차이점들을 면밀히 살피는 연구에 여유 있는 방식으로 참여할 수 있어야 한다는 게 중요하단다.

이타주의와 상호 협력이 비인간 영장류의 삶에서 중요한 역할을 한다고 해도, 이타적 행동 범위에서 인간과 다른 영장류가 중요한 차이를 보인다는 사실을 기억한다면 그리스도인들에게 문제될 것은 없어. 한 가지 흥미로운 점은 비인간 영장류의 이타주의는 혈연과 호혜적 상대에게 강하게 쏠려 있다는 것이지. 그들의 이타주의가 낯선 대상을 향해 표현되는 경우는 없어. 이 대목에서 낯선 사람들에게 관심을 가져야 한다는 그리스도인의 최우선적인 의무가 떠오르는구나. 차이점은 또 있어. 인간과 달리, 비인간 영장류는 가용 자원을 자기들만 유리하도록 불공평하게 분배하는 데 어떤 거부감도 없단다. 다시 말해, 이기심을 별 무리 없이 받아들이는 것 같아. 이것은 기독교의 가르침에 정면으로 위배돼.

그리스도인은 이타적 행동의 발달 과정을 살피는 연구가 자신의 전문 영역에서 이루어진다면 거기에 얼마든지 열정적으로 참여할 수 있어. 그러나 기독교의 핵심인 아가페 사랑으로 집약된 특별한 이타적 행동이 일반적인 이타적 행동에 불과한 것처럼 생각하는 어리석음은 피해야 하겠지. 분명한 차이가 존재하는 지점에서 차이를 무시한다면 과학은 진보할 수 없어. 과학은 그 차이 배후에 놓인 이유를 알고 싶어 하지. 그 차이점들에는 어떤 의미가 있을까?

벤 이타주의, 이타적 사랑, 기독교에서 말하는 아가페 사랑이 어떤 점에서 유사하고 어떻게 다른지 신중히 검토해야 하지 않나요? 세 가지를 명확히 구분하도록 도와주세요.

말콤 **이타주의**는 다른 사람들의 행동이나 동기를 존중하는 것을 말해. **이타적 사랑**은 이타주의에 진한 긍정적 감정을 덧붙인 것이지. **아가페**는 이타적 사랑을 인류 전체로 확장한 것이야. 하지만 그것이 전부는 아니야. 아가페는 신약성경 저자들의 의도로 아주 특별한 쓰임새를 갖게 되었어. 신약성경에서 **아가페**는 그리스도가 십자가에서 자신을 내어 줌으로써 더없이 분명하게 드러낸 무한한 이타적 사랑을 말하는 그리스어 단어야. 유대교와 불교, 기타 위대한 종교 전통에서도 아가페와 어느 정도 비슷한 개념들을 찾을 수 있어. 예를 들어 간디는 비폭력을 가르치면서 보편적 사랑의 법칙이 인간 본성에 내재하지만 "신의 사랑에 대한 살아 있는 믿음을 가진" 사람들만 그것을 온전히 실현할 수 있다고 말했지. 유대교 전통에서는 위대한 의사 마이모니데스가 중세의 맹세를 하며 이렇게 말했어. "늘 의술에 대한 사랑으로 행동하게 하소서. 탐욕이나 인색함, 영광이나 명성에 대한 갈망이 내 마음을 사로잡지 않게 하소서.…그리하여 환자의 모습에서 고통받는 인간만을 보게 하소서."

기독교 전통에서는 은혜가 아가페 사랑의 주요한 특징이야. 철학자 찰스 테일러는 이렇게 썼어. "원래 기독교에서 말하는 아가페 개념은 인간에 대한 하나님의 사랑인데, 이것은 피조물로서 그들이 가진 선함과 이어져 있다(그들이 선하기 때문에 사랑을 받는지 사랑받기 때문에 선한지 결정할 필요는 없다). 인간은 은혜를 통해 이 사랑에 참여한다. 하나님은 피조 세계를 선하다고 인정하셨는데, 창세기 1장에서 창조의 매 단계마다 반복되는 "하나님이 보시기에 좋았더라"에 이 점이 잘 드러나 있다. **아가페**는 그런 "좋게 보심"과 분리될 수 없다."[11]

우리는 인간들에게 이타적 사랑을 기대하지. 이 사랑이 부모 자식 관계에서 거의 보편적으로 나타나는 것을 보면 부모 쪽에서 의식적으로 노력한 결과가 아님을 알 수 있어. 홈스 랠스턴(Holmes Ralston)은 이타적으로 행동하고 공감하는 능력은 인간 진화에서 결정적인 새 전환점이며, 이 능력이 인간의 사랑이라는 새롭고 더 높은 가락으로 조옮김되면서 이타적 사랑의 이상이 자리를 잡고 실천된다고 말했어.[12]

돈 브라우닝 같은 일부 철학자들은, 진화심리학을 통해 얻은 이타적 행동에 대한 새로운 통찰을 계기로 일부에서 몇 세기 전 토마스 아퀴나스가 제시했던 강조점들을 재발견하고 있다고 주장했지. 아퀴나스는 나름의 혈연 이타주의와 혈연 선호 이론을 갖고 있었어. 그는 그것이 부모의 사랑과 기독교적 사랑을 이해하는 데 도움이 된다고 생각했어. 아퀴나스는 「신학대전」(Summa Theologica)에서 인간이 자녀를 사랑하는 데는 두 가지 상호 강화적인 이유가 있다고 썼지. 첫째, 자녀는 부모라는 존재의 확장이기 때문이다. 둘째, 자녀는 하나님의 선을 반영하기 때문이다.[13] 찰스 다윈이 등장하기 오래전부터 생물학적 기능주의(biological functionalism)의 입장과 신적 초월성의 입장이 아퀴나스의 사상에 이미 공존하고 있었던 거야. 프란스 드 발도 호혜적 이타주의가 신학자들이 정의하는 자기희생적 사랑의 여러 특성과 비슷할 때가 있다고 말하지.

어쩌면 여기에 우리 모두가 배워야 할 교훈이 있는지도 모르겠다. 우리는 진화심리학자로서 형이상학적 문제들에 불가지론적 입장을 취하거나 침묵할 준비를 해야 하고, 그리스도인으로서 인간 행동의 귀중한 측면들에 대한 자연주의적 설명을 두려워하는 마음을 떨쳐 버려야 해. 진화심리학적 시각과 기독교 윤리적 시각 모두 둘 사이의 공통 기반에 초점을 맞추되, 두 언어를 부적절하게 뒤섞는 오류는 피해야겠지.

벤 두 언어를 생각 없이 뒤섞는 위험에 대한 요지는 알겠어요. 그런데 다른 질문이 있어요. 우리가 이타주의를 (그리고 기독교적 맥락에서 아가페 사랑을) 실천할 수 있는 이유는 각자가 물려받은 성격특성과 타고난 특징 때문일까요, 아니면 친사회적 행동으로 습득해서일까요? 학교 교수님 한 분은 가장 많이 연구된 성격특성 중 일부가 유전적 요소를 갖고 있음이 드러났다고 하셨거든요.

말콤   마이클 맥컬로우(Michael McCullough)는 최근 이 문제에 관한 연구 문헌을 검토하고 나서, 기존 연구 문헌의 가장 두드러진 테마는 '이타적 행동을 결정하는 요인은 복합적이다'라는 사실에 분명한 증거가 있다는 점이라고 결론내렸어.[14] 성격특성들에 대한 지식은 이타주의의 토대를 이루는 구성 요소를 제공한단다. 그러나 이런 특성들이 성별, 문화, 종교 같은 온갖 것들과 결합하게 되면 이타적인 방식으로 행동하는 일반 학습 성향에 영향을 끼치지.

이타주의를 촉진하는 듯 보이는 성격특성들은 이타주의를 발휘할 대상이 혈연인가 아닌가에 따라 달라진다는 게 연구 결과 드러났어. 이런 맥락에서 사회심리학자들은 이타주의를 '친사회적 행동'이라 부르고, 우리가 가까운 친척(혈연)이나 일반 사람들(비혈연)에게 친사회적 행동을 한다는 것을 발견했지. 이 두 가지 행동은 비슷한 성격 기질과 상이한 성격 기질 모두와 관련이 있어.

사람의 이타적 행동이 유전적 요소에 영향을 받는지 알아보기 위해 839쌍의 쌍둥이를 대상으로 연구를 했는데, 그중 509쌍은 일란성 쌍둥이였고 330쌍은 이란성 쌍둥이였지. 연구 결론 중 하나는 소위 '정서적 공감'(affective empathy)을 보여 줄 가능성에 유전적 요인이 상당한 작용을 하는 것 같다는 거였어.[15]

다른 연구에서, 연구자들은 돕는 행동을 할 가능성과 성별의 연관성을 연구한 172건의 연구 결과를 분석했어. 그들은 이렇게 결론을 내렸어. "돕는 행동의 성별 차이에 대한 메타 분석적 검토 결과, 일반적으로 남자들이 여자들보다 많이 돕고 여자들이 남자들보다 도움을 많이 받는 것으로 드러났다."[16] (이것은 내 직관에 어긋나는 결론이었는데, 너도 그러니? 하지만 내 자연적 직관이 틀린 경우가 어디 이것뿐이겠니.)

도움을 주고받는 것과 도움의 중요성, 그리고 성격 사이에 어떤 연관 관계가 있는지 포괄적으로 연구하는 또 다른 연구진은 전 세계 여섯 국가에서 자료를 모았어. 그 연구의 한 가지 결론은 이거야. "성별은 이타주의를 측정하는 한 가지 척도가 되는데, 거의 모든 부분에서 남자가 여자보다 더 이타적인 것으로 드러났다."[17]

남녀가 섞인 일란성 쌍둥이와 이란성 쌍둥이 500쌍 이상을 살펴본 또 다른 연구에서는 여자들이 남자들보다 이타주의에서 더 높은 점수를 받았어. 전반적으로 이 연구는 이타주의를 측정하는 기준에 강한 유전적 요소가 있고, 이 부분에서는 남녀 모두 동일하다는 사실을 확증해 주었어.[18]

하지만 또 다른 연구를 보면 이런 문제들에 대한 추가 지식을 얻으려고 할 때 만나게 되는 연구 상황의 복잡함을 알 수 있지. 열 개의 성격 분리 변수와 친사회적 행동을 보여 줄 가능성 사이의 관계를 살핀 한 연구는 문제 상황의 유형에 따라 연관성이 달라진다는 결론을 내렸어. 이 연구는 동일한 성격특성이 남성과 여성에게 각기 다른 방식으로 작용한다고도 했지. 이 모든 연구 결과는 이 문제를 지나치게 일반화하면 안 된다고 경고하는구나. 이타적 행동의 표현에서 유전적 요인 가능성에 너무 몰두하면 사람이 처한 상황과 사회 계급이 이타적 행동 가능성에 상당한 영향을 끼칠 수 있다는 것을 무시하기 쉬워. 그러나 상황과 사회계급 모두 이타적 행동에 영향을 주는 것으로 드러났어.[19]

내 대답이 너무 장황해서 네가 질문한 걸 후회할까 봐 걱정이 되는구나. 아주 중요한 질문이고 일부 그리스도인들이 염려하는 문제일 수 있어서 그런 거니까 이해해 주렴. 네 질문은 각 개인이 그리스도인답게 행동하는 능력이 그가 물려받은 특성에 의존하는가, 만약 그렇다면 어느 정도 의존하는가 등의 질문으로 되돌아가지. 내 생각에 기독교적 관점에서 볼 때 우리 모두가 성격 같은 부분에서 똑같이 창조되었다고 믿을 근거는 전혀 없어. 사도 바울은 각 사람이 전혀 다르고 여러 다양한 은사를 가졌다고 분명히 밝혔지. 요즘 사도 바울이 고린도의 그리스도인들에게 보낸 편지를 읽고 있는데 자신의 모습과 행동을 뽐내는 사람들을 나무라는 대목을 보았어. 바울은 세상의 기준으로 보면 고린도의 신자들에게 자랑거리가 있을지 모르지만, 그리스도인들은 세상의 기준을 받아들이지 않는다고 말하는구나. 그리스도인들은 그들 자체로는 아무것도 아님을 인정하는 사람들이지. 모든 것을 하나님의 은혜로 받았기에 자신의 성취를 뽐낼 여지가 전혀 없는 거야. 우리 그리스도인들은 모두 다 달라. 하지만 하나님의 사랑에 힘입으면 다름 속에서도 최대한 아가페 사랑을 베풀 수 있단다.

12
언어는 인간만의 고유한 것인가

벤   동물/인간의 유사성과 차이점 얘기가 나온 김에, 이번 주 수업 시간에 나온 주제를 여쭤도 될까요? 지난 반세기 동안 진행된 소위 동물 "언어" 연구에서 나온 증거에 대해 들었거든요. 교수님은 벌의 언어에 관한 평범한 내용을 말씀하신 다음, 지난 30-40년간 침팬지에게 상징을 가르치려 했던 여러 시도에 대해 말씀하셨어요. 침팬지들은 원하는 것을 얻기 위해 상징들을 조합해서 문장 비슷하게 만들어 낼 수 있는 것 같아요. 그렇다면 인간의 또 다른 주요 특징인 언어를 인간의 고유한 것이라고 볼 수 없게 되었다는 뜻일까요?

말콤   만만찮은 수업들을 듣느라 바쁘겠구나! 비인간 영장류의 기초적 언어를 연구하기 위한 새로운 프로젝트가 끊임없이 생기고 있어. 운 좋게도 세인트루이스 대학에서 이 분야를 연구하는 동료가 있지. 이 문제에 대해서는 조금 이따 이야기하마.

동물들에게 인간의 언어를 가르치려는 시도는 많았지만 대부분 성과가 없었어. 동물들이 의사 표현을 할 수 있다는 것은 분명하지. (개를 길러 본 사람이라면 다 알다시피 개는 욕구를 표현할 수 있지만, 상징적 소리들을 이어 문장을 만들지는 못하고 언어 비슷한 것도 가지고 있지 않아.) 침팬지 및 기타 종에게 언어를 가르치려는 시도는 역사가 깊지만 아직 모르는 것투성이야. 20세기에 이런 시도가 줄줄이 이어졌지. 이 중 두 개의 프로젝트에서 연구자들은 아기 침팬지들을 집에 데려다 놓고 친자식 대하듯 길렀어. 어린 침팬지들은 여러 면에서 지성을 보여 주었지만 언어적으로는 그렇지 못했지. 오늘날의 지식으로 보면 놀라운 일은 아니야. 침팬지들은 목소리를 내는 데 필요한 정교한 운동 제어가 안 되고 새로운 소리를 따라 할 수 없다는 것을 이제는 아니까.

이후의 연구들은 미국 수화 체계를 사용해서 어느 정도 성공을 거두었어. 침팬지들은 미국 수화의 몸짓들을 배워 사용했고 시각 상징들을 사용한 질문에 적절히 대응했어. 많은 관심을 끈 한 연구의 주인공 칸지는, 아이들처럼 배우지도 않고 언어 지식을 습득했어. 녀석은 일부 영어 단어를 알아들었고 놀랍게도 일부 문장 규칙까지 이해하는 것처럼 보였지. 두 가지가 분명해졌어. 첫째, 말이 없는 언어가 존재할 수도 있다. 둘째, 알고 보니 칸지는 처음에 생각한 대로 침팬지가 아니라 보노보였다.[1]

현재의 연구는 인간이 말이 아니라 몸짓언어를 쓰던 시기를 거쳐 진화했다는 사실에 더 초점이 맞춰져 있어. 인간 언어의 신경적 기초와 손재주 사이의 정교한 관계가 이 접근법을 뒷받침하고 있지. 실행증(apraxia, 근육의 힘도 정상이고 감각 이상도 없으며, 의식이 멀쩡한데도 어떤 특정한 동작을 수행하지 못하는 상태-역주)과 실어증(aphasia)으로 생긴 유사한 손상이 이것을 잘 보여 주지. 놀랍게도, 대형 유인원의 몸짓 의사소통에 대한 연구는 이제껏 드물었어. 현재 이 주제는 두 연구진이 모든 연구를 도맡다시피 하는데, 독일 라이프치히 대학 연구진과 이곳 세인트앤드루스 대학 연구진이야.

최근 내 동료 클라우스 추버불러(Klaus Zuberbuhler)는 비인간 유인원들에게 의사소통의 의지가 없다고 주장했어. 아이들은 아주 어릴 때부터 당장 별다른 이득이 생기지 않아도 다른 사람들과 정보를 공유하고 싶은 강한 욕구를 드러낸다는 데 주목한 거지. 다른 영장류는 그렇지 않은 것 같아.

클라우스는 이렇게 말해. "원칙적으로, 인간이 내는 소리를 다 낼 법한 침팬지가 소리를 내지 않는 이유는 그 방향으로 진화의 압력이 없었기 때문이고, 침팬지가 할 말이 없는 이유는 얘기하는 데 관심이 없기 때문이다."[2] 그는 인간 진화 과정의 어떤 지점에서 생각을 나누고 싶은 욕구가 발달했고, 그 무렵엔 소리를 감지하고 만들어 내는 기본 시스템을 영장류 유산의 일부로 이미 갖추고 있었을 거라고 생각해. 자연선택으로 생각의 시스템들을 연결시킬 방법만 찾으면 되었다는 거지.

클라우스는 이렇게 덧붙였어. "부동고 침팬지들을 대상으로 연구를 수행한 이후에 이 입장을 다소 수정해야 했다. 이 사실을 염두에 두기를 바란다. 최근, 부동고 침팬지를 연구한 결과, 침팬지들은 상대가 모르는 사건일 경우 다른 침팬지들에게 정보를 전달하기도 했다. 현재 이런 유형의 실험 두 건의 결과를 분석하고 있으니, 가까운 시일 내에 보다 온전한 결과를 전할 수 있을 것 같다."[3] 우리는 이 모든 내용을 토대로 이 분야의 연구가 얼마나 **빠른** 속도로 이루어지고 있는지 기억하고, 이와 관련해서 자극적인 언론 보도가 나올 때 성급한 결론을 내려서는 안 된다는 것을 배워야 해.

벤 대단히 흥미로운 주제네요. 하지만 인간과 동물의 유사성과 차이점을 찾는 이런 연구들이 무엇을 의미하는지 궁금해요. 교수님 생각은 어떠세요?

말콤   우선 이렇게 답할 수 있을 것 같구나. 언어의 기원을 이해하면, 윤리적 의사 결정을 포함해 사색과 합리적 판단, 심사숙고를 수행하는 인간 능력의 창발성을 이해하는 데 도움이 되고 향후 나아갈 방향을 잡는 데도 도움이 되지 않겠니?

2006년에 영국의학아카데미의 연구 그룹이 내놓은 보고서 "비인간 영장류를 사용한 연구에 대하여"[4]에 산뜻하게 정리된 내용으로도 네 질문에 답할 수 있을 것 같다. 인용문 몇 개를 보면 무슨 말인지 알 수 있을 거야. 연구진은 비인간 영장류를 활용한 연구에서 "건강할 때와 질병에 걸렸을 때 뇌가 어떻게 작동하는지에 대한 중요한 발견이 많이 이루어진다고 증언한다. 이런 연구 결과들은 다른 접근법에서 나오는 연구 결과를 보완하고 확장하며, **대체로 다른 방식으로는 얻을 수 없었을 결과물이다**"[5]라고 말했어.

동물 연구가 인간의 건강과 행복에 끼칠 수 있는 잠재적 유익을 보여 주는 인용문은 또 있단다. "인간과 비인간 영장류 모두 신피질의 엄청난 확장으로 척추동물의 뇌 구조에 일어난 주요한 진화론적 변화를 보여 준다.…비인간 영장류의 뇌만이 구조적으로 인간의 뇌와 유사하게 나누어져 있다."[6]

이런 언급들은 동물과 인간의 유사성에 대해 함부로 일반화된 진술을 해서는 안 된다는 사실을 깨우쳐 주지. 그런 진술은 오해의 소지가 있을 뿐 아니라 사실도 아니기 때문이야. 이 보고서는 지능 논의와 관련한 주장도 인용하고 있어. "지능의 진화에 대한 연구의 최신 흐름은 인간과 다른 영장류의 연속성을 더욱 강조하는 것이다. '인간의 뛰어난 지능은 인간만의 "유일한" 특성이 아니라 비인간 영장류에서 발견되는 마음이론, 모방, 언어 같은 특성들의 조합과 향상에서 나오는 듯하다.'"[7]

13
나의 뇌에 '신 영역'이 있는가

벤   최근 수업 시간에 스치듯 들은 말을 계속 생각하고 있어요. 교수님이 얼굴 인식과 언어 이해 같은 기능이 뇌의 특정 부위에 국재화해 있다는 말씀을 하시다가 뇌에서 "신 감지 영역"이 발견되었다는 주장들이 최근에 제기되고 있다고 하셨어요. 이 발견으로 신의 존재에 대한 믿음을 설명할 수 있게 된 건가요?

말콤   '신경신학'의 급속한 발달이 신의 존재를 입증하는 데 도움이 되는지 묻는 사람이 너 말고도 많단다. '신 감지 영역'의 발견이 엔돌핀 수용체의 발견과 비슷하지 않느냐고 물을 수 있겠지. 신경과학자들은 엔돌핀 수용체가 발견되자 엔돌핀이 존재할 거라고 짐작했고, 나중에 정말 엔돌핀이 발견되었잖아.

전에 잠깐 언급했지만, 캐럴 올브라이트와 제임스 애슈브룩의 책「신은 인간의 뇌 어디에 사는가?」가 나오면서 뇌와 종교 체험을 연결시키려는 시도에 대한 폭넓은 관심이 생겨났지.[1] 이 책은 많은 자리에서 논의되었고 뇌 속의 소위 '신 모듈' 탐색이 활발히 이루어지는 데 새로운 추진력을 제공했지. 이 모듈이 우리의 영성을 가능하게 만드는 신경적 토대가 된다고 주장하는 사람들도 있는데, 내가 볼 때는 정당하지 않아. 내가 이렇게 말하는 데는 이유가 있단다. 성경이 전인적 관점에서 기술하는 '뇌, 몸, 마음과 감정을 포괄하는 온전한 존재이며 그래서 참된 영성이 가능한 인간'의 모습은 과학이 그리는 인간의 모습과 일치하고 그것에 힘을 실어 주기 때문이야.

뇌와 영성에 대한 과거의 논의가 이 부분에서 도움이 된다고 본다. 이 주제를 다룬 많은 이들이 다메섹 도상에서 일어난 사도 바울의 체험에서 논의를 출발하지. 그들은 바울이 간질 환자였을 거라고 추측한 다음, 바울의 종교성도 전형적인 간질 환자의 그것이었을 거라고 추정해.

1838년에 에스키롤(Esquirol)은 종교성과 간질의 연관성에 주목했어. 그로부터 2천 년 전, 의술의 아버지 히포크라테스는 간질을 '신성한 질병'이라고 불렀지. 최근의 한 연구로 소위 일부 간질 환자의 '과도한 종교성'이 측두엽 간질이 있는 사람의 특성만은 아니라는 게 드러났어. 게다가 과도한 종교성과 측두엽 간질이 함께 나타나는 개인이 있는 것은 사실이지만, 되풀이되는 측두엽 발작파(發作波)와 과도한 종교성 사이에 직접적인 인과관계는 보이지 않아. 하지만 이런 상황임에도 사람들은 종교적 체험 일반과 특별히 종교적 인식을 뇌의 특정 부위의 선별적 활동과 연결해서 생각하기를 멈추지 않았어.

이와 비슷하게 신체 작용과 영성을 이어서 생각하려는 시도 역시 역사가 깊단다. 골상학이 오늘날의 신경신학만큼 인기를 끌던 약 2세기 전, 생각하는 그리스도인들은 뇌 기능의 국재화에 대한 당시까지의 지식과 영성을 어떻게 연결시킬 수 있는가라는 질문에 답하려고 노력했어.

최근에 나온 메리 앤 섀퍼와 애니 배로우즈의 베스트셀러 「건지 감자껍질파이 북클럽」(Guernsey Literary and Potato Peel Pie Society, 이덴슬리벨)을 네가 혹시 읽었다면, 건지 북클럽 회원 중 한 사람이 1800년대 중반에 「골상학과 심리치료 새 도해 자습서」(The New Illustrated Self-Instructor in Phrenology and Psychiatry)라는 멋진 제목으로 출판된 책을 받은 아름다운 이야기를 기억할 거다. 책의 부제는 '골상학: 두골 형상 해석의 과학'이었지.

그 이야기에 등장하는 아이솔라도 기억할 거야. 그녀는 그 책의 내용을 열정적으로 받아들였지. 그리고 친구들의 머리 크기를 일일이 재면서 그들의 주요 성격특성을 말해 줄 두골 형상의 특징을 찾기 시작했어. 그녀는 교회 목사에게 이제는 추수감사제 때 자신이 점성가처럼 차려입고 손금을 읽어 줄 필요가 없다고 말하지. 두골 형상만 읽어 내면 된다고 말이야. 흥분한 아이솔라는 골상학이라는 신과학이 "번개가 내리친 것" 같은 깨달음을 주었고 "지난 사흘 동안 평생 알던 것보다 더 많은 내용을 알아냈다"고 말해.[2] 하지만 안타깝게도 그녀의 엄청난 흥분은 결국 완전히 증발해 버리고 말아. 그녀가 매우 잘 아는 여러 사람들, 오랫동안 함께 지내 온 사람들에 대해 두골 형상이 말해 주는 내용이 그녀가 수십 년 동안 쌓아 온 경험적 증거와 전혀 맞지 않았기 때문이야. 결국 그녀는 엄연한 사실에 비추어 볼 때 골상학을 버려야 한다고 말하지. 그런 것이 삶이야! 옥스퍼드 신학자 오스틴 파러(Austin Farrer)가 오래전에 말했듯이 "자기 좋을 대로 적당히 생각하며 사는 사람에게 현실은 골칫거리"[3]인 법이야.

벤   기도와 명상 같은 것들을 뇌에서 벌어지는 일로 설명할 수도 있다는 것을 부정하지는 않으시나요? 그렇다면 하나님, 종교, 영성은 뇌의 작용에 불과하다는 뜻인가요?

말콤   네게 혼란을 주었다면 미안하구나. 내가 하려던 말은 골상학이 잘 입증된 과학인 것처럼 말하면서 그것이 두뇌 표면의 굴곡에 대한 과학적 증거를 제공한다고 주장하는 사람들이 있었듯이, 오늘날 신경신학으로 영적인 일들의 실체를 입증하려는 사람들이 있다는 말이야. 그러나 골상학이 틀렸고 종교적 신앙을 설명해 내기에는 그 토대가 부실하다는 사실이 드러났던 것처럼, 오늘날의 신경신학도 나중에 틀린 것으로 드러난다면 어떻게 될까? 마이클 퍼싱어(Michael Persinger) 같은 신경신학 분야의 대표 인물들의 초기 주장 중 일부는 최근의 연구에 비추어 볼 때 지나치게 단순한 주장이었다는 사실이 드러나고 있어.[4] 최근에 나온 두 논문이 영성과 뇌의 관계에 대한 견해가 어떻게 달라지고 있는지 잘 보여 주더구나.

2005년 케빈 시볼드(Kevin Seybold)는 "신과 뇌: 신경과학이 종교를 들여다보다"라는 논문을 썼어.[5] "신을 체험하는 데 있어서 뇌의 역할과 영성의 선천성에 대한 질문"을 검토하는 논문이지.

시볼드는 마이클 퍼싱어의 초기 연구가 통상적인 종교 경험과 신비 체험에서 측두엽 구조의 역할에 초점을 맞추었다고 지적해. 퍼싱어의 가설에 따르면, 종교 경험의 원인은 측두엽 발작이라고 알려진 측두엽 내의 일시적이고 국재화된 전기 활동이야. 퍼싱어는 우리가 신을 경험하는 이유가 측두엽이 진화론적으로 발달했기 때문이라고 주장해. 측두엽의 구조가 다르게 발달했다면 신에 대한 체험은 생겨나지 않았을 거라는 말이지. 시볼드는 서로 다른 언어를 뒤섞어 쓰는 퍼싱어의 성향을 비판하며 이렇게 썼어. "뇌와 종교를 연구하는 과학자들 중에는 과학으로 가장한 철학적 진술을 하거나, 실험 자료를 분석하면서 존재론적 환원주의에 호소하는 이들이 있다."

일부 저자들은 대뇌변연계(둘레계통)가 영적·종교적 경험의 토대가 된다며 그 중요성을 주장한단다. 세이버와 라빈이 제시하는 보다 균형잡힌 접근법은 다음과 같은 사실을 지적해 주더구나. "종교적 경험과 비종교적 경험에는 동일한 뇌 영역이 쓰이지만, 형언할 수 없고 심오한 종교적 경험의 다른 점은 그것이 변연계의 개입으로 개인적 차원을 넘어서는 결정적으로 중요하거나 황홀하고 즐거운 것으로 '다가온다'는 것이다."[6]

퍼싱어의 논문은 시볼드가 "아마도 종교적 경험의 신경적 기초에 대한 가장 유명한 연구"일 것이라 말한 앤드루 뉴버그의 연구로 대중에게 더 많이 알려졌어. 영성을 책임지는 뇌 부위가 진화 및 발달했다고 주장하는 다른 시도들도 있었지. 그러나 시볼드가 지적한 대로, 이 모든 연구는 문제의 본질을 회피하고 있어. 프로이트의 말처럼 종교적 신앙이 모두 망상이라면, 인간이 망상적 생각과 신념에 빠지게 하는 뇌를 발달시키는 게 과연 인간에게 유리할까? 이것이 어떻게 인간 생존에 보탬이 될까? 이 논증을 거꾸로 말하면 이렇게 돼. 신이 존재하고, 인간과 관계를 맺기 위해 인간을 창조했다면, 그 관계가 발전하도록 하는 물리적 메커니즘이 존재한다는 것은 놀라운 일이 아니라는 거지.

이제 시간을 빨리 넘겨 2009년으로 곧장 가 보자. 당시에 알렉산더 핑걸커츠와 앤드루 핑걸커츠가 쓴 논문이 "우리 뇌는 신을 만들어 내도록 짜여 있는가, 아니면 신을 지각하도록 짜여 있는가? 종교적 체험을 가능하게 하는 뇌의 역할에 대한 체계적 리뷰"라는 제목으로 저널 "인지처리"(*Cognitive Processing*)에 실렸어.[7] 시볼드의 논문은 8쪽 분량에 참고 문헌이 40건이었지만, 이 논문은 40쪽 분량에 참고 문헌이 400건에 달해. 이 분야의 연구가 빠르게 성장하고 있다는 걸 알겠지?

두 펑걸커츠의 논문에 비추어 보면, 종교 경험 시 뇌의 활동이 측두엽에 국재화해 있다는 퍼싱어의 주장은 과도하게 단순화되었어. 논문의 저자들은 지금까지 발표된 여러 연구를 검토한 뒤, 기도와 명상 같은 다양한 종교 활동에서 선별적으로 활성화되는 게 드러난 40개 이상의 뇌의 개별 영역을 발견했지. 여기에 비하면 '신 감지 영역' 개념은 너무나 단순화된 발상이라 굳이 찾아볼 가치도 없어. 저자들은 종교적 경험에서 여러 계를 조절하는 신경이 감당하는 역할도 검토했어. 여기에 해당하는 도파민작동계, 아세틸콜린작동계, 세로토닌작동계, 글루타민작동계 등은 너도 수업 시간에 들어봤을 거야.

이 논문은 이 분야의 연구가 얼마나 빠르게 진행되고 있는지, 그리고 종교적 경험과 영성의 여러 측면을 국부적이며 특정한 뇌의 영역과 연결시키는 일이 얼마나 복잡한 작업인지 극적으로 보여 준다고 할 수 있지. 하지만 이 탁월한 논문에도 가끔 과학을 사용해 어떻게든 신을 다시 불러들이고 싶은 마음이 드러나는 이런 대목들이 있어. "생물학적 진화에 신의 영향력이 들어설 여지가 있을 수도 있다."

너도 잘 알겠지만, 이것은 과학과 종교의 관계에 '빈틈의 하나님' 접근법을 슬쩍 집어넣으려는 시도야. 하나님이 이미 만물을 붙들고 계시다면 '여지' 같은 게 왜 필요하겠니?

케빈 시볼드는 환원주의적 접근 방식을 피하려고 매우 조심했고 뇌에 대해 그가 아는 것이 얼마나 적은지 겸손하게 인정했어. 그는 종교적 경험을 연구할 때 '여러 층위의 설명'을 고려하는 일의 중요성을 인정하는 것으로 논문을 마무리했지.

벤   신과 뇌에 대한 말씀이 아주 흥미로워요. 신경심리학 공부의 일부로 뇌 구조와 기능에 대한 수업을 들었는데, 교수님이 소개해 주신 긴 논문의 결론에 대해 좀더 자세히 듣고 싶네요.

말콤   너무 자세한 내용으로 부담을 주고 싶진 않았는데, 알고 싶다니 기꺼이 알려 주마.

알렉산더 핑걸커츠와 앤드루 핑걸커츠 논문의 주요 결론은 다음과 같다.

1. "종교적 경험은 특정한 어느 한 신경계뿐 아니라 평소에는 종교와 상관없는 활동에 개입하는 여러 계가 동시에 활성화되어야 일어나는 것 같다."[8]

2. "관련 문헌들을 자세히 분석했지만 종교적 경험 도중에 뇌 영역의 특정 반구가 일관되게 활성화되는 현상을 찾아볼 수 없었다."[9]

3. "종교 경험에 대해 거의 50년 가까이 뇌전도 연구를 진행했음에도, 종교적 경험에 내재하는 신경생리학적 기반에 대한 분명한 합의는 이루어지지 않았다."[10]

4. "종교적 경험에는 (노르아드레날린작동계를 제외하고) 뇌 속의 모든 주요 신경 전달계가 다 참여한다."[11]

5. "지금으로서는 신경과학이 종교적 경험에 대한 신뢰할 만한 설명을 내놓지 못한다. 하지만 생물학적·심리학적 차원에서 종교적 경험을 전반적으로 기술하는 데에는 현재의 인지신경과학도 어느 정도 힘을 보탤 수 있다."[12]

현대의 신경신학이 이런 내용을 진지하게 받아들인다면 골상학의 행보를 따라가는 오류는 피할 수 있을 거다. 뇌 활동과 다양하게 측정된 종교성에 관한 경험적 자료가 방대하게 축적된 것은 분명해. 뇌 활동과 종교/영적 활동의 관계에 대한 연구가 늘 과학적이었는가가 문제지. 많은 신경신학 연구가 탐색적 연구일 뿐이라고 주장하지만, 그중에는 실험적 연구를 자처하는 것들도 있어. 거기 나오는 실증적 자료가 특정한 가설을 뒷받침하려고만 모은 것일까? 이런 연구들이 진행되는 방식이 정당한지, 과연 연구 결과 원칙적으로 가설이 틀린 것으로 드러날 수도 있는지 물어야 하지. 골상학처럼, 유리한 증거만 수집하기 위해 기획된 조사라거나 결과를 사후에 끼워 맞춰 설명하는 방식이라면 문제가 있다고 봐야겠지.

신경방사선학자 앤드루 뉴버그는 티베트 승려들과 프란체스코회 수녀들의 협조를 얻어 그들이 묵상이나 명상을 하고 있을 때 뇌파를 측정했어. 뉴버그처럼 신중한 연구자들은 연구 결과를 가져다 신의 존재를 증명하는 증거로 제시하지는 않아. 하지만 가끔은 그들도 자신들의 주장을 내세우고 싶어 하는 것 같아. 예를 들어, 뉴버그와 월드먼은 이렇게 썼어. "어디를 보나 누구에게 물으나 모두가 신에 대한 이미지를 갖고 있는 것 같다. 하다못해 백지나 다름없는 표현에도 신의 이미지가 깃들어 있다. 신경과학자가 볼 때 이것은 신자들과 불신자들의 뇌 속 어딘가에 '신(神) 뉴런'이나 '신 회로'가 있다는 의미로 해석된다."[13] 불행히도 이것은 과학과 종교의 방법론과 언어를 거칠게 뒤섞는 일이 되고 종교의 권위에 다수가 인정하는 과학의 권위를 부여하려는 은밀한 시도가 되어 버리지. 그러나 너도 신경심리학 수업 시간에 배웠겠지만, 지금까지 나온 증거에 따르면 마음에서 벌어지는 모든 일에 대해 뇌에 상응하는 부위가 있을 거라고 말하는 것은 합리적인 추정이야.

나는 앤드루 뉴버그가 중요한 연구를 진행하고 있다고 생각하지만, 가끔은 그도 무심결에 '신 뉴런'이라는 말을 쓰더구나. 그의 연구가 중요한 이유는 심각한 정신질환 중에 괴이한 종교적 신념과 느낌으로 증세가 나타나는 것들이 있기 때문이야. 뉴버그의 연구는 이런 괴이한 생각들의 신경학적 근거의 실마리를 찾고 환자의 증상을 완화시킬 신경약리학적 경로를 찾아낼 잠재력이 있단다.

여러 종교적 경험이 "진짜"인가에 대한 논의에도 혼란이 많아. "진짜"라는 말이 뉴런을 따라 이어지는 전자의 흐름과 시냅스에서 볼 수 있는 신경전달물질의 흐름에서 나타나는 관찰 가능한 변화를 뜻한다면, 그 모두는 "진짜"지. 아메리카 원주민들은 오래전부터 종교의식을 할 때 페요테(peyote) 같은 환각제를 복용하는데, 그들의 뇌 속에서 비슷한 변화를 관찰할 수 있잖아. 정확히 머릿속에서 벌어지는 일만 놓고 말하자면, '진짜'와 '환각' 같은 단어를 쓰는 것은 무의미해져. 어쨌거나, 어떤 특이한 종교적 경험을 다른 모든 경험보다 높여서 가장 중요한 자리에 올려놓을 이유가 있을까? 하나님은 황홀경뿐 아니라 이성을 통해서도 만날 수 있고, 오순절 전통의 박수와 춤뿐 아니라 성공회 전통의 아침 기도를 통해서도 만날 수 있는데 말이야.

이런 연구를 흥미진진하게 받아들이는 사람도 있지만 쉽게 무시해 버리는 이들도 있어. 그래도 나는 이 분야에서 중요한 연구가 이루어질 수 있고, 또 반드시 연구가 이루어져야 할 새로운 영역이라고 생각해. 단, 다른 이유로 갖게 된 신념을 뒷받침하는 수단으로서가 아니라 진정한 과학 탐구 정신에 의거한 연구가 이루어져야겠지. 이것은 잠재적으로 매우 중요하단다. 신경과 의사들은 다들 알겠지만, 환자의 질환이 때로는 기괴한 느낌이나 체험, 신념 등으로 나타날 수 있기 때문이야. 이 모든 증상이 신경적·생화학적 조건에서 나오는 것이니, 이 조건에 대해 더 알게 된다면 증상을 가라앉

힐 향정신성 약물 개발이 가능할 테고 심리치료를 진행하는 과정에도 적절하게 쓰일 수 있을 거야.

벤　사람들이 종교적 경험과 뇌 활동을 연결시키려는 이유는 알 것 같아요. 하지만 그럴 바엔 종교적 경험을 뇌 활동에 '불과한 것'으로 아예 환원시키면 되지 않을까요? 그렇게 하지 않는 이유를 모르겠어요. 그렇게 하면 어떤 신앙이 뭔가 중요한 내용을 담고 있다거나 영원한 진리를 말한다는 주장이 공허해질 텐데 말이에요.

말콤　종교적 경험이 뇌의 특정 부위의 활동에 '불과하다'는 것을 근거로 그 실체에 의문을 제기하고 종교 비판으로 빠져들기 너무 쉽다는 거, 나도 동의한다. 그러나 종교적 신앙과 경험의 실체를 반대하는 주장을 모으고 제시하는 이들의 정신 작용에 대해서도 같은 주장을 할 수 있어. 그런 정신 작용도 뇌의 특정 경로에서 나타나는 물질적 재잘거림에 '불과'하다고 말이다. 한마디로, 그것은 자기 파멸적 주장이야. 그러니 그냥 이렇게 정리하자꾸나. 내가 앞에서 말한 대로 어떤 종교적 경험은 환각제를 사용하여 인위적으로 만들어 낼 수 있지만, 어떤 경험들은 창조주와 창조질서의 아름다움과 경이로움을 묵상하거나 베르디의 "레퀴엠"을 듣다가 감동하여 생길 수 있다고.

벤　교수님 말씀을 들으니 또 다른 질문이 떠올랐어요. 성경에 나오는 환상과 황홀경의 기록들을 어떻게 이해해야 하나요? 종교적 경험은 어떤 면에서 종교적인가요?

말콤   전에도 말했지만, 종교적 경험만 있을 뿐 모종의 뇌 활동이 일어나지 않는다는 견해는 받아들이기 어렵다. 뇌와 영적 활동 사이에 어떤 관계가 존재할 수 있을까? 이 질문에 대한 답은 용어를 어떻게 정의하고 쓰는가에 달려 있는 것 같구나. "뇌 활동"의 의미를 정의하는 것은 문제가 되지 않겠지. 무엇을 검토하고 싶은지 (예를 들면 신경화학적 기록이나 단세포 기록, 또는 혈류의 패턴) 정하고, 측정을 하기 위한 절차를 선택하면 될 거다. 그러나 영적 활동 부분을 정의하고 측정하는 일은 쉽지 않아. 아마 많은 사람이 여기에 동의할 거야. 많은 신경학자가 환상이나 황홀경 혹은 무아지경 같은 영적 활동의 소위 "비범한" 측면들을 검토했어. 성경 읽기와 묵상, 예배 참석 같은 비교적 평범한 측면들은 그다지 많은 관심을 받지 못했지. 여기에는 이런 평범한 활동들에 관여하는 뇌 영역들이 우리가 일반적인 글을 읽고 그에 대해 생각할 때나 비종교적 사회 활동에 참여할 때 활성화되는 뇌 영역과 일치한다는 생각이 깔려 있는 것 같아. 반면 '비범한' 활동들에는 특별한 뇌 회로가 관여한다고 보는 듯해. 이런 구분에는 정당한 논리가 필요한데 지금까지는 만족스러운 논리를 만나 본 적이 없구나.

그리고 어떤 사람들은 "영적"인 것이라 여기지 않겠지만 기독교 전통에서는 분명 그렇게 여겨 온 활동들이 있단다. 가난한 사람들에게 먹을 것을 주고, 병자들을 돌보고, 감옥에 갇힌 사람들을 방문하는 것 같은 활동들 말이다. 로완 윌리엄스 캔터베리 대주교가 "우리 시대의 가장 뛰어난 신학자 중 한 사람"으로 꼽은 미로슬라브 볼프(Miroslav Volf)는 이렇게 썼어. "어떤 이들은 자신들의 영성과 신학을 산뜻하게 구별해 놓기를 좋아한다. 식사 때 메인 메뉴와 샐러드가 별도로 나오는 것을 좋아하는 사람처럼 말이다. 그러나 나는 그렇지 않다. 신학적이지 않은 영성은 어둠 속을 더듬거리게 마련이고,

영적이지 않은 신학은 가장 중요한 내용이 빠져 있을 것이다."[14]

벤   저는 **영적**(spiritual)이라는 말의 의미를 제대로 생각해 본 적이 없어요. 제가 만나는 사람들은 다들 의미를 안다고 전제하고 그 단어를 쓰는 것 같아요. 하지만 성경을 진지하게 받아들이는 우리로서는 **영적**이라는 단어의 의미와 용례를 생각할 때 성경의 내용을 근거로 삼아야 할 것 같아요.

말콤   영적 활동을 지각 방법으로 봐야 할지, 경험의 방식으로 봐야 할지, 아니면 행동 방식으로 봐야 할지를 놓고 논쟁이 이어지고 있어. 대부분의 연구자들은 우리가 정서적으로 세상을 어떻게 해석하는가 하는 관점에서 영성이나 종교성을 정의하는 듯해. 종교적·영적 행동은 감정, 지각, 자의식, 기억 그리고 기타 여러 기능의 관점에서 이해해야 한다는 게 널리 인정받고 있는 것 같다. 뇌 활동과 종교적·영적 활동의 관계는 단일하지 않고 맥락에 의존하는 측면이 강해. 설득력 있으면서도 단순화된 신경신학은 구축하기 어려울 정도지.

    MRI(자기공명영상)를 사용한 뇌 사진을 어떻게 해석해야 하는지 정확히 안다는 주장에 대해 경고하는 말을 한마디 보태야겠구나. 이건 내가 하는 말이 아니라 뇌 영상화 기법 전문가들의 경고야. 대중매체와 언론은 MRI를 가지고 최첨단 연구를 진행하는 과학자들이 이따금 내놓는 경고를 무시한 채, 19세기의 철 지난 골상학으로 돌아간 것 같은 방식으로 MRI 연구 결과를 보도한단다.

    2010년 중반에 나온 한 논문은 일부 MRI 시퀀스(인체의 수소와 지방을 어떤 방식으로 얼마 동안 어느 정도까지 공명시킬 것인지 지정해 주는 과정-역주)가 환자의 기분을 바꿔 주고 우울증을 치료할 수 있다고 주장했어. 이 최신 논문의 저자 마크 조지는 이런 결론을 내렸지.

> 이 논문은 안전 문제와 신세대 자극 검사/스캔 복합기 제작에 중요한 의미를 갖고 있다. 더 이상 안전의 관점에서 MRI가 뇌에 영향을 주지 않는다고 생각할 수 없다. 어떤 전기장 강도와 점진적 전환 절차가 안전하고, 어떤 것이 안전하지 않은지 폭넓은 재검토가 필요하다. MRI가 신진대사에 어떤 영향을 끼치는지 더 잘 이해한다면 장래에는 같은 장비로 스캔과 자극 검사를 동시에 진행할 수 있는 기계를 만들어 낼 수 있을 것이다. 이것이 이 연구가 시사하는 바다.[15]

이것은 흥분되면서도 대단히 유익한 경고다. 이 경고는 MRI를 이용한 이전의 연구 결과들을 버려야 한다는 것이 아니라, MRI로 뇌 활동의 변화를 찾아낼 뿐 아니라 MRI 자체가 뇌의 물질대사에 변화를 일으킨다는 사실을 알리고 있다.

벤   뇌의 어떤 작용이 영적 활동과 연관되어 있다면, 그것을 활용해 신의 존재를 "증명"할 수 있을까요? 제 말은요, 기도와 명상으로 하나님께 응답할 수 있다는 것은 우리에게 그런 뇌를 주신 하나님이 존재한다는 의미 아니겠어요? 그러니까 우리가 믿는 이유를 "설명"할 수 있지 않을까요?

말콤   제물낚시를 비유로 들어서 설명을 해 보마. 난 제물낚시라면 사족을 못 쓰거든. 특정한 활동과 연관된 뇌 작용이 있다는 사실을 증명하는 것이 왜 그런 활동과 관련된 대상의 존재를 입증하는 데 쓰일 수 없는지,

뇌 상태를 가지고 추론하는 일이 왜 위험한지 말이다.

영국의 시인이자 외교관이었던 헨리 워턴 경(Sir Henry Wotton)은 고전 「완전한 낚시꾼」(The Complete Angler)에서 낚시가 "마음에 안식을 주고, 기분을 유쾌하게 하고, 슬픔을 잊게 하고, 불안한 생각을 진정시키고, 격정을 가라앉히며, 만족을 가져다준다"고 묘사했어.[16] 꼭 모종의 종교적 명상에서 나타나는 뇌 상태를 말하는 것 같지. 그런데 헨리 경은 제물낚시를 할 때 그런 상태가 된다고 말하는 거야. 나는 그 기분을 알지!

낚시를 하는 헨리 경의 뇌를 fMRI 장비로 연구할 수 있다고 해 보자. 그가 낚시를 할 때 뇌 영역이 다른 부위보다 활성화된다고 치자. 그리고 나와 같은 제물낚시꾼 여섯 명을 대상으로 같은 실험을 했더니 모든 낚시꾼의 뇌에서 같은 부위가 활성화되었다면? 그러면 낚시를 담당하는 뇌 영역을 발견한 것일까? 또한 모든 낚시꾼의 뇌에서 동일한 영역에 불이 들어왔다는 사실이 물고기의 존재를 입증하는 것일까? 물고기는 강물에 있거나 없겠지. 제물낚시 미끼를 강물에 드리우고 뇌의 특정 부위에 불이 들어오는 것을 본다 해도 그것으로 물고기의 존재가 입증되지는 않아. 뇌 영상만으로는 하나님의 존재나 행하심에 대한 분명한 증거나 방증이 될 수 없는 거야.

영적 활동에 참여하는 사람들의 뇌나 무신론과 뇌의 상관성을 연구할 때도 동일한 논리가 적용돼. 특정한 뇌 영역에 불이 들어온다는 사실이 영적 활동의 초점이 되는 하나님의 존재를 증명할 수는 없어. 하나님은 존재하거나 존재하지 않을 뿐이지. 우리 그리스도인은 그리스도인이 된 과정, 신앙을 실천하는 방식 등에서 모두 달라. 마찬가지로 (여러 다양한 이유로) 우리는 하나님이 계시다고 믿어. 사람마다 이 다양한 이유에 대해 다른 중요성을 부여하겠지. 어떤 그리스도인들은 예수 그리스도에 대한 인격적 믿음으로 완전히 달라진 친구를 보았어. 열린 마음으로 성경을 연구하고 예수 그리스도의 주장이 옳다고 확신해서 그분께 나온 사람들도 있지. 다른 이들에겐 또 다른 방식이 있어. 사도행전에 나오는 초대교회와 초대 기독교인들의 삶만 보아도 사람들이 다양한 방식으로 그리스도인이 된다는 것을 알 수 있어.

주관적 체험만을 믿음의 근거로 삼는다면 위태롭게 흔들리는 토대 위에 서 있는 것과 같아. 초대 기독교인들은 그렇게 하지 않았어. 신약성경의 기록을 읽어 보렴. 예수 그리스도의 주장을 진지하게 받아들여야 할 근거로 끊임없이 제시되는 것은 황홀경에서 맛보는 주관적 느낌이 아니라, 예수님과 제자들의 생애와 가르침과 활동에 대한 여러 다양한 기록임을 알게 될 거야.

다시 말해, 열린 마음과 비판적인 마음으로 증거를 검토할 의향이 있는 사람들에게는 증거-증언이라고 하는 것이 나을 수도 있겠지-가 공개되어 있고 구해 볼 수 있어. 그 증거를 다른 전제 없이 있는 그대로 검토해 보면 돼. 바로 이 점이 중요해. 게다가 예수 그리스도의 존재와 생애의 증거는 대부분의 사람들이 당연하게 인정하는 비슷한 시기의 다른 역사적 인물, 예를 들어 율리우스 카이사르의 경우보다 많다는 데 많은 이들이 동의하지. 옥스퍼드의 역사학자 디아메이드 매클로흐(Diarmaid MacCulloch)는 최근 1,161쪽 분량의 권위 있는 책 『3천 년 기독교의 역사』(*Christianity*)에서 이렇게 썼어. "하지만 역사가들이 말해야 할 기독교의 중요한 측면이 있다. 기독교의 **이야기**는 인간 역사의 일부라는 의미에서 부인할 수 없는 사실이라는 것이다."[17] 하지만 내가 아는 한, 사람들을 설득해서 하나님 나라에 들어오게 해야 한다는 주장은 성경 어디에서도 찾아볼 수 없어. 메시지의 핵심은 그저 예수 그리스도께서 살아 계시고 그분과 인격적 관계를 맺을 기회를 주신다는 것이지.

14
하나님이 우리를 인도하시고 이끄시는가

벤 하나님의 인도하심을 구할 때 우리의 의식적인 선택과 사회적 영향이 뇌에서 벌어지는 일과 어떻게 상호작용하는지 생각하고 있어요.

제가 교회에서 기독교적 마음(mind)에 대해 들었다고 한 말을 기억하실 거예요. 다음번 성경 공부 시리즈는 하나님의 인도하심을 구할 때 우리의 지성(mind)을 사용하는 쪽에 초점이 맞춰져 있어요. 하나님이 사람들에게 직접 말씀하시는 극적인 사례들이 있는가 하면, 평범한 일상에서 인도를 받는 사람들도 있잖아요. 그래서 의문이 생겼어요.

그리스도인들이 선택의 기로에서 하나님의 인도하심을 받는 법에 대한 다양한 견해를 어떻게 생각하세요? 지성을 얼마나 사용해야 할까요? 감정과 느낌에는 얼마나 의존하죠? 음성을 듣고 환상을 보는 일은 어떨까요?

말콤 엄청난 주제구나. 한두 측면에만 한정해서 답해 볼게. 인지신경과학의 최근 이론을 가지고 하나님의 인도를 구할 때 작용하는 몇 가지 복잡한 요인들을 명쾌하게 이해할 수 있을 거야.

첫째, 성경에는 극적인 인도를 받는 사례들이 있어. 사울이 회심할 때 들은 내적 음성과 마태가 예수님을 따르라는 부르심을 받은 일 등 말이야. 그러나 내가 아는 한, 성경 어디에도 이것을 표준으로 삼으라는 말씀은 없어. 타당한 일이지. 음성을 듣고 환상을 보는 것은 정신병리학적으로 강력한 신호일 수 있으니까. 적절한 약물 치료를 받으면 환상과 음성은 사라질 수 있어.

둘째, 신경과학은 지성과 감성 또는 감정의 엄격한 구분이 하나님이 만드신 우리의 모습과 다르다는 점을 분명히 한단다. 신경과학자 안토니오 다마지오는 뇌의 안와-전두 피질(orbital-frontal cortex, 전두엽의 안구 쪽 영역-편집자 주)이 손상된 사람들을 대상으로 심층 연구를 실시했어. 연구를 마친 후 그는 이런 뇌 손상에서 잘못된 것이 무엇인지 밝히는 소위 신체표지(somatic marker) 이론을 발전시켜. 그는 「데카르트의 오류」(Descartes' Error)에서 이 점을 상세히 다루었어.[1] 이 이론에 따르면, 우리의 정신은 경험의 도움으로 사건에 대한 자동 반응을 발전시키고, 이것은 세계에 대한 지식과 짝을 이루어 움직이지. 결정을 내릴 만한 적절한 지식이 우리 의식에 없을 때, 우리는 미묘한 느낌과 직관의 인도를 받게 돼. 여기에는 어떤 사람에 대한 의심, 어떤 행동은 옳은 일이 아닐 거라는 느낌 등이 포함되지. 이런 자율 반응은 많은 상황에서 우리의 행동을 인도한단다.

다마지오 이론은 우리가 일상에서 내리는 복잡하고 합리적인 판단의 상당 부분을 정서에 의존하며, 의사 결정을 내리는 순간순간 정서가 우리를 인도한다고 말해. 이유는 모르지만 종종 이것 또는 저것이 옳은 일이라고 그냥 느낀다는 거지.

이 이야기를 꺼낸 이유는 지성과 감성을 완전히 나눌 수 있다는 생각이 얼마나 인위적인지 보여 주기 위해서야. 우리는 그런 식으로 만들어지지 않았어. 인간의 뇌는 그런 식으로 작동하지 않아. 적절한 균형을 어떻게 유지할 것인가, 이것이 여전히 중요하지. 내가 아는 한, 신경심리학 안에는 간단한 답이 없어.

셋째, 우리는 과거의 지혜에서 배워야 해. 뇌가 어떻게 작동하는지, 지성과 감성이 어떤 식으로 긴밀하게 연결되어 있는지에 대해 지금과 같은 지식을 갖추기 훨씬 이전의 시간으로부터 배워야 한다는 거야. 피터 엔스는 이렇게 강조해. "장래 세대의 그리스도인들은 성경이 고대의 사고방식에 뿌리를 둔 책으로서, 극복해야 할 장애물로 여기는 게 아니라 신학적으로 볼 때 긍정적이라는 견해를 갖게 하는 것이 중요하다."[2] 그는 이렇게 덧붙인단다. "그리스도인들이 등을 돌려도 우주의 기원과 생물의 기원에 대한 현대의 과학적 설명은 사라지지 않을 것이고, 고대 근동이라는 맥락을 고려할 때 이스라엘 신앙의 본질을 더 잘 이해할 수 있다는 사실도 사라지지 않을 것이다."[3]

성경은 우리의 지성과 합리적 사고력을 사용하라고 강하게 촉구하지 않니? 그것을 기억하는 게 유용할 거야. 위대한 과학자 로버트 보일과 그가 촉구한 내용을 얘기하며 우리 대화를 시작했던 것을 기억하니? 그는 우리의 지성을 온전히 발휘하여 '검토된 신앙'을 가지라고 말했어. 그보다 더 먼 과거에는 사도 바울이 '합리적인'(reasonable) 또는 '추론하는'(reasoning) 신앙을 가지라고 촉구했지(행 18:4, 개역개정에서는 "강론"하고 "권면"했다고 나와 있지만 "토론"하고 "설득"했다는 뜻이다-역주; 롬 12:2).

우리는 이전 세대의 지혜로운 그리스도인들에게서 잘 배우지 못해서 실패하는 경우가 아주 많은 것 같아. 이그나티우스 같은 이는 하나님의 인도에 대해 중요한 교훈을 남겼지. 그는 때로는 주의 깊고 신중한 과정이 있어야 한다고 우리를 일깨웠어. 거기에는 확신과 의심, 위안(consolation, 우리를 예수님께 더 가까이 이끌어 주는 것처럼 보이는 것들)과 적막(desolation, 우리를 예수님에게서 멀어지게 만드는 것처럼 보이는 것들), 마음을 사로잡고 끌어당기는 것, 부각된 것과 그렇지 않은 것 중에서 따져 보고 선택하는 일이 포함되지. 이런 식으로 우리는 서서히 하나님의 부르심을 감지하고 선택을 내려. 이그나티우스는 이 방식을 선호했단다. 지성을 최대한 발휘하면 감성이 적절한 역할을 하며 따라오기 마련이지. 우리는 그런 식으로 만들어졌거든.

끝으로, 우리가 지금까지 다룬 사회신경과학의 연구 결과를 참고해야 해. 최첨단 연구 분야인 사회신경과학은 사회적 상호작용이 인지 작용, 신경 작용, 의사 결정, 그리고 하나님의 인도에서 아주 중요한 역할을 하고 있음을 끊임없이 일깨우고 있어.

너도 알다시피 이것은 신앙 공동체의 중요성을 가르치는 성경의 주요 테마와 잘 맞아. 히브리인들은 이 사실을 잘 알았고, 신약성경은 이 강조점을 받아들여 그리스도인들이 그리스도의 몸의 지체라고 거듭 가르쳤어. 우리는 한 몸을 이루는 지체지만, 모두 다른 은사를 가진 구별된 개인이기도 하지. 교회 공동체에 속하는 일은 친구를 사귀거나 사람들과 어울리는 것을 좋아하는 그리스도인들이 추가적으로 선택할 수 있는 사항이 아니야. 교회 공동체의 일원이 되는 것은 우리의 그리스도인 됨, 즉 우리 존재의 일부지.

몇 년 전, 나는 동료와 함께 쓴 글에서 사회심리학이 기독교 신앙에 적절한 메시지를 갖고 있다고 적었어. "그리스도의 몸은 고립된 신자가 아니라 믿는 사람들 전체를 의미한다. 교회가 그리스도의 몸이라는 말은 우리가 함께 서로를 훈계할 수 있음을 일깨운다. 함께할 때 우리는 서로를 보살피는 힘을 나눌 수 있다."[4]

우리의 논의와 이것을 연결시켜서 이렇게 덧붙이고 싶구나. 함께할 때 우리는 하나님의 인도를 받을 수 있다고 말이다. 때로 어려운 선택의 기로에 선 동료 그리스도인들에게 솔직한 조언을 하는 것도 함께하는 과정이 될 수 있어. 우리는 소망투사로 스스로를 속이기가 너무 쉽기 때문에 동료 신자들의 반응을 통해 우리의 생각을 점검할 필요가 있어. 문제에 너무 몰두한 나머지 균형 감각을 잃었을 때, 그들의 도움으로 더 넓게 볼 수 있단다.

15
신경심리학이 심리치료와 상담에 도움이 되는가

벤 여섯 차례에 걸쳐 진행하는 심리치료와 상담심리학 강좌가 막 시작되었어요. 담당 교수님은 이 짧은 수업의 목표가 현대의 전문 심리학자들이 많이 연구하는 심리학 분야 중 하나를 알리는 것이라고 강조하셨어요.

얼마 전 교수님이 그러셨잖아요. 미국의 대다수 그리스도인 심리학자들은 임상심리학자, 상담가, 심리치료사가 되고, 그것이 어려움에 처한 사람들을 돕는 자신의 소명에 충실한 선택이라고 본다고요. 많은 시간을 들여 신경심리학의 빠른 발전을 논하고 보니, 신경과학과 신경심리학이 위의 특화된 분야에 도움이 되는지 궁금해졌어요. 임상심리학과 심리치료는 대인 관계에서 심각한 정신적 괴로움이나 긴장을 느끼는 상황에 초점을 맞추잖아요. 인지신경과학의 발전이 이 부분에 조금이라도 도움이 되나요?

말콤 상대적으로 단순하고 쉬운 질문으로 보이는데 따져 보면 아주 오랫동안 미해결 상태인 심오한 문제들을 암암리에 끄집어내는 기이한 재주가 네게 있구나. 네 교수님이 임상심리학, 심리치료, 상담 등을 언급하셨다는 말을 들으니 거의 한 세기가 넘도록 그리스도인 심리학자들 사이에서 벌어진 생생한 논쟁이 떠오른다. '기독교 심리학'이라는 것이 과연 있는가 하는 주제였지.

넌 운이 좋은 것 같다. 얼마 전 「심리학과 기독교, 어떤 관계인가?」(psychology and Christianity, 부흥과개혁사)라는 책이 출간됐어.[1] 그 책을 읽어 보거라. 기독교 신앙을 공유하지만 '기독교 심리학'이나 '기독교 상담', '기독교 심리치료' 같은 게 있는지에 대한 논쟁을 제대로 접하게 될 거다. 나는 이 책의 기고자 중 한 사람인 데이비드 마이어스의 견해에 공감한다. 그는 그것을 '여러 충위의 설명 견해'라고 표현해. 그 책은 각 기고자가 자신의 견해를 개진한 뒤 다른 기고자들이 각각의 관점에서 논평을 하는 형태로 구성되어서 아주 유용하단다. 기독교 신앙을 공유하는 그리스도인들이 과학과 신앙의 접점에서 논란이 되는 문제들을 가지고 허심탄회한 논쟁을 펼치는 모습은 본이 될 만하더구나.

나는 처음에 자연과학자로 훈련을 받은 터라, '기독교 심리학' 같은 것이 있다는 발상 자체가 괴이하게 보인다. 내가 물리학과 화학을 공부할 때, '기독교 물리학'이나 '기독교 화학' 같은 게 있을 거라고는 생각도 하지 못했거든. 성경에는 인간 본성에 대한 심오한 통찰이 가득하니, 성경을 심리학 책으로 보고 싶어 하는 마음은 충분히 이해한다. 하지만 성경에 뜨고 지는 해에 대한 언급이 잔뜩 나온다는 이유로 '기독교 천문학'이 존재한다고 말할 사람은 없지 않겠니. 천문 과학과 천문에 대한 성경의 언급은 전혀 다른 작업이라는 것이 분명하기 때문이지. 적어도 현대 심리학에 대해서는 이와 똑같이 말할 수 있을 것 같구나.

벤　'기독교 물리학'이나 '기독교 화학'이 없는 것처럼 '기독교 심리학'도 없다고 하셨는데요. 기독교 신앙과 심리학 연구 중에 어느 한쪽으로 마음이 치우치면 둘의 관계를 정직하게 다룰 수 없잖아요. 그런 상황을 어떻게 피하시나요?

말콤　나는 심리학과 기독교 신앙의 통합을 말할 때 심리학을 있는 모습 그대로 다루어야 한다고 생각해. 심리학에 대해 논의하면서 성격이나 상담에만 초점을 맞추는 등 작은 부분에만 한정하고 전체 그림을 고려하지 않는다면 온전한 논의가 될 수 없다고 봐. 이미 보았다시피, 심리학은 신경과학, 인지과학과 관련이 아주 많다는 사실을 늘 명심해야 해. 성격 이론을 포함하는 임상심리학 같은 주제들을 다룰 때는 종교적 신념을 포함한 자신의 개인적 신념을 어떻게 적절히 말할 것인가가 크게 다가오지. 시각심리학(visual perceptual psychology)처럼 수학 방정식으로 모델을 표현하는 현대 심리학의 일면을 다룰 때는 기독교와 심리학을 어떻게 "통합"할 수 있을지 모르겠구나. 아무래도 기독교 신앙과 수학 방정식의 통합에 대한 이야기를 이해하기란 아주 어려울 것 같다. 정신물리학(psychophysics)을 연구할 때 기독교 신앙에 근거해 '베버의 법칙'(Weber's law, 감각으로 구별할 수 있는 한계는 물리적 양의 차가 아니고 그 비율 관계에 의해 결정된다는 법칙. 생리학자 E. H. 베버가 발견해 베버의 법칙이라고 부른다-역주)이나 페히너 공식(Fechner fraction, 베버의 법칙을 참고로 물리학자이자 철학자 G. T. 페히너가 제안한 가설. "감각의 양은 자극의 물리적인 양의 로그에 비례한다"는 이 가설에 의하면 자극의 강도가 더해지면 감각의 증대율은 떨어진다-역주)에 또 다른 상수를 추가해야 한다고 말한 사람은 아직 없는 것으로 안다. 그런 사람이 나온다면 비웃음거리가 되고 말 거야.

그리스도인이 된다는 것은 진리에 헌신한다는 뜻이라는 데 너도 동의하겠지. 진리에 헌신한다는 것은 여러 의미가 있겠지만, 적어도 사실을 있는 그대로 말하고, 자신의 진술에 어떤 증거가 있다면 그것을 분명하게 드러낼 수 있어야 한다는 뜻일 게다. 한 저자는 이런 맥락에서 유용한 글을 썼어. "['보여 달라'는 과학의 기준에 충실하지] 않을 경우, 전문 심리학 및 심리치료는 '견해'와 '학파'의 문제가 되고 결국 문화적 신념과 유행에 휘둘린다."[2]

비슷한 시기에 책을 쓴 또 다른 저자의 말이야. "현실은 감독관처럼 어깨너머로 지켜보다가 우리가 지나친 자신감이나 추측에 의지하다가 덫에 걸리면 득달같이 꾸짖고 꼼짝 못하게 만든다. 과학이 성공한 이유는 제아무리 대담한 상상력이라도 현실의 볼모가 되어야 한다는 거래를 받아들였기 때문이다. 현실은 인정사정없는 천사고, 과학자들은 그와 씨름을 하기로 동의했다."[3] 우리가 다루는 문제로 넘어와 보면, 오늘날 심리학 시장에 나와 있는 심리치료 기법이 250가지가 넘는다는구나. 이것만 봐도 문제의 규모가 분명해질 거다. 10년 전쯤 뉴에이지 운동의 신념들이 심리치료로 밀고 들어오면서 심리학 외부 세력이 심리치료에 어떤 영향을 미칠 수 있는지 잘 드러났어.

벤   책도 추천해 주시고 여러 말씀도 해주셔서 감사해요. 그런데 마음-뇌의 관계와 인간의 정신생물학적 통일성에 대한 교수님의 생각이 심리치료사들이나 상담가들(250개의 학파 중 어디에 속한 사람들이건)에게 문제가 되진 않나요?

말콤   네 말을 들으니 생각나는구나. 역사적으로 기독교 전통에서 성직자와 목회자가 수행하던 목회적 과제 중에는 '영혼 돌봄'(soul care)이라는 것이 있었다. 성직자들 중에는 지혜로운 상담가들이 있었고 지금도 그렇지. 그들은 다른 용어를 썼지만 의미 있는 심리치료를 제공했어.

"영혼 구원"에 집중하는 전도 집회가 열릴 때면 "영혼 이야기"는 여전히 또렷하고 우렁차게 울려 퍼진다. 복음주의 성경학자들 사이에 널리 퍼진 견해, 즉 영혼을 '별개의 실체'로 보는 일체의 관점은 성경에서 정당성을 찾기 어렵다고 보는 입장을 받아들이면 '영혼 이야기'를 어떻게 써야 할지 곤혹스러운 전환기를 겪게 되지. 내가 '영혼 있음'(soulishness)이라 부르는 이 기독교적 개념은 오랜 전통을 자랑하며 존중받았고 인간에게 큰 도움이 되었어. 영혼을 인격적 관계를 가능케 하는 뇌의 창발적 능력으로 이해한다면 그 개념을 유지하지 못할 이유가 없지. 이것은 인간이 다른 사람들과 관계해서, 그리스도인의 경우에는 그에 더해 하나님과 관계해서 발전하고 진화한다는 사실을 기억하는 데 도움이 되거든.

벤 그래요. 하지만 그것이 실제로 심리치료사나 상담심리학자가 하는 일에 어떻게 적용이 될까요?

말콤 네 질문은 심리치료와 상담 등을 할 때 우리에게 영혼이 있다고 믿건 아니건 달라질 게 있느냐는 뜻이니? 우리가 우리 자신을 비롯한 인간의 본질에 대해 갖는 견해가 상담과 심리치료 같은 것들에 영향을 줄까?

그리스도인 작가 버지니아 토드 홀맨(Virginia Todd Holeman)은 이 주제에 대해 이렇게 썼어. "마음과 뇌가 긴밀하게 연관되어 있다고 보는 인간관은 일반적으로는 성령의 역할에, 특별히 상담 관계의 역할에 관심을 기울이는 것을 기독교 상담의 더 높은 목적으로 보는 입장으로 이어진다."[4] 그녀는 자신의 견해를 뒷받침하기 위해 램버트 등의 연구 결과를 언급해. 그 연구는 심리치료사의 이론적 성향과 무관하게 심리치료의 성공에 기여하는 네 가지 공통 요소를 밝히고 있어. 램버트에 따르면, 환자가 즉각 회복되는 비율은 40퍼센트 정도인데 이에 비해 특정한 치료 기법은 변화를 가져온 요인들 목록의 하위에 해당하고 그로 인해 회복된 비율은 15퍼센트에 불과했어. 그래서 홀맨은 이렇게 물어. "상담자와 내담자의 관계 요인에 비해 치료 기법의 역할이 그 정도로 미미하다면, 설령 명확한 '기독교적 기법'이 있더라도 그것이 기독교 상담에 절대적으로 필요하지는 않다는 뜻 아니겠는가?" 그녀는 이렇게 주장해. "기독교 상담을 규정하는 것은 외적 전략이 아니라 내담자를 치료하려는 상담자의 삶에 작용하는 하나님 나라의 능력이다. 하나님과 관계를 맺은 치료사의 인격이 기독교 상담에 기독교적 요소를 부여한다. 기독교 상담의 핵심은 기법이 아닌 관계성에 있다."[5]

여기에는 곱씹을 내용이 많아. 관련 내용을 더 알고 싶다면 인간의 통일성에 대한 신경심리학의 증거를 진지하게 받아들이는 홀맨 같은 기독교 정신치료사와 상담가들의 책을 소개해 주마. MRI 같은 기법들이 도입되면서 인간의 정신생물학적 통일성을 부각하는 증거는 빠르게 증가했어. MRI 사용이 늘면서 옛 문제들에 새로운 빛이 비추리라는 희망을 품게 되었지. 2011년에 나온 주요 우울 장애의 구조적 신경영상처리 연구 보고서가 그 사례란다.[6] 연구자들은 우울증이 있는 사람들의 뇌 구조를 측정한 143건의 MRI 연구 결과를 가지고 메타 분석을 수행했어. 그리고 이 연구 결과를 조울증 연구 결과와 비교했어. 그랬더니 임상 우울증이 있는 사람들은 전두엽과 대뇌기저핵 해마의 용적을 포함해 뇌의 회백질이 줄어든 거야. 그에 반해 조울증은 백질의 축소와 연관이 있었어. 이 연구 결과는 다음 단계 연구로 이어져 뇌의 변화가 언제 어떻게 일어나는지를 묻겠지. 이 질문에 대답할 수 있다면, 결국 우울증을 보다 효과적으로 치료하는 방법을 찾을 수 있을 거야. 하지만 심리치료 분야든 정신약리학 분야든, 모든 형태의 우울증 치료법을 발견했다는 주장이 나온다면 우선 의심부터 해 봐야 해.

16
종교적 신앙은 21세기 민중의 아편인가

벤　　교수님은 종교적 신앙이 "상의하달" 효과에 해당한다고 생각하세요? 그렇다면 종교적 신앙이 건강에 보탬이 된다는 주장이나 종교적 신앙의 위약효과까지 모두 설명이 된 건가요?

　수업 시간에 위약효과라는 주제를 다루었어요. 교수님은 심리학과 신경과학의 접점에서 이루어진 연구가 신앙이 건강과 행동에 어떤 영향을 주는지(교수님은 이것이 "상의하달" 효과의 사례라고 하셨어요) 밝히는 과학적 근거를 제공한다고 하셨어요. 직접적으로 말씀하시지는 않았지만, 위약효과를 가지고 기도 같은 것들을 자기최면 효과로 설명할 수 있고, 종교적 신앙이 일부 사람들의 건강과 삶의 질을 향상시키는 원리를 설명할 수 있다고 암시하셨어요. 이런 주장을 어떻게 받아들여야 할지 모르겠어요. 도와주실 수 있나요?

말콤　　교수님이 "타임스"(*the Times*) 최근 호를 읽었는지 모르겠구나. 얼마 전에 그 신문에 나온 기사에 따르면, 영국의학협회(British Medical Association)는 표결을 통해 국민보건서비스(National Health Service)가 동종요법 의약품을 더 이상 제공해선 안 된다고 결의했어. 표결 참가자 중 한 사람은 환자가 그런 약품을 원한다면, 약병에 '위약'이라는 라벨을 붙여야 한다고 주장했지. 그러니까 네 질문은 구체적인 주제로, 오래전부터 폭넓게 진행되었고 지금까지 이어진 논쟁의 일부인 거야.

네 교수님이 지나가듯 던진 추측성 발언들이 종교가 건강에 보탬이 된다는 증거를 설명하는 데 가끔씩 쓰이는 것은 사실이야. 종교가 "민중의 아편"이라고 불린 것은 한 세기 전의 일이지. 네 교수님 말씀은 여러 가지로 해석할 수 있어. 우선, 위약효과에 대해 밝혀진 내용으로 종교가 아편이라는 표현이 말 그대로 사실이었음이 드러났다는 뜻일 수 있어. '종교라는 아편'이 종교적 신앙의 위약효과를 통해 작용한다는 주장이겠지. 이런 해석은 종교를 믿는 사람들이 대체로 더 건강하다는 폭넓은 증거와 잘 들어맞아. 그런데 현대의 일부 '신(新)무신론자'들은 이 사실을 외면한 채 신앙이 유해하다고 주장하지! 그런데 네 교수님 말씀은 종교를 부정하려는 또 다른 방식의 설명일 수도 있어.

벤 이 문제에 대해 좀더 말씀해 주실 수 있나요? 만약 종교적 신앙이 일종의 위약효과에 불과하고 그것 때문에 종교인들이 더 건강하다면, 종교적 신앙이 실제로 존재하시는 하나님과의 관계에서 나온 특별한 것이라는 우리의 생각과는 어떤 관계가 있을까요?

말콤 종교적 신앙과 건강의 관련성에 대한 자세한 내용이 궁금하거든 데이비드 마이어스의 교과서를 보거라.[1] 현재 나와 있는 증거를 바탕으로 종교적 신앙과 실천에 위약효과가 있을 가능성에 대해 정리해 놓았어.

핵심은 믿음이 (참이건 거짓이건) 어떻게 치료 효과를 만들어 낼 수 있는가야. 한 세기에 걸친 신경과학 연구의 결과로 우리 자신과 주변에 대한 주관적 경험이 수십억 개에 달하는 신경세포의 정교한 작용에 의존한다는 사실이 드러났어. 아마 이 세포들 사이에서 계속 변화하는 수조 가지의 연결 방식에도 영향을 받을 거야. 우리의 주관적 감각, 감정과 생각은 근본적으로 그에 대응하는 신경활동의 변화와 연결돼 있는 것이 분명해. 주관적 심적 현상(마음)과 관찰 가능한 뇌의 작용(몸)이 본질적으로 어떤 관계인지 아직 온전히 알지는 못해도, 신경과학의 발전으로 둘 사이의 긴밀한 연관성이 있다는 사실은 더욱 확고해졌어.

이 연관성을 파악함으로써 믿음이나 신앙 같은 심적 현상과 물리적 몸에서 일어나는 다양한 효과의 상호 관계에 대한 새로운 가능성들이 열렸지. 이 관계가 어떻게 작용하고 발전할 것인가는 여전히 탐구해야 할 문제야. 신경과학의 관점에서 보면, 믿음은 유전적·환경적 원인을 모두 갖고 있는 복잡한 인지 유형이야. 믿음의 신경적 토대와 치유에 선행하는 신경 작용들이 이어져 있다고 말할 수 있는 한, 신앙과 치우의 생물학적 연관성은 과학적으로 시험 가능한 문제가 된단다. 위약효과는 믿음이 어떻게 고통을 완화시키는지 보여 주는 사례로 쓰이기도 해.

통증 완화를 가져오는 위약효과에 대한 전형적인 연구를 보면 환자들에게 모르핀을 투약하다가 모르핀이라고 말하고 비활성 용액(소금물)을 투약한 경우에도 통증이 극적으로 줄어들어. 사람마다 위약효과를 보이는 정도는 달라. 위약으로 인한 진통 효과를 강하게 경험한 피험자들의 뇌 영상을 찍어 보면 통증 자극으로 흔히 활성화되는 뇌 영역의 활동이 줄어드는 게 보여. 그러니 피험자의 주관적 보고는 사실인 거지. 그뿐 아니라 강력한 진통제 모르핀으로 활성화된 영역을 포함해 다른 뇌 영역의 활동도 증가하지. 끝으로, 오피오이드진통제의 뇌 수용체를 막는 분자로 위약의 진통 효과는 중단할 수 있어. 그러니까 종교적 믿음이나 신앙에 힘입어 회복을 기대할 경우 긍정적인 결과가 있을 거라는 확신이 생겨서 최대한의 치유 효과를 내는 것 같아. 증거를 놓고 보자면, 믿음은 통증 체감과 같은 신체 작용에 실질적이고 측정 가능한 방식으로 영향을 끼치는 것 같아. 하지만 이런 사실이 통증 혹은 신앙을 부정하는 설명은 아니란다.

벤 정말 흥미로워요! 이제는 위약효과를 연구하는 데 뇌 영상 기법이 어떻게 쓰이는지 자세히 알고 싶어요.

말콤 네가 이 문제에 얼마나 관심이 있는지 알 수 없어서 신앙과 위약효과로만 논의를 제한했었어. 급속히 발달하고 있는 정교한 뇌 영상 기법이 위약효과의 작동 원리를 탐구하는 데 어떻게 쓰이는지 물었지? 네 질문에 답하기 위해 예를 하나 들어 보마.

마리오 뷰리가드(Mario Beauregard)는 재직하는 대학의 방사선과, 심리학과, 신경심리학과, 신경학과의 자원들을 모두 동원했어. 그의 말을 들어 보자. "위약효과에 대한 뇌 영상 연구의 결과는 환자의 믿음과 기대가 [위약]효과의 중심 역할을 한다는 것을 확증해 주고 위약효과가 대단히 구체적이라는 생각도 뒷받침해 준다." 그의 말은 이렇게 이어져. "위약효과에 대한 뇌 영상 연구 결과들을 모두 취합해 보면, 믿음과 기대가 지각·운동·통증·감정 처리 등 다양한 측면에 개입하는 뇌 영역의 신경생리적·신경화학

적 활동을 눈에 띄게 조절한다는 사실을 알 수 있다."²

그런데 위약효과를 활용하려고 하면 심각한 윤리적 문제에 부딪치게 돼. 의사들은 유효 성분이 없는 처방약을 환자에게 건네며 유효 성분이 있는 것처럼 속여야 할까? 그것은 비도덕적인 조치 아닐까? 하버드 의과대학 테드 캡처크 교수의 최근 연구 결과에 따르면, 과민성 대장 증후군(IBS) 환자들을 치료할 때 유효 성분이 들어 있지 않은 약이라도 "엄격한 임상 시험을 통해 설탕 알약 같은 위약이 심신의 자가 치유에 상당한 작용을 하는 것으로 드러났다"는 말을 덧붙이면서 제공하면 환자들은 여전히 통제 집단에 비해 증상이 완화되었어. 연구자들은 이렇게 평하는구나. "이 연구 결과는 위약이라는 사실을 밝히고 위약을 제공해도 위약 반응이 반드시 사라지는 것은 아님을 시사한다."³ 흥미로운 결론이야. 하지만 연구의 표본 규모가 작아. 실험 집단 37명, 통제 집단 43명. 그러니 위약의 효과가 검증된 약의 효과와 일치하는지는 두고 봐야지.

최근에 연구자들은 새로운 기법을 써서 척수의 MRI 영상을 확보했어. 과거에는 어려운 일이었지. 척수는 아주 작고 숨길과 동맥에 둘러싸여 있거든. 하지만 영상처리 기법이 발전해서 해당 영역에 대한 고화질 스캔 영상을 확보할 수 있었지. 연구자들은 fMRI 기기로 건강한 자원봉사자 열다섯 명의 척수를 연구했는데, 그중에서도 등쪽뿔(dorsal horn)이라는 영역에 초점을 맞췄어. 등쪽뿔은 척수를 따라 올라가는 통증 신호를 뇌의 통증 관련 영역으로 전달하는 역할을 해. 스캔을 하는 동안 자원자들은 손에 레이저 자극을 받았어. 그리고 한쪽 손에는 통증 완화 크림을, 다른 손에는 단순 크림을 발랐다는 말을 들었지. 지원자들은 몰랐지만 사실은 양손 모두 단순 크림을 바른 것이었어. 그러나 지원자들은 통증 완화 크림을 발랐다고 믿었고,

"고통이 25퍼센트 줄어드는 것으로 보고되었으며 통증을 처리하는 척수 경로의 활동도 현저히 줄었"어. 앞서 위약이 위쪽 전측대상피질(rostral anterior cingulate cortex) 같은 뇌의 통증 제어 영역에서 천연 오피오이드진통제가 나오게 하는 것으로 드러났잖아. 하지만 자연 진통제가 인공 진통제와 같은 방식으로 척수에 작용하는지, 아니면 통증의 내성이나 해석만 바꿔 놓는지는 밝혀지지 않았지. 이 연구자들은 "심리학적 요인들이 모르핀 같은 약과 유사하게 중추신경계의 맨 첫 단계에서 통증에 영향을 줄 수 있음을 보였다"고 주장했어.[4]

그러나 이런 연구 결과를 지나치게 일반화하면 안 돼. 영국인 일곱 명 중 한 명이 만성 통증 또는 장기 통증을 앓고 있는데, 가장 흔한 증상이 관절염, 허리 통증, 두통이야. 만성 통증은 크게 두 가지 형태로 나뉘지. 하나는 염증통이야. 화상이나 관절염으로 지속적인 손상이 일어나고 통증을 감지하는 신경 말단이 과민해지면 통각도 예민해지면서 염증통이 발생하지. 또 한 가지는 더 고치기 힘든 만성 통증, 신경병증 통증(neuropathic pain)인데, 이 경우 신경 손상이 지속적인 통증과 자극에 대한 과민 반응을 가져온단다.

그런데 좋은 소식이 있어. 케임브리지의 한 연구 그룹이 만성 통증을 일으키는 HCN2라는 유전자를 찾아낸 거야. 평생 이어지기도 하는 신경성 통증은 매우 흔하고 기존의 약으로는 치료가 어려워. 하지만 피터 맥노턴 교수의 지휘 아래 이루어낸 이 최신 발견으로 새로운 희망이 생기는구나. 그는 최근에 이렇게 말했어. "신경성 통증을 겪는 사람들은 효과적인 약이 없기 때문에 증상이 거의 또는 전혀 개선되지 않는 경우가 종종 있다. 우리 연구는 HCN2를 차단함으로써 만성 통증을 치료할 수 있는 신약 개발의 토대를 마련했다."[5] 이런 유형의 만성 통증에는 위약효과가 통하지 않을 것 같구나.

벤   자세한 정보 감사해요. 기도의 효력에 대한 믿음을 포함해서 믿음이 효과가 있다는 사실이 드러났다면, 우리의 믿음이 옳다는 것과 따라서 하나님이 존재한다는 증거로 쓰일 수 있을까요?

말콤   종교적 신앙이 유익한 경우가 있다는 점을 입증하는 것과 그것이 어떤 의미로건 하나님의 존재를 입증한다는 것은 별개의 문제란다. 상황에 대한 과학적 설명을 가지고 그것이 형이상학적 설명의 근거라고 주장할 수는 없어. 믿음치유가 자연적 과정으로 어느 정도 설명이 된다 해도, 그것이 형이상학적 또는 신적 행위 주체의 존재를 지지하는 논거가 되지는 않아. 물론 '신적'에 해당하는 개념을 확장한다면 얘기가 달라지겠지만 말이야.

    마음이 몸에 끼치는 영향은 오래전부터 연구되었고 오늘날도 활발히 연구되는 분야로 새로운 발견이 매일같이 이루어지고 있어. 그런데 한 가지는 분명해. 극도로 복잡한 이 연구 주제를 과도하게 단순화시켜서 대중에게 알릴 위험이 크다는 거야. 이 내용을 극적인 머리기사로 싣고 싶어 하는 언론이 주로 이 일을 조장하지. 그리스도인으로서 우리는 이런 일에 참여해서는 안 돼. 주로 이 분야의 연구에 적극 참여하지 않는 사람들이 받는 유혹은 크게 두 가지야. 하나는 이런 연구가 신앙을 "부정하는 설명"으로 제시될 때 위기감을 느끼고 기겁을 하는 거야. 또 하나는 이 분야의 연구 결과를 믿음을 통해 일하는 신이 존재한다는 모종의 증거로 제시하여 종교적 신앙을 뒷받침하려 드는 거지. 우리는 이 두 가지 모두를 경계하면 좋겠구나.

17
영성을 어떻게 봐야 하는가

벤 임상심리학과 심리치료 전문가로 훈련받을 자격을 갖추려면 배워야 할 내용이 정말 많네요. 그래도 이제는 큰 그림이 보이는 것 같아요. 인지행동요법 같은 심리치료의 "상의하달" 효과를 제대로 반영하고, **또한** 사고나 질병으로 뇌에 일어나는 변화가 심리치료의 효능을 심각하게 제한하는 "하의상달" 효과에도 진지한 관심을 기울여야 함을 알려 주는 큰 그림 말이에요. 그런데, 우리가 흔히 '영성'이라고 부르는 것은 어떻게 이해해야 할까요?

'상의하달' 효과와 '하의상달' 효과 모두 사람의 영성에 영향을 끼칠 수 있을까요?

여유가 되시면 이 문제에 도움을 주시면 감사하겠어요. 저와 제 가족에게는 실질적인 문제거든요. 할머니가 알츠하이머병에 걸리셨어요. 교수님도 아시다시피, 할머니는 훌륭한 그리스도인이고, 우리는 할머니가 정말 영적인 분이라고 생각했거든요. 요새는 성경을 읽고 기도하는 일이 너무 어려워져서 할머니가 많이 힘들어하세요. 영적 활동들에 참여하고 그 기쁨을 누려 온 할머니에게 무슨 일이 벌어질까요?

말콤   안타까운 소식이구나. 학부생 수업에서는 알츠하이머성 치매에 대해 많은 내용을 배우지 않을 테니, 관련 내용을 조금이나마 알려 주마. 할머니의 투병을 지켜보며 어떻게든 돕고 싶은 너와 네 가족에게 조금이라도 위로가 되면 좋겠다.

알츠하이머병이 진행되면 뇌의 신경세포에 특징적인 변화가 나타난다는 것은 오래전에 발견됐어. 뉴런 안에 형성되는 소위 신경섬유다발(neurofibrillary tangle)이 나타나는 것도 한 변화지. 이 섬유다발들은 뉴런을 통해 세포가 일하는 데 필요한 물질들을 통상적으로 전달하는 미세한 관의 잔존물이란다. 이런 변화에 더해 '아밀로이드 단백질'이라 불리는 소구체들이 뉴런 가지 끝에 침착돼. 이것을 '노인성 반점'(senile plaque)이라 불러. 이 안에는 퇴행성 신경세포 조각들이 들어 있어. 어떤 연구자들은 이 침착물들이 신경세포를 파괴하는 근원이라고 생각하지만, 아직은 논쟁이 활발하게 진행 중이야.

이제는 알츠하이머병의 임상적·신경 병리적 특성이 환경적 요인과 유전적 요인 모두에서 나온다는 사실을 많이들 받아들이고 있단다. 알츠하이머병을 일으키는 유전자로 적어도 다섯 가지는 밝혀졌어. 이 유전자들에서 나타나는 변이와 다형성을 생화학적으로 분석한 결과, 그 모두가 '아밀로이드 전구 단백질'(amyloid precursor protein) 처리에 영향을 주고 '아밀로이드 베타 펩타이드'(amyloid beta peptide)라고 불리는 이 단백질의 독성 조각을 만들어 낸다는 것이 드러났지. 알츠하이머병의 이런 생화학적 특징이 밝혀지면서 신경독성물질 아밀로이드 베타 펩타이드가 축적되는 걸 봉쇄하는 치료법 개발이 이미 시작되었고, 일부 치료법들은 사람을 대상으로 한 임상 시험에 들어갔단다.

케임브리지 대학의 바바라 사하키안 교수가 가장 최근에 흥미로운 연구 결과를 발표했는데, 간단한 테스트로 알츠하이머병의 시작을 지금보다 훨씬 일찍 탐지할 수 있다는 내용이었어. 미리 증상을 파악하면 손상이 일어나기 전인 초기에 개입할 수 있게 되겠지. 사하키안 교수는 단순한 인지 과제를 개발하여 전산화했는데, 이것을 사용하면 경미한 인지 손상을 탐지할 수 있어. 이런 인지 손상은 알츠하이머병의 전조 단계인 경우가 많아.[1] 현재 의약업계가 알츠하이머병의 치료를 위해 많은 신경 보호약제를 개발 중이란다. 좋은 소식이지? 조기 발견에다 신약 개발까지 더해진다면 기대를 품어 볼 만하지.

심리학적 관점에서 보자면, 알츠하이머병의 특성 목록은 이미 파악이 되었어. 목록만 나열해 봐도 그 증상이 얼마나 괴로울지 알 수 있지. 건망증, 불안, 공격성 증가, 우울증, 실금, 의심, 편집증, 정신병적 행동, 언어장애, 실행증, 수면 장애와 같은 괴로운 변화들이 환자의 종교 생활이나 영성을 여러 모습으로 바꾸어 놓는단다. 핵심적인 영적 경험들(세례 등)에 대한 기억 상실, 영적으로 해로운 세력에 대한 비현실적인 두려움과 영적 공허감, 예배 참석, 성경 읽기, 기도 같은 영적 활동의 감소, 하나님의 임재와 위로를 느끼지 못함, 신앙 공동체 안의 친밀한 관계 상실에 대한 비현실적인 죄책감, 평소 해 오던 봉사 활동의 포기. 헌신적이고 독실한 그리스도인에게는 이 모두가 치명적인 일이지.

이 일들이 얼마나 치명적인지는 N. T. 라이트가 나열한 기독교 영성을 이루는 6가지 중심 요소와 어떻게 연결되는지 보면 잘 알 수 있어.[2] 기억 상실이 알츠하이머병의 주된 특성이기에, 라이트의 목록에 첫 번째로 올라 있는 거듭남과 세례를 기억할 수 없다면 타격이 매우 크겠지. 마찬가지로 영성의 또 다른 두 표지인 기도와 성경 읽기도 영향을 받아. 알츠하이머병 환자들은 라이트 목록의 다음 요소인 '사랑을 주고받을 수 있는 힘'도 크게 약해진단다. 영성의 마지막 표지는 주의 만찬 또는 성만찬인데, 성만찬에 참여해 떡을 나누고 포도주를 마시는 단순한 행위가 절망에 빠져 있는 알츠하이머병 환자들을 일으켜 하나님의 임재를 새롭게 인식하게 해준다는 글렌 위버의 보고가 흥미롭구나.[3]

벤   감사해요. 큰 도움이 되었어요. 보내 주신 내용을 가족들에게 알려 줬더니 교수님께 감사 인사를 전해 달라고 했어요.

정신 작용과 뇌 작용이 긴밀하게 연관되어 있고 알츠하이머병으로 영성에 고통스러운 변화가 일어난다는 것은 사람의 영적인 부분이 우리의 몸에서 구현된다는 뜻인가요?

말콤   요즘 **영성**(spirituality)이라는 말이 유행하고 있어. 이 단어는 기도를 포함해 수도사의 여러 수도 활동부터 뉴에이지의 체험들, 여러 형태의 마법, 위자보드(귀신과의 대화를 시도하는 보드게임. 서양식 분신사바에 해당함-역주), 약을 먹고 경험하는 유체이탈체험 모두를 가리키는 것 같아. 어떤 사람들에게 영성은 모종의 통제된 종교적 황홀감이야. 너와 교회 친구들이 영성에 대해 말할 때와는 달리 내용이라 할 만한 것이 거의 없어. 이렇게 물을 수 있겠지. '종교적 배경이 없는 사람의 경우도, 뇌신경에서 동일한 사건이 발생하면 종교적 또는 영적이라는 말로 표현할 수 있을까?' 물론 영성은 영혼과 관련이 있고, 영혼은 물리적인 것도 물질적인 것도 아니라고 대답할 수 있을 거야. 그러나 그것이 사실이라면, 왜 알츠하이머병 때문에 네 할머니의 영성이 흔들리겠니?

케임브리지의 심리학자이자 신학자 프레이저 와츠는 **영적 치유**(spiritual healing)라는 용어의 세 가지 용례를 구분해야 한다고 말했어. 첫째, "영적 의식이 일정한 역할을 감당하는 치유." 둘째, "인간의 영적 측면이 개입하는 것으로 여겨지는 치유." 셋째, "영적 작용의 관점에서 설명되는 치유."[4] 와츠가 여기에 덧붙인 말을 명심한다면 세 용례의 범주를 혼동하거나 뒤섞는 일은 피할 수 있을 것 같구나. "핵심 질문은 '영적 치유를 과학적으로 이해해야 하는가 **혹은** 신학적으로 이해해야 하는가?'가 아니라 '신학적 설명과 과학적 설명은 어떤 관계여야 하는가?'다."[5] 너도 알다시피, 이 문제는 우리가 전에 다뤘지. 내가 여러 차례 말했듯이, 인간의 행동이나 경험을 연구할 때는 심리생물학적 층위라는 한 가지 수준에서 **철저하게** 설명을 하는 것만으로는 그 행동이나 경험을 온전히 이해하게 해주는 **배타적이고** 유일한 설명이라고 주장할 수 없어. 추가적인 정당화가 있어야 하지.

벤 교수님 말씀을 듣고 보니, 알츠하이머병에 걸린 사람은 모두 영성에 영향을 받는 것 같네요. 하지만 제 친구들의 친척 중에는 알츠하이머병을 앓으면서도 일부 교회 활동에 참여하시던데요? 이것은 알츠하이머병의 영향을 받지 않는 비물질적 영혼이 따로 존재한다는 뜻 아닐까요?

말콤 무슨 말인지 알겠다. 이 문제를 과장하지 않도록 주의해야겠구

나. 알츠하이머병으로 뇌에 생기는 변화와 사람의 영성이 어떤 연관이 있는지 온전히 알지 못하는 게 현실이니까 말이다. 둘의 연관성을 다 파악했다는 성급한 결론을 반박할 좋은 사례가 있지. 노트르담교육수녀회의 미국 회원 중 75-106세의 678명을 대상으로 한 연구인데, 초기에 나온 한 연구 보고서는 참가자 중 한 명인 메리 수녀를 "수녀 연구의 황금 표준"이라 불렀어. 메리 수녀는 놀랍게도 101세의 나이로 죽기 전까지 높은 인지 시험 성적을 거두었어. 더 놀라운 사실은 당시 그녀의 뇌에는 알츠하이머병의 고전적인 병변, 즉 신경섬유다발과 노인성 반점이 많이 있었다는 거야. 메리 수녀 및 다른 참가자들을 대상으로 한 연구 결과는 알츠하이머병이 진행되면서 나타나는 노화의 원인에 대한 새로운 단서가 되었지. 어떤 질병이 임상적으로 표현되지 않도록 막을 방법이 있지 않을까 하는 생각도 하게 했고.[6]

  메리 수녀의 사례가 우리가 이야기한 뇌와 마음의 긴밀한 관계 개념을 허무는 것 아니냐고 물을 수 있겠지? 하지만 내 생각은 달라. 그 사례는 두 관계의 본질에 대해 우리가 더 깊이 고민해야 한다는 사실과 아직 배울 것이 너무나 많다는 점을 보여 준단다. 우리는 메리 수녀의 경험이 다른 교회 전통에 속한 그리스도인과 왜 다른지 물어야 해. 내가 염두에 둔 비교 대상은 유명한 장로교 목사 로버트 데이비스야.

  그는 목회 경력이 정점에 있던 53살에 알츠하이머성 치매 진단을 받았어. 그러나 아내의 도움으로 질병 중간 단계에 접어들고도 한참 후까지 자신의 영적 체험에 대한 기록을 남겼어. 놀라운 일이지. 이 기록은 뇌 질환이 진행되면서 그의 영성이 어떤 영향을 받았는지 잘 보여 준단다. 그는 그것을 자신의 말로 생생하게 그렸어.

나의 영적 삶은 더없이 비참했다. 성경을 읽을 수가 없었다. 원하는 대로 기도도 할 수 없었다. 감정이 죽고 막혀 버렸기 때문이다. 기도를 해도 성령의 반응은 전혀 느낄 수 없었다.…내 마음은 쉴 수 없었다. 진정되지가 않았다. 절망스럽고 무서운 생각이 쉬지 않고 밀려왔다.

나는 내가 알고 사랑했던 구세주의 위안과, 그분이 주시는 평안을 열심히 구했지만 아무것도 얻지 못했다. 나는 그 어둠의 원인은 영적인 것이 분명하다는 결론을 내렸다. 이름 모를 죄책감이 나를 사로잡았다. 하지만 내가 생각할 수 있는 죄라고는 성경을 읽을 수 없다는 사실뿐이었다. 나는 성경을 읽을 수가 없었다. 하나님이 그것 때문에 나를 벌하신단 말인가? 나는 그저 자리에 누워 이렇게 외칠 수밖에 없었다. "오 하나님, 왜입니까? 왜입니까?"[7]

데이비스의 기록에는 이런 대목도 있어. "설교를 들어도 영적인 힘을 공급받지 못한다. 설교의 첫 번째 요지는 이해하지만 그다음부터는 길을 잃는다. 내 마음은 끊어진 개념들의 소용돌이로 휘말린다.…하나님의 말씀을 통해 그분을 만나던 익숙한 방법으로 힘을 얻으려 하면 기침, 두통, 불편함이 찾아왔다."[8]

가슴이 미어지는 글이다. 너도 알아챘겠지만 로버트의 병은 조발성 알츠하이머병이었어. 메리 수녀의 병은 아마도 후발성 알츠하이머병이었겠지. 두 경우의 차이가 여기에서 나왔을지도 몰라. 조발성 알츠하이머병과 후발성 알츠하이머병의 자세한 신경학적 차이점은 아직 밝혀지지 않았거든.

벤 영성에 영향을 끼치는 다른 질병들도 있나요?

말콤   그래, 있어. 그리스도인과 비그리스도인이 똑같이 겪는 괴로운 질병이 우울증이야. 우울증을 언급하는 것만으로도 정신이 바짝 들어야 마땅하지. 우울증에 대해 얘기할 때는 그것이 그저 하나의 질병에 불과한 것처럼 생각하지 않도록 주의해야 한다. 어떤 정신과 의사에게 물어도 우울증은 나타나는 방식과 원인이 아주 다양하다고 말할 거야. 우울증에 빠진 사람을 어떻게 도울지는, 단순화시켜서 말하면 그가 우울증에 걸린 것인지, 우울증을 동반하는 다른 질병에 걸린 것인지에 따라 많이 달라져.

때로 기독교 신앙을 소개하는 사람들의 당당하고 일방적인 선언을 들을 때도 있어. 우울증을 앓는다고 하면 믿음에서 떨어져 나왔거나 뭔가 감추고 있는 죄가 있는 거라고 말하는 식이지. 다행히도 지금은 이런 생각이 전만큼 흔하지는 않아. 풀러 신학교 교수였던 저명한 그리스도인 루이스 스미즈(Lewis Smedes)는 이런 식의 심각한 사실 왜곡을 반박할 요량으로 그의 책 「하나님과 나」(*My God and I*)에 자신의 우울증 경험을 털어놓았어. 그는 그 기간에 무력감에 사로잡혔고 하나님에게서 멀어진 느낌을 받았다고 밝혔지.[9]

스미즈는 자신의 회복을 이렇게 묘사했어. "그러다 하나님이 돌아오셨다. 내 두려움을 뚫고 들어와 이렇게 말씀하셨다. '네가 떨어지도록 두지 않겠다. 내가 언제나 너를 붙들어 주리라.'…하나님이 검은 구덩이에 빠져 있던 나를 기쁨의 세계로 곧장 들어 올리신 것 같았다." 스미즈는 다음과 같이 덧붙였지. "그날 이후로 나는 신경증적 우울증에 시달리지 않았다. 하지만 여기서 솔직하게 덧붙일 말이 있다. 하나님은 매일 아침 내게 다가오셔서 20밀리그램의 프로작 캡슐을 권하신다.…나는 매일 아침 캡슐 한 알을 삼키며 하나님께 감사드린다."[10]

벤　　그리스도인들이 알츠하이머병 환자들에게 어떻게 다가가야 한다고 생각하세요?

말콤　　우리 모두 알다시피, 그리스도인들은 알츠하이머병이나 우울증 같은 고통스러운 병뿐 아니라 그리스도인으로 살아가면서 겪는 일상의 어려움에도 끊임없이 시달린다. 그런데 이런 괴로움 근저에 놓인 심리학적·신경학적·생화학적·생리학적 메커니즘을 연구하는 데 몰두하다 보면 동료가 처한 곤경을 구경꾼 같은 자세로 설명할 수 있다는 점을 꼭 명심해야 한단다. 우리는 모든 그리스도인이 갖춰야 할 참된 긍휼의 정신에 따라 친구들의 고통에 공감하고 그들을 지원하기 위해 최선을 다해야 해.

이 문제에 대해 균형잡힌 견해를 갖기 위해서는, 앞서 지적한 대로 우리 뇌에서 일어나는 변화 중에는 우리의 선택과 무관하게 벌어지는 일들이 있다는 점을 인식해야 해. 알츠하이머병이 고전적인 사례라고 할 수 있겠지. 하지만 오늘 아침만 해도 나는 최신의 연구 결과를 들었단다.

알츠하이머병에 걸릴 가능성이 큰 사람들이 중년의 생활 방식을 바꾸면 병을 상당히 지연시키거나 피할 수 있다고 하는구나. 그런 경우가 많게는 5분의 1까지 나온다고 해. 그러니까 피할 방법이 전혀 없는 것은 아니라는 얘기지.

질병의 환경적 요인과 사회적 요인에 대한 지식을 잘 축적하다 보면 우리 행동에 더 책임질 수 있게 되고, 동시에 잘못한 것도 없이 마음의 병을 앓는 사람들의 곤경에 관심을 갖고 공감할 수 있는 힘이 생기게 돼. 실패하면 환경을 탓하고, 성공하면 대뜸 자신의 공로를 내세우는 존재가 우리잖아. 사람들을 대할 때는 인간이 사회적·환경적·문화적 조건에 많은 영향을 받을 수 있는 존재라는 것을 진지하게 받아들여야 한다는 뜻이지.

그뿐 아니라 하나님의 임재와 능력에 대한 우리의 영적 인식과 의식에 변화가 생길 수 있다는 것도 의식하게 될 거야. 그런 변화는 우리 몸의 변화, 특히 뇌의 변화에 영향을 받지. 나의 단골 주제인 심리생물학적 통일성을 염두에 둔다면 놀랄 일이 아닐 거야. 뇌와 영성의 관계에 대한 이 새로운 지식을 치우침 없이 이해하려면 정신을 바짝 차려야 해. "환원주의의 덫"이 도처에 놓여 있거든. 그 덫에 빠지면 예술가의 명작에 사용된 물감의 성분과 분포를 분석한 뒤 우리가 본 것은 결국 캔버스 위에 찍힌 물감에 "불과하다"고 주장하는 것 같은 일을 하게 돼. 뒤로 멀찍이 물러서서 전체를 바라봐야만 걸작을 알아볼 수 있는 법 아니겠니? 사람의 마음과 뇌, 영성을 과학적으로 연구한다고 해서 인간의 존엄이 훼손되지는 않아. 그런 지식을 적절히 활용하면 이해심을 가지고 서로를 존엄한 존재로 대할 힘을 얻을 수 있어.

너처럼 신경과학과 심리학을 높은 수준까지 공부할 특권을 받은 사람들에게는 그리스도인으로서 긍휼을 베풀 특별한 기회가 주어지지. 알츠하이머병으로 발생하는 신경적 변화를 더 깊이 탐구하는 본격적인 연구에 참여하는 것도 그중 하나일 거야.

그런 연구는 만만치 않아. 오랜 시간 하루 종일, 때로는 밤늦게까지 연구실에서 시간을 보내야 할지 몰라. 하지만 그 일은 사람들의 고통을 덜어 준다는 면에서 엄청난 성과를 거둘 수 있는 잠재력을 갖고 있지. 잠시 딴 얘기를 하자면, 나는 설교자들이 '기독교 전임 사역'이라는 말을 쓸 때마다 불편해. 그리스도인이라면 누구나 전임 사역자 아니겠니? 신경과학 연구에 헌신하는 것도 목회 못지않게 기독교적인 일이야. 고통을 덜어 주고 긍휼을 베

푸는 일에 우리 주님이 얼마나 깊은 관심을 보이셨는지 생각할 때, 알츠하이머병 연구를 통해 수백만 명의 고통이 줄어들거나 아예 그 병을 피할 수 있다면 그것은 참으로 주님의 발자취를 따르고 그분의 명령에 순종하는 일이라 할 수 있을 거야. 이 일에 지름길은 없을 거다.

1만 명의 알츠하이머병 환자들을 대상으로 임상 시험을 진행한 신약 연구 결과가 실망스럽게 나왔다는 소식을 오늘 읽었어. 뇌에 베타 아밀로이드라는 단백질이 축적되지 못하게 하는 약이었지. 안타깝게도, 그 약은 기대했던 역할을 해내지 못했어. 그러나 이것으로 상황이 끝나지는 않았단다. 알츠하이머병에 내재하는 신경학적 문제들을 다루는 연구는 계속될 거야. 네가 그 노력의 일부를 감당하게 될 수도 있겠지. 생각해 봐. 그보다 더 기독교적인 일이 어디 있겠니? 그 연구 결과가 이루어낼 장기적이고 광범위한 효과들과 지역 교회에서 가끔씩 벌어지는 치유 집회들을 비교해 봐. 그런 집회들에서는 한 줌의 사람들이 잠시 증상이 호전되었다고 주장하다가 몇 달 만에 전과 똑같은 상태로 돌아가지 않니. 그러니 헌신적인 연구 활동이 수많은 사람의 고통을 덜어 줄 잠재력을 지니고 있다고 말하는 것이지. 너도 잘 알 거라 생각한다.

벤 개인차에 대한 수업을 들으면서 궁금했던 점이 생각났어요. 교수님은 더 내성적인 사람, 더 외향적인 사람이 있는가 하면, 더 신경질적인 사람도 있다고 하셨어요. 그런 특성들을 측정하는 질문지를 보다가, 이것이 그리스도인이 되고 그리스도인으로 살아가는 일과 어떤 관계가 있을까 하는 생각이 들었어요.

교수님 말씀이, 이런 인지적이고 성격적인 특성들은 생물학적 기반이 있는 것 같대요. 논리적인 사고력과 다른 사람을 신뢰하는 능력이 사람마다 모두 다르다면, 그리스도인이 되기가 더 어려운 사람들이 있다는 뜻일까요?

말콤 대단히 중요하고 심오한 질문이구나. 내 생각을 말해 보마. 사도 바울은 에베소의 새로운 그리스도인들을 도울 요량으로 그들의 신앙이 어떻게 시작되었고 어떻게 이어지고 있는지 말해 주었지. N. T. 라이트가 번역한 에베소서 2:8-10을 보자. "여러분은 믿음을 통하여 은혜로 구원을 받았습니다! 이 일은 여러분이 주도하여 일어난 일이 아니라 하나님의 선물입니다. 행위에 근거한 것이 아니니 아무도 자랑할 수 없게 하신 것입니다. 설명하자면, 하나님이 우리를 이 모습으로 만드셨습니다. 하나님은 선한 일을 하도록 왕이신 예수 안에서 우리를 창조하셨습니다. 그것은 우리가 마땅히 걸어가야 할 길로, 그분이 미리 준비하신 것입니다." 라이트는 이 구절에 이렇 주석을 달았어. "믿음은 하나님이 받아 주실 만한 존재가 되도록 인간 자신이 행하는 무엇이 아니다. 우리는 아무것도 할 수 없고, 도움을 받지 않을 수 없으며, 그 일을 이룰 수 없다. 그렇지 않다면 우리가 그 일을 주도하게 될 것이고, **그런 능력이 있는 사람**은 그러지 못하는 사람들 위에 서서 자랑스럽게 고개를 꼿꼿이 들 것이다. 하지만 정반대다. 그것은 전적으로 하나님의 선물이므로 인간은 누구도 자랑할 여지가 없다."[11] 여기서 내가 강조한 문구는 이런저런 "능력"이 그리스도인이 될 수 있는 힘을 주느냐는 네 질문에 대한 답변의 실마리가 될 거야.

강조한 문구를 보면 그리스도인이 되는 것은 전적으로 하나님이 주도하신 일이고 그분의 사랑 때문임을 알 수 있고, 이 구절 전체가 온전히 하나님의 은혜를 다룬 것임을 다시금 기억하게 돼. 은혜는 하나님 없이도 잘 살

수 있는 우리가 이런저런 궁지에 몰릴 때 거기에서 빠져나갈 수 있도록 하나님이 주시는 보너스가 아니야. 내 일상생활의 질을 높이는 장식물이 아니지. 은혜는 하나님의 사랑이 죽은 자들에게 생명을 준다는 사실 그 자체야. 하나님이 자격 없는 자에게 거저 주시는 선물이지. 바울에 따르면, 우리의 구원은 하나님께 달려 있어. 그리고 은혜를 통해 주어지지. 하나님이 주신 구원을 이루는 일은 길고 힘겨운 과정이란다. 바울은 그 사실을 의심하지 않아. 개인차는 그리스도인들의 삶에서 영광스러운 다양성으로 드러나게 돼. 그리고 우리는 살아 있는 사랑의 기독교 공동체에서 그런 다양성을 직접 볼 수 있어. 이것이야말로 우리의 특권이라고 할 수 있지.

18
과학의 설명으로 종교를 부정할 수 있는가

벤 동일한 증거를 전혀 다른 방식으로 해석하는 경우가 많다고 여러 번 말씀하셨잖아요. 기도 중에 뇌의 특정 부위가 활성화된다는 사실을 하나님의 존재를 입증하는 증거로 제시하는 그리스도인들이 있는가 하면, 같은 사실을 신에게 바치는 기도가 특정한 뇌 영역의 선별적 활동에 "불과함"을 보여 주는 증거로 받아들이는 이들이 있지요. 어떻게 하면 과학적 연구 결과를 기독교 신앙과 적절히 연결시킬 수 있을까요?

말콤 우리는 지금까지 인간의 삶에 대한 과학적 설명을 종교를 비롯한 다른 것들과 어떻게 연결시킬지 이야기하면서 네 질문을 계속 다루었어. 과학적 기술(記述)로 종교를 포함한 인간의 삶을 '생물학적·물리적·심리적 작용에 불과한 것'으로 환원시킬 수 있다고 믿게 될 가능성은 언제나 있지. 그런 유혹에 실제로 넘어간 사람들도 있고.
생각 없이 환원주의에 빠진 모습은 저명한 과학자들의 저작에서도 불쑥

불쑥 나타나. 예를 들어, 앞에서도 언급한 프랜시스 크릭은 그의 책 「놀라운 가설」에서 이렇게 썼어. "당신은 신경세포들과 그것들이 모인 분자들의 방대한 집합체의 움직임일 뿐이다.…당신은 뉴런들의 묶음에 불과하다."[1] 이전에 쓴 메일에서 나는 크릭의 주장을 논리적으로 따라가면 그가 '놀라운 가설'에 대해 쓴 글도 종이에 묻은 잉크에 "불과"하고 그 메시지는 아무 의미도 없다는 결론이 나온다고 말했었지. 그러나 크릭 같은 사람도 책 끝 부분에서는 기존의 입장에서 몇 발짝 뒤로 물러나 이렇게 썼어. "우리의 가설에서 '불과'하다는 말을 너무 문자적으로 이해하면 오해의 소지가 있을 수 있다." 크릭처럼 노벨상을 수상한 로저 스페리는 환원주의의 위험을 경고하며 이렇게 썼어. "메시지의 의미는 잉크의 화학 성분에서 찾을 수 없다."[2]

　최근에 나는 또 다른 사례를 보았단다. 존경받는 영국의 저명한 신경과학자 콜린 블레이크모어 교수가 채널 4의 "기독교와 역사" 시리즈에 등장해서 '신과 과학자'에 대해 말하는 대목에서였지. 그는 "언젠가 과학이 종교적 신앙에 대한 인간의 욕구를 비롯한 모든 것을 설명하기를" 바란다고 말했어. 그는 인간이 계발한 뇌의 여러 특성이 신(들)을 믿는 성향을 필연적으로 만들어 낸다는 입장을 염두에 두고 있었던 것 같아. 그렇다면 신에 대한 믿음은 뇌 속 뉴런들의 선별적 재잘거림에 "불과한" 것이 되겠지(이것이 그가 암시하는 바야).

　콜린 블레이크모어는 지적하지 못했지만, 이런 식의 논리는 문제가 있어. 언젠가 과학이 종교적 신앙을 향한 인간의 욕구를 비롯한 모든 것을 설명할 가능성이 있다는 그의 견해에도 똑같은 논리를 적용할 수 있다는 거야. 그의 표현을 그대로 빌리면, 그의 견해 또한 그의 뇌에 있는 뉴런들의 재잘거림에 "불과한" 것이지. 실제로 이런 식의 환원주의적 접근은 논의를 진전시키는 데 아무런 도움이 안 되고, 사람들이 믿거나 믿지 않는 이유로 제시하는 논증을 절대 진지하게 받아들이지 않아. 하지만 그런 논증은 그 자체의 장단점을 따져서 진지하게 받아들여야 해. 종교와 종교적 행동에 대한 유전학이나 사회심리학의 연구 결과를 해석할 때도 다르지 않아. 이런 연구들은 종교인들과 비종교인들을 비교하는 것이니 종교성에 관한 연구인 동시에 무종교성에 대한 연구이기도 하잖아. 따라서 콜린 블레이크모어의 무종교성도 조사 대상이 되는 것이지. 하지만 그것이 그가 제시하는 '무종교를 선택한 근거'를 부정하는 설명을 제공하지는 않아. 그의 근거는 나름의 장단점에 의거해서 따져 봐야 할 사안이지.

벤 그리스도인 친구들에게 어떤 것에 대한 '설명'(explaining)과 그것을 '부정하는 설명'(explaining away)에 대한 교수님의 말씀을 들려줬어요. 그런데 그중 몇몇이 하는 말이, 신경과학의 도전이 있기 오래전에 프로이트가 이미 심리학을 사용하여 종교를 부정했다는 거예요. 종교는 다 소망투사라고 주장했다는데요? 이에 대해서는 어떻게 생각하세요?

말콤 네 친구들 말이 맞아. 종교의 기원을 설명하려는 시도는 지금까지 많았지. 인류학자, 심리학자, 최근에는 콜린 블레이크모어 같은 신경과학자들도 그 대열에 참여했어. 대략적으로 말하면, 심리학자들이 종교에 관심을 가질 때는 그 뿌리와 열매, 곧 종교의 기원에 대한 문제와 종교를 믿는 사람들은 어떻게 행동해야 하는가에 대한 문제에 집중했어.

네 친구들이 얘기를 꺼낸 김에 좀 자세히 설명해 주마. 프로이트의 과격한 견해는 20세기에 널리 알려졌고, 과학과 종교의 관계를 말할 때 '전쟁은

유'(warfare metaphor)가 힘을 발휘하는 발판이 되었어. 프로이트는 종교 관행들이 '잠정적인 사회적 신경증'(interim social neurosis)의 끈질긴 잔재에 "불과하다"고 주장해. 그리고 우리가 성장해서 종교에서 벗어나야 한다고 했지.

프로이트는 「환상의 미래」(*The Future of an Illusion*)와 「문명 속의 불만」(*Civilization and Its Discontents*, 열린책들)에서 이에 대해 길게 썼어.³ 그에 따르면, '환상'은 인간의 소망에 근거한 모든 신앙 체계를 가리켜. 그는 소망에 근거했다고 해서 반드시 잘못된 체계라는 의미는 아니라고 지적하는 신중함을 보였지만, 기독교는 분명히 잘못되었다 믿었어. 그런 의미에서 그는 전쟁은유를 주창하고 널리 퍼뜨린 장본인이라고 할 수 있지.

종교를 무의식적 소망의 산물로 보는 정신분석적 설명이나 종교를 부정하려는 설명의 주요 문제점은 그런 설명이 불신앙에 대해서도 똑같이 적용될 수 있다는 거야. 이것은 륌케(Rumke)가 그의 작은 책 「불신앙의 심리학」(*The Psychology of Unbelief*)에서 예리하게 보여 줬어.⁴ 륌케는 프로이트의 생애를 꼼꼼히 살핀 후 아버지와의 불화와 로마가톨릭 신자였던 유모에게 보인 극도의 거부감 등에 주목했어. 그리고 프로이트 본인의 이론에 근거할 때 그런 배경을 가진 사람이라면 성인이 된 후 종교, 특히 신을 아버지 같은 존재로 보는 종교를 거부하는 합리적인 신념 체계를 만들어 낼 것임을 예측할 수 있다고 했지. 프로이트는 정말 그렇게 했어. 오늘날의 무신론 회의론자들도 이런 식으로 특정한 문화적 영향을 반영한단다. 그들은 서구 백인 남성들처럼 생각하는 스타일을 보여 주지(그들이 서구 백인 남성들이기도 해).

벤   교수님 말씀은 도움이 되었어요. 몇몇 친구들과 믿음의 본질에 대해 이야기를 나눴는데요. 어떤 친구가 믿음은 '소망투사'라는 것을 심리학자들이 입증했다는 말을 들었다고 해요. 우리는 의심에 대해서도 이야기했어요. 한 친구는 의심은 믿음의 반대말이고 믿음 없음을 보여 준다고 말했고, 의심이 죄라고 하는 친구도 있었어요. 어떻게 생각하세요?

말콤 네 얘기를 들으니 50년 전의 심리학이 떠오르는구나. 당시 대표적인 성격심리학자는 하버드의 고든 올포트(Gordon Allport)였어. 그는 그리스도인이었는데 「개인과 종교에 대한 심리학적 해석」(The Individual and His Religion)이라는 책을 썼지. 이 책의 '의심의 본질'이라는 장에서 올포트는 건설적 의심이 더 큰 믿음을 낳는다고 주장했어.[5]

의심에 대해 분석한 고든 올포트의 책을 언급하고 보니 영국왕립학회 초기 회원이었던 로버트 보일의 생애가 생각난다. 예이여르 호이카스(Reijer Hooykaas)는 「로버트 보일」(Robert Boyle)을 집필하면서 보일의 단편적인 자서전을 인용해서 그가 "회심"한 후에 "회개하고 '그의 양심 속에 오랫동안 잠들어 계셨던' 그리스도께 반응하기로 맹세했"다고 썼어. 그런데 "기독교의 일부 근본 교리에 대한 극심한 의심"이 보일의 뒤를 쫓았지. 의심에 이어 우울증이 찾아왔고 "기독교가 자살을 금지한다는 사실만이 그가 스스로 목숨을 끊는 것을 막아 주었"어. 하지만 그것이 끝은 아니었지. "어느 날 성만찬이 끝나고, 하나님은 그가 그분의 은혜를 받고 있음을 다시금 느끼게 하셨다." 그 후에도 보일은 가끔씩 그가 "내 신앙의 질병"이라 부른 것에 시달렸지만, "덕분에 자신이 믿는 종교의 근거를 살피게 되었다. 의심은 그가 기독교의 근본 교리들을 설명해 내도록 만들었다."[6] 호이카스는 보일이 "결코 의심하지 않는 믿음의 소유자도 자신의 믿음을 정당하게 의심할 수 있다"고 선언한 것에 주목했어.[7]

정직한 질문은 더 깊은 믿음으로 가는 성경적인 길이야. 애톨 딕슨(Athol Dickson)은 이 사실을 상기시키며 자신의 경험을 나눴지. "어린 시절 나는 교만한 사람만이 감히 주님께 질문할 거라고 생각했다.…그러나 때로는 질문을 하는 것이 겸손한 일임을 배웠다. 질문 안에는 내게 답이 없고 하나님께 답이 있다는 생각이 들어 있기 때문이다. 진실한 질문은 하나님에 대한 존경을 드러내고, 그분의 능력을 인정하고, 그분께 영광을 돌린다."[8]

딕슨은 그의 책에서 하나님께 질문하는 사람들이 성경 곳곳에 나온다고 지적해. 아브라함은 하나님께 질문을 하지. 창세기 18장을 봐. 모세도 그래. 딕슨은 여기서 명심해야 할 교훈이 "묻는 것은 의심하는 일이 아니라 신뢰하는 일"이라고 말하고 있어. 그리고 이렇게 덧붙여. "하나님께 불충한 일일지 모른다는 두려움 없이 그분께 여쭤 볼 수 있어서 얼마나 좋은지 모른다!" 그는 뒤에서 이런 말도 했어. "하나님께 묻기를 두려워한 것은 '너희 속에 있는 소망에 관한 이유를 묻는 자에게는 대답할 것을 항상 준비하라'(벧전 3:15)는 베드로의 권고와 정반대의 결과를 내 삶에 초래했다. 하나님께 묻기 시작할 때까지 그랬다.…나는 내가 **무엇을** 믿는지 알았지만, **왜** 믿는지에 대해서는 피상적으로 알 뿐이었다. 경외심으로 가장한 편집증 때문에 나는 하나님이 내게 설명하라 명하신 더 깊은 진리를 알 수가 없었다."[9]

이 모든 내용은 고든 올포트의 다음 진술과 일치한단다. "의심의 과정을 이해한다면 자신이 믿거나 믿지 않는 근거가 타당한지 파악할 수 있는 더 나은 위치에 서게 될 것이다."[10] 나는 빠르고 번드르르한 해결책의 얄팍함을 지적한 올포트가 모든 그리스도인의 좋은 본이 된다고 생각해. "과학과 예술은 원리와 방법론이 다르지만 수천 가지 방식으로 협력하여 멋진 주택, 음악, 옷, 디자인을 만들어 냈다. 원리와 방법론이 다른 과학과 종교도 이와 같은 일을 이룰 수 있다고 본다. 서로 협력하여 인간 성품의 개선을 이루면 안 된다는 법이 있는가? 인간 성품의 개선이 없으면 인간이 무엇을 얻건 모두 비극적인 상실에 불과하지 않겠는가? 이제는 종교와 심리학이 부지런히 공통의 기반을 찾아 인간의 복지를 위해 힘을 합쳐야 한다는 요구가 곳곳에서 나오고 있다."[11]

벤   교수님 한 분이 20세기 위대한 심리학자들의 이야기를 하셨는데, 특히 행동주의 심리학자 B. F. 스키너와 신경심리학자 로저 스페리에 대해 말씀하셨어요. 이분들이 종교에 대한 견해를 갖고 있었나요? 종교를 부정하는 설명을 시도했나요?

말콤   그래. 스키너 교수는 지난 세기에 엄청난 영향력을 행사했고 종교를 부정하는 설명을 시도했어. 그는 행동을 만들어 내고 조정하는 기법을 개발했는데, 이 후 그 기법을 써서 사회의 미래를 만들어 갈 수 있지 않을까 추측했지. 그리고 어떤 종교는, 그의 행동 수정 기법처럼 보상과 처벌 체계에 근거한 게 아닐까 추측하기도 했어. 그래서 지옥은 궁극적 처벌에 해당하고 일부 종교 집단이 그 위협을 대단히 효율적으로 사용했다고 보았지. 좋은 것들을 인격화시켜 신을 만들어 내고, 큰 혜택을 약속하거나 대단히 강력한 혐오 자극인 지옥을 가르쳐 종교적 행동을 이끌어냈다고 본 거야. 어쨌거나, 그는 일부 종교 집단이 그런 식으로 추종자들의 행동에 영향을 끼치려 했다고 생각했어.

    스키너는 종교를 모종의 과학에 "불과한 것"으로 환원시키려는 사람들의 또 다른 사례지. 로저 스페리의 견해는 상당히 달랐어. 심리학의 인지혁명을 주도한 인물 중 한 명인 그는 일부 행동주의가 "파산"했다고 주장하는 강연을 하고 글도 썼어. 그는 종교적 신앙이 과학과 반드시 갈등하는 것은 아니며 상호 양립할 수 있다고 봤어. 그런데 스페리의 종교관 중에는 정통 그리스도인에게 아주 이상하게 들릴 만한 내용도 있다는 말을 해 둬야겠구나.

영국에서 20세기 후반의 가장 영향력 있는 심리학자라면 케임브리지 대학 심리학 교수 프레더릭 바틀릿 경을 꼽을 수 있을 거야. 그는 인지혁명의 또 다른 설계자였어. 그는 종교인들의 주장이 지닌 타당성 또는 가치에 대한 최종 판단은 증거를 기반으로 이루어져야 한다고 보았어. 심리학자라고 해서 다른 사람들보다 이 문제에 더 권위가 있는 것도, 권위가 떨어지는 것도 아니라고 했지.[12]

벤　　도움이 되는 답변이었어요. 과학 수업에서 배우는 내용이 기독교 신앙을 포함한 저의 신념과 어떤 연관이 있는지 이야기하는 중이니, 관련된 질문을 하나 더 해도 될까요? 동물학을 공부하는 친구가 그러는데, 종교의 필요성은 진화론적 발달의 자연적인 결과라는 증거가 최근에 나왔대요. 이것을 종교를 부정하려는 설명의 시도로 이해하면 될까요?

말콤　　종교의 기원과 사람들이 신앙을 갖는 이유를 이해하려는 시도에 다시 관심이 모이고 있어. 심리학이 진화생물학 및 신경과학과 연결되는 과학 영역에서도 그런 현상을 볼 수 있단다. 동물학을 공부하는 네 친구가 들은 내용도 이것이지 싶구나.

저스틴 배럿(Justine Barrett)은 전 세계의 공동 연구자들과 함께 5살 이하의 어린아이들이 초자연적인 것에 대한 이해를 어떻게 만들어 가는지 살펴는 비교문화연구를 진행하고 그 결과를 발표해 왔어.[13] 배럿은 인간과 비인간 영장류 및 그 조상 종들 사이에 강한 생물학적·인지적 연속성이 있다는 상당히 근거 있는 전제를 출발점으로 삼고 있지. 그는 종교적 생각을 진화의 부산물로 여길 수 있다는 믿음이 널리 퍼져 있다고 지적해.

목적론적 추론의 발달에 대한 배럿의 초기 연구 결과를 보면 다양한 신을 믿는 종교적 신앙이 문화적으로 두루 존재한다는 것을 알 수 있는데, 배럿은 이에 대한 인지적 이유 한 가지를 생각해 볼 수 있다고 말해.

아동 발달 연구에서 나온 또 다른 결과는 종교적 생각이 대단히 "직관적인" 것임을 잘 보여 주지. 그러나 이 연구 결과를 해석하는 방법에 대해서는 견해차가 존재한단다. 배럿은 종교적 관행은 적응력이 있고 이 적응력 때문에 종교가 끈질기게 살아남았음[유전적 선택을 통해서건, 문화적 선택을 통해서건, 유전-문화의 공진화(co-evolution) 역학을 통해서건]을 종교에 대한 인지과학의 연구가 보여 준다고 믿어. 이런 식의 설명에는 종교와 종교적 생각과 의식을 갖춘 인간 공동체가 그렇지 못한 공동체보다 더 협조적이고 친사회적이라는 생각이 공통적으로 들어 있어.

배럿은 연구자의 전제에 따라 연구 결과를 다른 식으로 해석할 수 있다는 것을 알고 있어. 그는 리처드 도킨스 같은 사람이 비슷한 자료를 이용해서 신에 대한 모든 믿음을 "부정하는 설명"을 허낸다고 밝히지. 도킨스는 종교가 자연적으로 설명될 수 있다고 말해. 배럿은 그가 그런 결론을 끌어내는 이유를 모르겠다며 이렇게 말하지. "도킨스가 제시한 증거는 초월적인 것을 감지하도록 신이 심어 놓은 수용성을 밝히는 논증의 일환으로 쓰일 수도 있다." 배럿은 이 연구에 대한 추가 질문을 받고 이렇게 덧붙여. "이 비교문화연구는 하나님이나 다른 신을 증명하려고 시작한 게 아니다. 특정한 방식으로 생각하기가 더 쉽다고 해서 그것이 실제로 옳다는 뜻은 아니다. 종교적 신앙과 의식이 왜 전 세계 여러 사회에서 계속 나타날까 생각해 보면, 종교라는 끈으로 묶여 있는 개인들이 더 협조하는 사회를 이룰 가능성이 높다는 결론을 얻게 된다."[14] 논쟁은 계속될 거야. 너도 알겠지만, 저스틴 배럿은 독실한 그리스도인이며 현재 풀러 신학교 교수야.

진화심리학과 인지신경과학을 연결해서 종교를 이해하려는 시도는 뉴스에서도 볼 수 있어. 2009년 "뉴사이언티스트"(*New Scientist*)지는 "타고난 신자들"이라는 기사를 실었는데 거기에는 '종교가 인간 본성의 일부인 이유'라는 부제가 붙었어. 뇌는 종교를 받아들일 준비가 되어 있다는 내용이었지.[15] 같은 달, 미국 국립과학원은 "종교적 신앙의 인지적·신경적 토대"라는 제목의 논문을 발표했어.[16] 같은 해 11월 말에는 "사이언스"지에 "종교의 기원에 관하여"라는 논문이 실렸지. 논문이 내세운 내용은 고고학과 인류학의 새로운 연구 결과에 fMRI 뇌 스캐닝을 사용해 종교적인 생각을 하는 사람들의 뇌를 연구한 결과를 더한 것이었어.[17]

모두 흥미진진한 자료들이란다. 정치적 신념이나 윤리적 신념 또는 도덕적 신념, 심지어 과학적 신념의 기원을 연구하는 데도 비슷한 접근법을 택할 수 있을 거야. 우리가 과학 연구를 수행하고 있을 때 뇌의 특정 부위가 매우 활성화된다는 것을 발견했다고 해 보자. 그렇다면 우리가 과학 저널에 쓰는 내용이 사실이 아니라는 뜻이 될까? 물론 그렇지 않지. 어떤 신념의 신경적·진화론적·심리학적·인류학적 기원과 토대에 대한 새로운 통찰이 나온다 해도 그것만으로는 해당 신념이 참인지 거짓인지 알 수 없어. 어떤 신념의 진위 여부는 그 증거라고 주장하는 바를 살피고 꼼꼼히 검토한 뒤에야 판단할 수 있지. 그러나 존 스토트가 그의 유작「제자도」(*The Radical*

Discipleship, IVP)에 남긴 조언을 존중하자면, 오늘날 우리에게 필요한 것은 새로운 세대의 소위 "급진적 보수주의자들"이야. 그는 우리가 사회에서 물려받은 일부 전통에 대해 급진적으로 생각할 줄 알아야 한다고 말하는데, 그중에는 우리가 속한 교파의 일부 전통도 포함되지. 그와 동시에, 그는 우리가 성경에 대해서는 보수적인 태도를 유지해야 한다고 주장해. 이것은 성경이 제대로 말하는 바에 대해서는 진지하게 받아들여야 한다는 의미야.[18] 따라서 우리 그리스도인들에게는 예수 그리스도가 실제로 살았고 가르쳤고 죽고 부활했는지의 여부가 대단히 중요해. 이스라엘 민족의 역사가 기록으로 잘 입증되는지도 중요하지. 신경과학이나 심리학의 주장을 동원해 아무리 그럴듯하게 설명해도 문서로 잘 입증된 역사적 사건을 부정할 수는 없어. 물론 그런 사건들을 어떻게 해석할지를 놓고 열띤 논쟁이 계속될 거야.

또 다른 연구가 이륙할 준비를 하고 있는데, 사람들이 하나님이나 신의 개념을 자신에게 어떻게 제시하는지에 대한 몇 가지 새로운 통찰을 기대해 볼 수 있을 것 같구나. 이 연구는 사회적 인지 분야의 전문가들이 주도하게 될 거야. 나는 이 연구가 한 종교 집단 내의 개인차뿐 아니라, 다른 교단의 지지자, 더 넓게는 다른 종교의 지지자들 사이의 흥미로운 차이점도 드러내 줄 거라고 기대한다. 그러니 어떻게 될지 지켜보자꾸나. 하지만 이런 식의 어떠한 연구도 '어떤 종교적 주장이 역사적으로 증거가 있는가'라는 선험적 질문에 대신 답할 수는 없어. 하나님이 존재하든 아니든, 많은 심리학적 설명으로 존재하지 않는 신을 불러낼 수는 없고, 역사 속에 자신을 계시한 신을 제거할 수도 없지.

벤   그러면 저의 기독교 신앙을 제가 가진 신경과학적·심리학적 지식과 어떻게 연결해야 할까요?

말콤 그 질문에 답하기 위해 많은 책이 나왔단다. 기독교 철학자 스티븐 에번스(Stephen Evans)는 그리스도인들이 종교적 신앙과 심리학 지식을 연결시키는 여섯 가지 방법을 소개했어.[19] 그가 책을 쓸 당시에 사람들이 가장 널리 받아들인 입장은 동일한 사실에 대한 두 가지 별개의 관점이 있다는 것이었어. 바로 믿음의 관점과 과학의 관점이지. 에번스가 '관점주의자들'(perspectivalists)이라 부르는 이들은 과학 연구의 진실성을 유지하고 때때로 자기도 모르게 은밀히 들어오는 개인의 철학에 그것이 더럽혀지지 않기를 바라는 이들이야. 그는 관점주의가 과학의 불완전함을 암시한다고 보는데, 이것은 두 가지 방식으로 생각할 수 있겠지. 과학의 경계라고 할 만한 영역이 따로 있다고 보는 이들이 있어. 이 견해에 따르면 실재의 어떤 영역은 과학 탐구자들에게 엄격한 출입 금지 구역이야. 그는 그런 사상가들을 '영역주의자'(territorialist)라고 불러. 반면, 과학적 접근은 실재를 인식하는 여러 가능한 방식 중 하나일 뿐이라고 보는 이들을 '관점주의자'라고 부르지. 오랫동안 이 문제를 생각해 온 메리 밴 르우웬(Mary van Leeuwen)은 관점주의에 한계가 있다고 말해. "관점주의가 기독교와 심리학의 관계에 대한 최종 답변이 되기에는 대답하지 못하는 질문들이 너무 많다."[20]

나는 관점주의 모델이 지금까지 우리에게 많은 도움을 주었고, 앞으로도 여러 측면에서 그럴 거라고 봐. 관점주의 모델에 따르면 기독교와 심리학은 3차원 구조물에 대한 평면도와 입면도라고 할 수 있어. 둘 다 중요한 정보를 담고 있지만, 둘을 부적절하게 섞으려 하면 혼란이 생기지. 둘은 경쟁 세력이 아니라 각각이 묘사하는 실재의 전체 그림을 보여 주는 데 필요한 조각으로 보아야 해. 이것을 정적인 관점주의 모델이라 할 수 있겠지.

이런 것을 생각하면서 과학과 신앙 사이의 상호작용을 온전히 평가하려면 더 역동적인 모델이 필요할 것 같구나. 네가 심리학과 신경과학 수업 시간에 배운 내용을 유용한 은유로 삼을 수 있을 것 같아.

시각계의 작동 방식에 대해 가장 널리 논의된 모델은 데이비드 밀너와 멜 구데일이 제안한 모델이야.[21] (나는 이 모델에 개인적인 관심이 있단다. 두 사람 다 내가 여러 해 동안 속했던 심리학과의 동료 교수였고, 젊은 연구자이던 두 사람을 내가 우리 학과로 발탁해서 성공적으로 경력을 쌓아 가는 모습을 기쁜 마음으로 지켜보았거든.) 그들의 견해를 소개해 보마.

우리는 주위 세상을 바라볼 때, 시각, 후각, 촉각, 미각을 통해 정보를 습득한다. 연구자들 사이에서 대체로 합의가 된 내용은, 시각계가 다소 다른 두 기능을 조정할 수 있어야 한다는 것이야. 하나는 세계에 영향을 주는 기능이고 또 하나는 세계를 표상하는 기능이지. 뇌가 이 두 목적을 어떻게 달성하는지를 신경심리학자, 신경생리학자, 신경과학자, 최근에는 컴퓨터 과학자들이 집중적으로 연구하고 있어. 너도 알다시피 발생학적으로 볼 때, 중추신경계의 일부라 할 수 있는 눈의 망막은 광수용체(photoreceptors)를 때리는 전자기 복사를 뇌가 이해할 수 있는 생리적 신호로 변화시키는 동시에 그 신호들에 대한 몇 가지 계산을 수행해. 망막에서 뻗어 나온 많은 투사 신경로 또는 전도로가 여러 종류의 정보를 일차시각피질(primary visual cortex)과 피질의 상위 시각 영역으로 전달하지. 밀너와 구데일은 이렇게 주장했어. "운동의 시각적 제어를 담당하는 시각 부호화 체계에 필요한 조건과 시지각(visual perception)을 담당하는 체계의 조건은 다를 수밖에 없다."[22] 그들의 지적을 더 들어 보자. "포유류 시각계의 다른 경로는 분명 다른 종류의 시각 분석에 특화되어 있지만['광대역 경로'(broad band, 깜빡임, 움직임 인식) 대 '반대색 경로'(color opponent, 색상, 패턴 처리), '대세포 경로'(magno, 동작 처리) 대 '소세포 경로'(parvo, 형태, 색상 처리)], 어떤 지점에서는 이 별개의 입력 자료들이 다른 방식으로 결합 및 변화되어 다른 목적을 수행한다. 다시 말해, 두 피질 경로는 대상의 본질적 특징과 그것들의 공간적 위치에 대한 정보를 처리하지만 그것들이 만들어 내는 변화는 두 경로가 다른 목적을 위해 진화했음을 보여 준다."[23] 그래서 그들은 "두 시각 경로는 각기 준독립성"을 갖추고 있지만, 그럼에도 "두 경로의 영역에는 상호연결이 있을 것"이라고 말해.[24]

이것은 과학과 신앙을 통해 자신과 세계에 대한 지식을 건설적으로 연결시키고 통합할 방법에 대한 유용한 은유가 아닐까? 시각계가 두 경로에서 입력 자료를 분석하여 사용하고 결국 효과적인 활동에 적용하듯, 우리는 과학 연구의 결과와 하나님이 우리에게 계시해 주신 것에 근거해 우리 자신과 세계에 대한 지식을 정리·분석·처리·통합하는 거지.

이렇게 생각하면 다음의 사실을 기억하는 데 도움이 돼. 첫째, 우리는 모든 자료를 얻는 게 아니며, 온전한 유익을 얻기 위해 각 자료를 적절한 형태로 분석해야 한다. 두 분석 모두 중요하고 적절하지만 둘은 다르다. 둘째, 자료가 적절한 경로에서 합당한 분석을 거쳐야 정보가 합쳐져서 총체적 세계상이 만들어진다. 셋째, 이 과정에서 두 경로 사이에 서로를 적극적으로 보완하고 이끌어 주는 상호연결이 일어난다. 넷째, 한 경로에서 나온 분석은 있는 그대로의 세계를 자세히 보게 하고, 나머지 경로에서 주어지는 분석은 그 세계에서 유효한 행위를 할 수 있게 만든다.

이 은유는 우리가 과학 활동을 통해 세계의 존재 방식에 대한 놀라운 이해력을 얻고, 하나님이 성경에 계시하시고 가르치시는 것을 통해 세상에서 어떻게 행동해야 하는지 알게 된다는 사실을 떠오르게 하지 않니?

이 둘은 서로 충돌하거나 경쟁하지 않아. 오히려 서로 보완하고 풍성하게 하고 상호 유익을 주지. 이렇게 생각하는 게 과학과 신앙이라는 별개의 영역에서 주어지는 지식을 긍정적이고 생산적으로 통합하는 방법이 아닐까?

19
다음엔 어디로 가야 하는가

벤   현재 과학 연구 상황을 볼 때, 앞으로 어떤 중요한 변화들이 있을까요? 오래된 기독교적 신념 중 일부를 재고해야 할 정도의 변화가 있을까요?

말콤   너도 알다시피, 내가 어떤 말을 하더라도 그건 과학 연구의 현재 상황이라는 거대한 풍경을 찍은 한 장의 스냅사진에 불과해. 모든 것이 어찌나 빨리 진행되는지 따라잡기가 불가능할 정도란다. 도움이 될지 모르겠지만, 내가 생각하는 심리학 연구의 방향을 말해 보마.

미국 최대의 심리과학자 집단은 미국심리과학협회(Association for Psychological Science)야. 2009년, 협회는 저널 "심리학 조망"(Perspectives on Psychological Science)에서 대표적인 연구자들에게 21세기 초의 심리학 연구 방향에 대해 의견을 구했단다. 그렇게 해서 나온 답변들이 아주 흥미진진하더구나. 첫 번째 논문은 리사 펠드먼 배럿의 "심리학의 미래: 마음과 뇌의 연결"[1]이었어. 논문 제목을 보고 내가 힘이 났다고 해도 놀라지 않겠지? 그 주제를 놓고 우리가 여러 번 대화를 나눴잖니. 그녀의 견해를 일부 소개해 주마.

논문 초록의 첫 몇 문장이 내용을 잘 정리해 주더구나. "생각과 감정 같은 심리적 상태는 실재한다. 뇌의 상태도 실재한다. 그러나 그 둘이 같은 방식으로 실재하지 않기에 마음-뇌의 대응 문제(correspondence problem)가 생긴다. 바로 이것이 문제다." 그녀는 이렇게 덧붙이지. "마음-뇌(Mind-brain)의 대응 및 그와 관련된 행동-뇌(behavior-brain)의 대응은 **여전히 심리학의 중심 문제고 21세기 심리학의 가장 큰 과제다.**"[2]

우리는 한 가지 공통 문제를 가지고 여러 다양한 층위에서 연구가 이루어진다는 이야기를 쭉 해 왔지? 배럿은 "각 층위의 범주들을 연결시키는 명확한 대응 관계[즉, 함수 관계]가 있는 것이 분명하다"고 평해.[3] 뒷부분에서 그녀는 이렇게 썼어. "유물론적 환원을 피해야 하는 더 중요한 이유는 우리가 논의하는 다양한 현상들[복잡한 심리학적 범주들, 심리학의 기본 요소들, 신경세포 점화] 각각이 과학적 탐구의 고유한 층위에만 존재할 뿐 다른 층위에는 존재하지 않기 때문이다."[4]

내가 볼 때 그녀는 아주 중요한 점을 지적하고 있어. 이 점을 기억한다면, 심리적 기능에 대한 이야기를 뉴런의 활동으로 환원시키는 일은 피할 수 있을 거다.

배럿의 지적 중에서 기억할 만한 게 하나 더 있어. "우리가 사고, 기억, 감정, 믿음, 자동적 처리, 통제적 처리, 자아 등으로 부르는 심리학의 복잡한 범주들은 관찰자 의존적이다. 그것들은 **뇌에서 생겨난** 심적 상태들의 집합이지만 **각각이 뇌의 구조와 일대일로 대응하지는 않는다.**"[5]

벤　'다양한 층위에서의 설명은 각각 나름의 고유성을 갖는다'는 지금까지 우리가 나눈 대화의 주제와 일치하네요. 인지신경과학의 다른 분야에서도 새로운 발전이 있을까요?

말콤　그래. 지금 막 "사이언스"지의 특별 섹션 '뇌의 신비'를 읽었어. 생각을 자극하는 글이더구나. 수천 명의 신경과학자들이 매년 모이는 신경과학자협회(Society of Neuroscientists) 컨퍼런스를 앞두고, "사이언스" 편집자들이 대표적인 신경과학자들에게 뇌과학이 향후 어떤 분야에서 발전할 거라고 생각하는지 물었지. 신경과학자들은 흥미진진한 발전을 기대하는 여섯 영역을 지목했어.

　첫 번째 영역은 기억을 저장하고 떠올리는 방식에 대한 연구야. 급속히 진보하는 다른 과학 분야에서도 가끔 벌어지는 일인데, 다른 분야의 발전이 새로운 발전의 열쇠를 쥐고 있을 수도 있어. 대표적인 연구자 엘리너 맥과이어는 정교한 fMRI 스캔의 등장으로 이렇게 말하게 되었지. "이제 우리는 해마 같은 뇌 영역의 활동 패턴으로 개별 기억의 흔적을 실제로 포착할 수 있게 되었다. 실험을 통해 피험자가 어떤 기억을 회상하는지 예측할 수 있다."[6] 하지만 그레그 밀러는 "제한된 선택지 중에서 예측하는 실험이고, 기술의 발전이 사람의 마음에 지나가는 일시적 기억을 읽어 낼 수 있는 수준까지 이르기에는 아직 어림도 없다"고 말하는구나.[7] 우리의 소중한 종교적 기억들이 뇌의 어디에 위치하는지 찾아내는 일이 그렇게 중요하냐고 물을 수 있겠지? 난 중요하다고 생각하지 않아. 영적 체험이 어디서 구현되건 그리스도인에게 뭐 그리 중요하겠어?) 이것은 마음과 뇌의 긴밀한 관련성을 보여 주는 또 다른 사례일 뿐이야.

"사이언스" 편집자들이 발전을 기대하는 또 다른 영역은 정신질환이야. 1950년대에 몇몇 질병의 관리를 돕는 약들이 나오자 다들 흥분했었는데, 그 이후로는 실망스러울 만큼 실질적인 진전이 더뎠어. 오늘날에는 희망적인 조짐들이 보이는구나. 그중 하나인 뇌심부자극술(deep brain stimulation)은 우울증의 일부 사례에 도움이 되는 것 같아.

뇌과학의 기대주로 떠오르는 세 번째 영역은 자폐 연구지. 대표적인 신경유전학자 대니얼 게쉬윈드는 자폐증을 이해하기 위한 시도에 초점을 맞추어 이렇게 썼어.

> 연구자들은 인간 뉴런의 유전자 발현 분석(gene expression profiling) 자료를 이용하여 자폐증 유발 유전자의 생물학적 경로를 찾아내고 그것을 바로잡을 약물을 시험해 볼 수 있을 것이다.…나는 이런 종합적인 방법을 통해 머지않아 새로운 종류의 약제를 개발할 것이라고 더없이 낙관한다.…우리 앞에는 참으로 신명나는 일이 기다리고 있다.[8]

우리도 그의 신명에 동참할 수 있을 것 같구나. 자폐증이 있는 사람의 (우리가 볼 때) 이상한 행동을 일부 종교인들이 귀신 들림으로 해석했던 때가 그리 오래지 않잖아.

네 번째 영역에 관한 질문을 살펴볼까? 다른 동물과 달리 인간의 뇌는 몸에 비해 왜 그렇게 클까? 이 문제를 다루는 사람들은 리처드 번의 중요한 연구 내용을 종종 인용하더구나.[9] 리처드와 로빈 번과 같은 연구자들은 인간의 뇌가 진화론적으로 우리와 가장 가까운 사촌 격에 해당하는 침팬지의 뇌보다 세 배나 큰 이유에 대한 추측을 내놓고 있어.[10] 나는 뇌의 비율에 종교적 의미가 있다고 보지 않아. 전에도 얘기했지만, 그리스도인들은 인간을 근본적으로 다르게 만드는 것은 신경심리학적 요소가 아니라 우리가 어떤 존재로 부름받았는가 하는 데 있다고 보잖니.

다섯 번째 영역은 각 사람과 그의 뇌가 특별한 이유에 관한 연구다. 이 분야에서도 뇌 영역들 사이의 관련성을 부각시키는 새로운 뇌영상 기법들이 각 뇌를 특별한 것으로 만드는 요소에 대해 새로운 실마리들을 내놓고 있지. 그러나 기독교 신앙을 믿는 우리가 볼 때 특별한 것은 뇌가 아니라 각 사람이야. 우리는 창조주 하나님과 인격적 관계를 맺을 수 있는 특별한 기회를 얻었고 그분의 아름다운 창조 세계를 맡아 관리할 책임 있는 청지기로 특별하게 부름받았다고 믿는다.

여섯 번째 영역은 인간의 뇌를 더 가소성 있게 만들 수 있는가에 대한 연구야. 이 외에도 향후 과제는 많지만, 뇌과학 발달이 그리스도인들에게 딱히 문제가 될 것 같지는 않구나. 문제는커녕 지금의 너처럼 전문가로 양성될 특권을 받은 사람들에게 좋은 기회가 되겠지. 이것은 매우 중요한 사실이란다. 너와 같은 심리학과 학생들이 소명을 다할 수 있는 길이 있어. 인지신경과학 분야의 헌신적인 연구팀 일원이 되어 사람들의 고통을 줄이는 일에 이바지하는 것이지.

뇌과학 분야 리더들의 연구 성과를 거론하고 보니 심리학이 이룬 급속한 발전도 생각이 난다. 심리학 연구의 진행 상황은 프란체스카 하페(Francesca Happé) 교수가 2011년 10월 런던왕립학회에서 수여하는 로잘린드프랭클린상 수상 연설에서 잘 말해 주었어. 자폐증 분야의 대표적인 연구자인 그녀는 자폐증의 원인이 '냉장고 엄마'(refrigerator mother, 20세기 초에 유행하던 정신분석학에서는 엄마와 아이 사이에 애착 형성이 안 되면 자폐증이 생긴다고 생각했다. 그래서 우유를 미리 타서 냉장고에 넣어 놓고는 아이가 울면 우유병을 꺼내 입에 물리고 다시 자신의 일로 돌아가는 차가운 엄마를 자폐증의 원인으로 보고 '냉장고 엄마'라 불렀다-역주)가 아님을 상기시켜 주었지. '자폐 스펙트럼 장애'(autism spectrum disorder)가 있는 이들의 뇌와 유전자에는 보통의 경우와 다른 점이 있다는 사실을 언급하면서 말이야.[11] 그러나 우리는 뇌의 어떤 부분이 다른지 모르고, 관련 유전자들이 어떻게 영향을 끼치는지도 몰라. 자폐 증상은 균일하지 않고, 신경인지적 설명만으로 그 특성을 다 설명할 수 없지(그것은 그저 '마음읽기 능력의 축소'가 아닌 거야). 게다가 자폐증이 여자보다 주로 남자에게 나타나는 이유도 몰라. 모르는 것이 너무 많지만, 끈기 있게 계속 노력하면 미래에는 희망이 있지 않겠니? 나는 그렇게 본다.

벤   동료이신 리처드 번 교수님에 대한 말씀을 읽고 보니, 진화심리학의 발전이 우리의 자기이해에 어떤 의미가 있는지 많은 내용을 쓰신 기억이 났어요. 이 분야에서 인간 본성에 대한 기존의 견해에 새롭게 문제를 제기할 만한 발전이 있을까요?

말콤   "심리학 조망"에 실린 또 다른 논문이 가능한 답변을 하나 제안하는구나. 데이비드 버스는 이렇게 묻고 있어. "어떻게 하면 진화심리학이 성격과 개인차를 제대로 설명할 수 있을까?"[12] 이것은 심리학의 한 영역의 발전이 다른 영역에 어떻게 영향을 줄 수 있는지 보여 주는 또 다른 사례야. 이 경우, 진화심리학의 발전은 성격과 개인차에 대한 연구를 풍성하게 하겠지.

버스는 이 분야의 초기 리더들 중 일부가 "유전성 개인차를 시스템의

'잡음'(noise) 정도로 보고 심리적 기계의 기본 기능과는 관련이 없다고 여겼다"고 지적해.[13] 그는 투비와 코즈미다스를 거론하는데, 1990년에 그들은 개인차를 "'잡음'(noise)으로 보는 것이 더없이 적절하며 심리적 기계의 기본 기능과 무관하다고 보았다. 차량 엔진 전선의 색깔이 그 기본 기능에 영향을 미치지 않는 것과 비슷하게 본 것이다."[14] 버스는 20년 전에는 이런 가정이 합리적이었지만 이제는 진화생물학이 발전하고 심리학의 진화론적 토대가 진보하면서 심각한 도전을 받고 있다는 데 동의하지. 그는 이렇게 믿고 있어. "성격과 개인차를 잘 이해하기 위한 한 가지 열쇠는 심리학자들이 그것을 개념화하는 방식이 달라지면서 주어질 것이다.…구체적으로 말하면, 적어도 일부 성격 차는 계속 나타나는 적응 문제를 해결하기 위한 대안 전략으로 개념화될 수 있다."[15] 그의 생각이 옳은지는 추가 연구 결과로 드러나겠지. 버스는 이 영역의 연구가 해결해야 할 문제들을 인식하고 이런 결론을 내려. "성격과 개인차를 설명하려면 한참 멀었지만, 현대 진화심리학은 그 일을 위한 몇몇 강력한 개념적 도구를 제공한다."[16] 우리가 앞에서 진행한 논의에 비추어 보자면, 나는 진화심리학이 인간의 심리생물학적 통일성을 부각한다고 생각해.

벤 인류학이 인간을 이해하는 과학임을 고려하면, 지금까지 교수님이 인류학, 진화심리학, 신경과학의 접점에서 벌어지는 일에 대해 한마디도 하지 않으셨다는 것이 놀라워요. 이 세 분야는 어떤 잠재적 연관 관계도 없나요?

말콤 그 세 분야의 교차점에 대해 너만 궁금해하는 건 아니야. "무엇

이 우리를 인간으로 만드는가? 진화인류학의 답변"에서 영향력 있는 학자들이 다음과 같이 주장하지.[17]

- **인간은 유전적으로 다른 종들과 유사하다.** 인간과 침팬지의 유전체는 99퍼센트 동일하다. 우리는 한 나무에서 나온 다른 나뭇잎이다.
- **인간은 상징적 행동, 언어, 문화를 이룰 예외적 능력을 갖고 있다.** 하지만 이미 살펴봤다시피, 영장류들도 언어와 문화를 만들 약간의 능력을 갖고 있다.
- **인간은 가장 온전하게 발달된 마음이론을 갖고 있다.** 우리는 생각에 대해 생각할 수 있고 다른 이들의 생각을 추정할 수 있다.

학자들은 이제 진화론적 시각을 더 확장시켜서 종교의 진화심리학에 대해 추측하고 있어. 종교적 사고는 적응 기능을 감당하고, 도덕·사회적 결속력·집단 생존에 보탬이 돼. 종교가 그토록 널리 퍼진 것은 당연한 일이야. (갤럽세계여론조사에서 전 세계 사람들에게 "당신의 일상생활에서 종교가 중요합니까?"라고 물었을 때, **그렇다**고 대답한 전 세계 성인 평균 비율은 84퍼센트였어.[18])

일부 독실한 그리스도인들은 뭔가 잘못되었다는 생각이 들 수도 있어. 하나님을 믿고 진실한 신앙으로 그 믿음을 표현하는 능력이 인지과학자들과 진화심리학자들의 현미경 아래 놓인다는 것을 받아들이기 어려운 것이지. 그들의 종교적 신앙은 대단히 소중하고 특별한데, 어떻게 그것을 진화의 산물이라고 말할 수 있느냐는 반응이지.

벤   신앙인들이 뭔가 잘못되었다는 느낌을 받는 것은 이상한 일이 아니에요. 과거에 벌어진 일을 생각하면, 새로운 지식이 **옳을** 경우 종교를 부정하고 종교의 도덕적·윤리적 요구를 피하는 구실로 쓰이지 않겠어요?

말콤   다행히 종교에 대한 인지적·진화론적 설명을 연구하는 대표적인 학자들 중 일부는 그리스도인과 비그리스도인을 합한 모든 동료에게서 주의 깊은 연구자라고 인정을 받는 독실한 그리스도인이야. 그중 한 사람이 내가 앞에서 언급한 저스틴 배럿이지. 그는 동료 매튜 자비넌과 함께 최근에 쓴 책에서 이렇게 묻고 있어. "그런 설명으로 인간 인격성의 특징이 '이마고 데이'(imago Dei), 곧 하나님의 형상 내지 모습이라는 신학적 주장이 약화될까?"[19]

인지심리학자들과 진화심리학자들이 마음읽기나 마음이론이라고 표현한 것에 대해 우리가 여러 번 이야기한 기억이 날 거다. 배럿과 자비넌은 인간의 발생으로 이어지는 진화 과정에서 이 마음읽기 능력이 더욱 발전했다고 생각해. 그들은 발전된 이 상태를 '고등마음이론'(higher order theory of mind, HO-ToM)이라 이름 붙이고 이렇게 썼단다. "비인간(또는 세 살 이전의 인간)이 '고등마음이론'을 갖고 있는지는 확실하지 않다. 성인 인간은 일반적으로 '3차 의도성'[1차 의도성은 자신의 의도를 직접 진술하는 것이다. '나는 아내와 외식을 하고 싶어.' 2차 의도성은 타인의 의도를 짐작하는 것이다. '남편이 나와 외식을 하고 싶어 하는 것 같아.' 3차 의도성은 자신의 의도에 대한 타인의 생각을 추측하는 것이다. '아내는 내가 자기와 외식을 하고 싶어 한다고 생각하는 것 같아.'-역주]을 행사하지만, 비인간 종들이 3차 의도성을 행사한다고 생각할 근거가 없다는 것은 그보다 논란의 여지가 적다.[20] (여기에 짤막한 경고를 덧붙이고 싶다. 현재 나와 있는 증거에 따르면 그렇게 생각할 근거가 없지만, 향후 비인간 종들에게서 그런 증거가 나올 수도 있다.)

그리고 뒷부분에서 이렇게 덧붙이지.

하나님의 형상에 결정적인 고등마음이론의 중요성을 말해 주는 성경 바깥, 신학 이외의 실마리는 종교인지과학(cognitive science of religion, CSR)이 제공한다. 종교인지과학은 인지과학과 진화심리학을 활용해 종교적 생각과 행동을 과학적으로 연구하는 학문이다. 종교인지과학은 인간이 어떠한 인지 기제를 가져야 신을 개념화하고 그 신과 상호작용할 수 있는지에 대한 의견을 밝히기 시작했다. 고등마음이론은 그 과정에서 거듭 중심 역할을 감당한다.[21]

배럿과 자비넌은 이 분야의 다른 대표적 연구자들의 주장을 이렇게 소개한다. "그렇다면 종교의식은 인간-인간의 상호작용에 적용하던 평범한 마음이론을 미묘하게 확대하거나 약간 수정해서 인간-초인간의 상호작용에 적용한 것이라고 볼 수 있다."[22]

배럿과 자비넌의 근간에서 뽑은 또 다른 인용문은 이 접근법이 종교의 이해에 적절함을 잘 보여 주지. 그들은 이렇게 썼어.

즉, 종교적 표현을 만들어 내는 인지적 도구는 종교나 종교적 실체와는 무관한 선택압(selection pressures)에 의해 진화한 것 같다. 뱀을 무서워하는 인간의 습성은 생존에 위협이 되었던 뱀을 만난 상황에 대응하여 진화한 것일 수 있지만, 신에 대한 인간의 믿음은 신을 만난 경험으로 인해 진화한 것 같지 않다. 종교적 사상은 진화의 부산물이지 적응의 산물이 아니라는 뜻이다.[23]

배럿과 자비넌은 이런 식의 연구가 초래하는 문제를 정면으로 직시하고 있어. "논의를 위해, 종교인지과학 방식의 설명이 대체로 옳다고 가정해 보자. 그런 설명으로 인간 인격성의 특징이 '이마고 데이'(*imago Dei*), 곧 하나님의 형상 내지 모습이라는 신학적 주장이 약화될까?"[24] 그들은 그렇게 생각하지 않지. "예를 들어, 미술과 음악처럼 우리가 좋게 여기는 많은 것들, 수학과 철학처럼 진리를 산출한다고 믿는 많은 것들, 옷과 낚시 도구 같은 많은 것들 역시 진화의 산물이다."[25] 그들은 노엄 촘스키(Noam Chomsky)가 현대 과학은 진화의 부산물일 수 있음을 인정했다고 언급해. 진화의 부산물이 얼마든지 의도적인 것이 될 수 있고 "우연적"인 것이 결코 아니라는 철학자 피터 반 인와겐(Peter van Inwagen)의 말도 소개하지.[26] 배럿은 반 인와겐의 견해를 언급한 후 이렇게 썼어. "즉, 하나님이 이 우주를 선택하신 것은 가능한 수많은 우주 중 바로 이곳에 진화의 (부)산물로 유신론 성향을 가진 한 종이 나타났기 때문일 수도 있다."[27]

벤 교수님뿐 아니라 배럿 같은 다른 과학자들도 진화와 신앙 사이에 본질적인 갈등이 없다고 본다니 마음이 놓이네요. 더욱이, 과학은 종교를 설명하려 드는 방식으로 무신론도 설명하겠다고 나설 수 있을 것 같아요(어떤 사람들이 믿지 않도록 이끄는 것은 무엇일까요?). 심리학이 무신론이나 유신론을 완전히 설명한다 해도 그것으로 무신론이나 유신론이 엉터리임이 드러나지는 않겠지요. 하나님의 존재 여부는 어떤 사람들은 믿고 어떤 사람들은 믿지 않는 이유와는 별개의 문제니까요.

말콤 급속히 발전하는 인지과학과 진화심리학 영역의 핵심 연구자들 중에 그리스도인 학자들과 과학자들이 있어. 참으로 다행이지. 말하자면 그들은 혼전이 펼쳐지는 경기장 한복판에 들어와 경기를 치르고 있는 셈이야. 관중석에 앉아 경기장에서 벌어지는 일을 지레짐작하고 무지를 드러내는 서글픈 논평을 가끔씩 던지는 것으로 만족하지 않아. 경기 규칙을 익히

거나 직접 참여하는 대신 경기를 어떻게 해야 한다는 기존의 생각만을 고수하면서 관중석에 남아 있고 싶은 유혹은 언제나 있지. 전에도 여러 번 말했지만 급속한 발전이 이루어지고 있는 이 분야에서는 온갖 사안들에 대한 섣부른 반발이 터져 나올 거야. 하지만 우리에게 정말 필요한 것은 전제부터 신중히 재검토해야 할 반발이 아니라, 적절한 증거에 근거하고 정확한 지식에서 나온 논평·분석·비판이겠지.

머지않아 종교의 진화론적 기원을 탐구하는 연구가 제기하는 여러 문제를 놓고 곳곳에서 논쟁이 진행될 거야. 일부 진지한 그리스도인들은 내가 앞서 언급한 여러 문제뿐 아니라 이 문제에 대해서도 너무나 빨리 발전하는 지식을 우려할 수도 있어. 충분히 이해할 만한 일이지. 그런데 별 도움이 안 되는 무릎반사 반응으로 그런 상황에 대응할 위험이 있어. 안타깝게도 과학의 발전과 그 여파가 밀물처럼 가차 없이 밀려오는 것을 소중한 기독교적 신념들을 위협하는 상황으로 보고, 나아가 지식의 밀물을 막아 보겠다고 미친 듯이 뛰어다니며 모래주머니를 채우는 몇몇 그리스도인들이 나올 위험도 있지.

하지만 나는 지식의 밀물을 부정확한 구닥다리 지식을 정리해 주는 잠재적인 도우미로 봐야 한다고 말하고 싶어. 우리가 섬기는 하나님이 성경에서 배운 대로 만물을 창조하시고 보존하시는 분임을 기억할 때, 하나님이 성경을 통해 주시는 지식과 그분의 우주를 이해하는 도구인 지성을 통해 주시는 지식이 궁극적으로 충돌할 수 없다고 말하고 싶어. 하나님이 모든 진리의 조성자라고 믿기에, 두 출처에서 나오는 설명이 궁극적으로 충돌하지 않을 거라고 믿을 수도 있지. 물론 둘이 조화를 이루기까지 많은 수수께끼를 풀어야 할 테고 치열하게 사고해야 할 거야. 그러니까 우리는 지식의 밀물을 환영해야 마땅해. 그것에 힘입어 우리가 속한 피조 세계의 경이로움을 새롭게 통찰할 수 있고 성경의 가르침대로 주께서 우리를 얼마나 "경이롭게, 멋지게 지으셨"(시 139:14, 우리말성경)는지 더 깊이 이해할 수 있을 테니 말이야.

부록

성서유니온의 성경 해석 원칙

성서유니온선교회는 선교회의 편집자와 저자, 그리고 선교회를 대표해서 성경을 다루는 모든 이가 쓰도록 다음과 같은 해석 원칙을 채택했다.

이 원칙은 식당의 메뉴판처럼 볼 것이 아니라 통째로 받아들여야 한다. 성경을 대할 때마다 이 원칙 전부를 명심해야 한다. 경우에 따라 강조점은 달라질 수 있지만, 해석 원칙 전부가 성경을 더하는 우리의 사고방식에 암묵적으로라도 영향을 미쳐야 한다.

우리는 성경을 다음과 같이 해석해야 한다고 믿는다.

1. **기도로**, 겸손하게, 성령에 의지하여. 우리는 성령만이 눈먼 우리의 눈을 뜨게 하고 어두운 마음을 밝혀 하나님의 말씀을 듣게 할 수 있음을 인정하며 성경에 다가간다. 우리에게 능력 주시는 하나님의 성령께서 사람들을 이끌어 성경 본문과 교감하게 하시고, 하나님이 지금 여기서 주시는 도전 과제에 직면하게 하실 것이다. 성령께서 성경을 지금 주시는 말씀으로 경

험하게 하신다는 인식이 있을 때 본문의 원래 의미뿐 아니라 지금 선포하는 예언적 의미도 이해하게 될 것이다.

2. **공동체적으로.** 성경을 개인주의적으로 해석하는 데 그쳐서는 안 된다. 우리는 그리스도의 몸이다. 우리는 우리가 존중하는 역사적 해석의 노선에 서 있고, 그로부터 가르침을 받는다. 함께 성경을 연구할 때, 성경을 더 깊이 이해하게 되고, 교제가 깊어지고, 적용이 이루어진다.

3. **통째로.** 우리는 성경 전체를 권위 있게 받아들이고, 성경이 성경을 해석하도록 하고, 옛 창조부터 새 창조에 이르기까지 인류를 다루시는 하나님의 큰 그림을 더 잘 이해하는 일에 헌신한다. 이 과정에서 우리는 성경이 거대서사(metanarrative)라는 사실, 즉 성경이 삶의 모든 것에 의미를 부여하는 이야기를 들려준다는 사실과 그것으로 삶의 모든 것을 판단해야 한다는 사실을 인정한다. 우리는 이런 관점에서 명제적인 해석과 메타서사에 대한 반응으로서의 해석 모두를 강조할 것이고, 사람들이 상상력을 발휘해 성경의 이야기 속으로 들어가고 그 권위에 순종하며 살도록 늘 도울 것이다.

4. **기록된 맥락대로.** 성경은 다양한 형식(장르)의 문학으로 이루어져 있고, 하나님이 말씀하시는 방식은 장르마다 다르다. 그러므로 해석은 각 구절의 장르를 파악하고 존중하는 과정을 포함하며, 성경 구절은 저자의 의도와 그 역사적·정경적 맥락에 맞게 해석해야 한다. 혹자는 이 일이 바람직할지 몰라도 불가능한 목표라고 비판하지만, 우리는 남김없이 다 알 수는 없을지라도 적절한 지식은 얻을 수 있다고 주장하는 바다.

5. **성경과 상황이 마주치는 맥락에서.** 우리의 전제·문화·성별·나이·개인사 등 우리 삶과 우리가 속한 공동체에 존재하는 모든 것은 성경과 우리의 만남에 항상 영향을 끼친다. 모든 만남이 해석이다. 그렇지만 우리는 성

경의 진리를 알고 체험할 수 있다. 공동체가 우리의 성경 이해에 중요한 영향을 끼치긴 하지만 궁극적인 구속력을 행사하지는 못한다. 우리는 이해한 바를 다시 성경에 비추어 끊임없이 검토해야 한다. 그와 동시에 우리와 다른 상황에 있는 이들의 성경 해석에도 귀를 기울여야 한다. 그래야 우리의 성경 이해가 풍성해지고 맹점도 바로잡을 수 있다.

6. **성경적 삶의 맥락으로**. 하나님의 말씀을 통해 하나님을 만나면 우리의 삶이 변하고, 하나님을 예배하고 선교하며 거룩하게 살겠다고 다짐하게 된다. 하나님의 말씀에 순종할 때, 우리는 여러 경험을 통해 성경을 더 잘 이해하게 될 것이고 하나님을 더 깊이 신뢰하고 그분과 더 깊이 교제할 힘을 얻을 것이다.

7. **그리스도 중심적으로**. 예수 그리스도(그분의 지상 탄생과 지상 생애, 죽음과 부활, 승천과 재림)야말로 인간을 상대하시는 하나님의 핵심 말씀이다. 그러므로 예수 그리스도는 성경에 나타난 하나님의 계시의 초점이다. 우리의 기본 목표는 성경과 기도를 통해 하나님을 만나고 그리스도를 인격적으로 신뢰하는 데 이르는 것이다. 성령은 우리를 진리로 이끄시고 언제나 예수님을 증언하시고 예수님께 영광을 돌리신다. 이 사실을 명심하면서, 성경을 대할 때 어떤 구절이 예수 그리스도와 궁극적으로 어떤 관계인지 고려해야 한다.

8. **관계 중심적으로**. 하나님과의 만남을 지향하며, 우리는 그저 하나님에 대한 정보를 모으기 위해 성경을 읽는 것이 아니다. 그렇지 않다. 우리는 성경 속 이야기, 약속, 명령, 경고와 본보기를 통해 하나님을 이해하고, 만나고, 인격적으로 알아 가기 시작한다. 성경을 해석한다면서 그분과 사랑의 관계는 누리지 못한다면, 하나님이 성경에 그분을 계시하신 목적을 완전히 놓치게 된다. 하나님의 본성은 사랑이기 때문이다. 하나님은 관계의 하나님

이요, 관계를 맺고 이어 가는 것이 그분의 본성이다. 그래서 우리의 성경 해석은 아버지 하나님과 그분의 자녀인 우리의 관계, 그리고 우리와 주위 사람들과의 관계라는 두 차원에 뿌리를 두게 된다.

근본적으로, 성경을 가까이하는 까닭은 하나님과 관계를 누리기 위해서다. 그리고 이것은 성령이 도우셔야만 가능하다.

서문

E. B. Davis, "Robert Boyle's Religious Life, Attitudes, and Vocation", *Science and Christian Belief* 19, no. 2(2007): 117-138.

Malcolm Jeeves, "Psychologising and Neurologising about Religion: Facts, Fallacies and the Future", *Science and Christian Belief* 21, no. 1(2009): 25-54.

_____ . "What Does an Experimental Psychologist Mean When He Says 'I Know Jesus Christ'", *HIS*(1954): 20-29.

R. Hooykaas, *Robert Boyle*(Lanham: University of America Press, 1997).

1. 심리학이란 무엇이며 어떻게 접근해야 하는가

"Challenges and Priorities for Global Mental Health Research in Low- and Middle-Income Countries", *Symposium Report of the Academy of Medical Sciences*, December 2008.

Rodriguez Llibre, J. Juan, et al., "Prevalence of Dementia in Latin America, India and China: A Population Based Cross-Sectional Survey", *Lancet* 372, no. 9637(2008): 464-474.

_____ . "The Prevalence, Correlates and Impact of Dementia in Cuba: A 10/66 Group Population-Based Survey", *Neuroepidemiology* 31, no. 4(2008): 243-251.

2. 마음과 뇌는 어떤 관계인가

David G. Myers, "The Biology of Mind", In *Psychology*. 9th ed(New York: Worth, 2009).

R. W. Sperry, "Mind, Brain, and Humanist Values", *Bulletin of the Atomic Scientists* 22, no. 7(1966): 2-6.

_____ . "Psychology's Mentalist Paradigm and the Religion/Science Tension", *American Psychologist* 43, no. 8(1988): 607-613.

3. 나는 얼마나 자유로운가

Nancey Murphy and Warren S. Brown, *Did My Neurons Make Me Do It?*(Oxford: Oxford University Press, 2007).

4. 결정론, 유전학 그리고 신 유전자란 무엇인가

Alexander McCall Smith, "A Wee Identity Crisis", *New York Times*. March 11, 2007.

D. Hamer, *The God Gene*(New York: Doubleday, 2004).

Dorret Boomsma, et al., "A Religious Upbringing Reduces the Influence of Genetic Factors on Disinhibition: Evidence for the Interaction Between Genotype and Environment in Personality", *Twin Research* 2(1999): 115-125.

Heather Looy, "The Body of Faith: Genetic and Evolutionary Considerations", *Journal of Psychology and Christianity* 24, no. 2(2005): 113-121.

Nicholas Wade, *The Faith Instinct*(New York: Penguin, 2009).

5. 벤저민 리벳의 실험은 자유의지 신화를 무너뜨렸나

B. Libet, "Do We Have Freewill?" *Journal of Consciousness Studies* 9(1999): 47-57.

_____. "Unconscious Cerebral Initiative and the Role of Conscious Will in Voluntary Action", *Behavioural and Brain Sciences* 8, no. 4(1985): 529-566.

B. Libet, C. A. Gleason, E. W. Wright and D. K. Pearl, "Time of Conscious Intention to Act in Relation to Onset of Cerebral Activity(Readiness-Potential): The Unconscious Initiation of a Free Voluntary Act", *Brain* 106, no. 3(1983): 623-642.

Gilberto Gomes, "The Interpretation of Libet's Results on the Timing of Conscious Events: A Commentary", *Consciousness and Cognition* 11(2002): 221-230.

Judy Trevena and Jeff Miller, "Cortical Movement Preparation Before and After a Conscious Decision to Move", *Consciousness and Cognition* 10, no. 2(2002): 162-190.

Mark Hallett, "Volitional Control of Movement: The Physiology of Free Will", *Clinical Neurophysiology* 118, no. 6(2007): 1179-1192.

S. S. Obhi and P. Haggard, "Freewill and Freewon't", *American Scientist* 923(2004): 358-365.

6. 모든 게 뇌 안에 있나

Christopher D. Frith and Daniel M. Wolpert, *The Neuroscience of Social Interaction*(Oxford: Oxford University Press, 2004).

J. Cacioppo, *Foundations of Social Neuroscience*(Cambridge: MIT Press, 2001).

Roy F. Baumeister, "Emergence of Personhood: Lessons from Self and Identity", In *The Emergence of Personhood*. edited by Malcolm Jeeves(Grand Rapids: Eerdmans, 2015).

7. 그러면 영혼은 어떻게 되는가

Anthony C. Thistleton, "Human Personhood and the Image of God: A Contribution from Biblical and Christian Theology", In *The Emergence of Personhood*. Edited by Malcolm Jeeves(Grand Rapids: Eerdmans, 2015).

Derek Kidner, *Genesis*(Downers Grove: IVP Academic, 2008).

John C. Eccles, "Do Mental Events Cause Neural Events Analogously to the Probability Fields of Quantum Mechanics?", *Proceedings of the Royal Society of London*, Series B 227(May 1986): 411-428.

_____. *Evolution of the Brain*(London: Routledge, 1989).

Karl R. Popper and John C. Eccles, *The Self and Its Brain*(New York: Springer-Verlag, 1985).

Malcolm A. Jeeves, "Human Nature Without a Soul?", *European Review* 12(February 2004): 45-64.

_____. "Mind Reading and Soul Searching in the Twenty-First Century: The Scientific Evidence", In *What About the Soul?* Edited by Joel B. Green(Nashville: Abingdon Press, 2004).

R. J. Berry and Malcolm Jeeves, "The Nature of Human Nature", *Science and Christian Belief* 20, no. 1(2008): 3-47.

9. 무엇이 우리를 인간으로 만드는가

Ian Tattersall, *Becoming Human*(Oxford: Oxford University Press, 1998).

Robin Dunbar, *The Human Story*(London: Faber and Faber, 2004).

10. 인간은 다른가

Corsin A. Muller and Michael A. Cant, "Imitation and Traditions in Wild Banded Mongooses", *Current Biology* 20(July 13, 2010): 1171-1175.

Michael S. Gazzaniga, *The Ethical Brain* (New York: Dana Press, 2005).

_____. *Human* (New York: Harper Collins, 2008).

11. 이타주의, 이타적 사랑과 아가페의 차이가 무엇인가

Robert A. Emmons and Michael E. McCullough, eds., *The Psychology of Gratitude* (New York: Oxford University Press, 2004).

Stephen G. Post, Lynn G. Underwood, Jeffrey P. Schloss and William B. Hurlbut, *Altruism and Altruistic Love* (Oxford: Oxford University Press, 2002).

12. 언어는 인간만의 고유한 것인가

H. Bouchet, C. Blois-Heulin, A. Pellier, K. Zuberbuhler and A. Lemasson, "Acoustic Variability and Individual Distinctiveness in the Vocal Repertoire of Red-Capped Mangabeys(Cercocebus torquatus)", *Journal of Comparative Psychology* 126, no. 1(February 2012): 45-56.

Kate Arnold and Klaus Zuberbuhler, "Call Combinations in Monkeys: Compositional or Idiomatic Expressions?", *Brain and Language* 120(2012): 303-309.

Kate Arnold, Yvonne Pohlner and Klaus Zuberbuhler, "Not Words but Meanings? Alarm Calling Behaviour in a Forest Guenon", In *Primates of Gashaka*. Edited by Volker Sommer and Caroline Ross (New York: Springer, 2011).

Klaus Zuberbuhler, Kate Arnold and Katie Slocombe, "Living Links to Human Language", In *Primate Communication and Human Language*. Edited by Anne Vilain, Jean-Luc Schwartz, Christian Abry and Jacques Vauclair (Amsterdam: John Benjamins, 2011).

Klaus Zuberbuhler and Roman M. Wittig, "Field Experiments with Non-human Primates: A Tutorial", In *Field and Laboratory Methods in Primatology*. Edited by Joanna M. Setchell and Deborah J. Curtis (Cambridge: Cambridge

University Press, 2011).

R. W. Byrne, "The Dividing Line: What Sets Humans Apart from Our Closest Relatives?", In *The Emergence of Personhood*. Edited by Malcolm Jeeves (Grand Rapids: Eerdmans, 2015).

13. 나의 뇌에 '신 영역'이 있는가

Brick Johnstone and Bret A. Glass, "Support for a Neuropsychological Model of Spirituality in Persons with Traumatic Brain Injury", *Zygon* 43(December 2008): 861-874.

16. 종교적 신앙은 21세기 민중의 아편인가

Anne Harrington, *The Cure Within*(New York: Norton, 2011).

David G. Myers, "National Secularity, Individual Religiosity, and Human Flourishing", *Perspectives*(August/September 2009).

_____. *A Friendly Letter to Skeptics and Atheists*(San Francisco: Jossey-Bass, 2008). 「기독교를 믿을 수 없는 17가지 이유」(IVP).

Howard L. Fields, "How the Nervous System Transforms Meaning into Bodily Healing", In *Spiritual Healing*. Edited by Sarah Coakley(Grand Rapids: Eerdmans, 2012).

M. Beauregard, *The Spiritual Brain*(New York: HarperOne, 2007).

M. Beauregard, J. Levesque and P. Bourgouin, "Neural Correlates of Conscious Self-Regulation of Emotion", *Journal of Neuroscience* 21(September 2001): 6993-7000.

M. Beauregard, J. Levesque and V. Paquette, "Neural Basis of Conscious and Voluntary Self-Regulation of Emotion", In *Consciousness, Emotional Self-Regulation and the Brain*. Edited by M. Beauregard(Amsterdam: John Benjamins, 2004).

M. Beauregard and V. Paquette, "Neural Correlates of a Mystical Experience in Carmelite Nuns", *Neuroscience Letters* 405(2006): 186-190.

M. Beauregard, V. Paquette, M. Pouliot and J. Levesque, "The Neurobiology of the Mystical Experience: A Quantitative EEG Study", *Society for Neuroscience 34th Annual Meeting*, October 23-27, 2004, San Diego.

18. 과학의 설명으로 종교를 부정할 수 있는가

Malcolm Jeeves and Warren S. Brown, *Neuroscience, Psychology, and Religion*. Templeton Science and Religion Series(West Conshohocken: Templeton Press, 2009).

Paul R. Gross and Norman Levitt, *Higher Superstition*(Baltimore: Johns Hopkins University Press, 1994).

Robyn M. Dawes, *House of Cards*(New York: Free Press, 1994).

19. 다음엔 어디로 가야 하는가

Malcolm Jeeves, "Concluding Reflections", In *Evolution, Religion and Cognitive Science*. Edited by Fraser Watts and Leon Turner(Oxford: Oxford University Press, 2014).

서문

1. J. J. Macintosh and Peter Anstey, "Robert Boyle", in the *Stanford Encyclopedia of Philosophy*, Fall 2007 〈http://plato.StanforAedu/archives/fell2007/entries/boyle/〉.
2. John Stott, *Through the Bible, Through the Year*(Grand Rapids: Baker, 2006), p. 370. 「나의 사랑하는 책」(IVP).
3. Mark Noll, *Jesus Christ and the Life of the Mind*(Grand Rapids: Eerdmans, 2011), p. x. 「그리스도와 지성」(IVP).
4. Christopher Bugbee, "A Higher Purpose for Higher Education", *Milestones*, John Templeton Foundation, June 2005 〈www.templeton.org〉.
5. Malcolm Jeeves, ed., *Human Nature*, based on a conference at the Royal Society of Edinburgh(Edinburgh: The Royal Society of Edinburgh, 2006); Jeeves, ed., *From Cells to Souls and beyond*(Grand Rapids: Eerdmans, 2004); Jeeves, ed., *Re-thinking Human Nature*(Grand Rapids: Eerdmans, 2011); Jeeves, ed., *The Emergence of Personhood*(Grand Rapids: Eerdmans, 2014).
6. Malcolm Jeeves, "Not All Herrings Are Red", *HIS*(February 1959): 11-15.
7. David Smith, *Moving Toward Emmaus*(London: SPCK, 2007), pp. 60-61.
8. 같은 책, p. 61.
9. International Fellowship of Evangelical Students, 기도 편지, 2011.
10. Stott, *Through the Bible*, p. 370.

11. N. T. Wright, *Paul for Everyone: The Prison Letters*, 2nd ed.(Louisville: SPCK/ Westminster John Knox, 2004), p. 51. 「모든 사람을 위한 옥중서신」(IVP).
12. C. S. Lewis, *Letters to Malcolm*(London: Geoffrey Bles, 1964). 「개인기도」(홍성사).

1. 심리학이란 무엇이며 어떻게 접근해야 하는가
1. David G. Myers, *Psychology*, 9th ed.(New York: Worth Publishers, 2010). 「심리학개론」(시그마프레스).
2. Howard Gardner, *The Mind's New Science*(New York: Basic Books, 1985), p. 29.
3. Marilyn S. Albert, "The Science of the Mind", *Science* 275(March 1997): 1547.
4. Paul Vitello, "George A. Miller, a Pioneer in Cognitive Psychology, Is Dead at 92", *New York Times*, August 1, 2012 〈http://www.nytimes.com/2012/08/02/us/george-a-miller-cognitive-psychology-pioneer-dies-at-92.html?_r=i&pagewanted=all〉.
5. Sabine Bahn, "New Blood-Testto Aid in Schizophrenia Diagnosis", *University of Cambridge Research News*, June 28, 2010 〈http://www.cam.ac.uk/research/news/new-blood-test-to-aid-in-schizophrenia-diagnosis/〉.
6. "Challenges and Priorities for Global Mental Health Research in Low-and Middle-Income Countries", *Symposium Report, The Academy of Medical Sciences*, December 2008.
7. Martin Rees, "Keeping it Real: The Art of Science", in *Eureka*, supplement to The Times(October 2009): 9.
8. Michael Atiya, interviewed by Ronald Kerr.
9. Charles Darwin, *A Biographical Sketch of an Infant*, 1877.
10. Eric L. Johnson, ed., *Psychology & Christianity* 2nd ed.(Downers Grove: InterVarsity Press, 2010). 「심리학과 기독교 어떤 관계인가」(부흥과개혁사).

2. 마음과 뇌는 어떤 관계인가

1. John Stein, "The Most Important Problems in Neuroscience", *The Psychologist* 24(December 2011): 870-871.
2. 같은 책.
3. Carol R. Albright and James B. Ashbrook, *Where God Lives in the Human Brain*(Naperville: Sourcebooks, 2001).
4. Andrew Newberg and Mark R. Waldman, *How God Changes Your Brain*(New York: Ballantine Books, 2009).
5. David G. Myers and Malcolm A. Jeeves, *Psychology Through the Eyes of Faith*, 2nd ed.(SanFrancisco: HarperSanFrancisco, 2003). 「신앙의 눈으로 본 심리학」(IVP).
6. David G. Myers, "The Biology of Mind", in *Psychology*, 9th ed.(New York: Worth Publishers, 2010).
7. N. T. Wright, 개인 서신, April 2012.
8. Randy L. Buchner, Jessica R. Andrews-Hanna and Daniel L. Schacter, "The Brain's Default Network: Anatomy, Function, and Relevance to Disease", *Annals of the New York Academy of Sciences* 1124(2008): 1.
9. Gregoire Borst, William L. Thompson and Stephen M. Kosslyn, "Understanding the Dorsal and Ventral Systems of the Human Cerebral Cortex: Beyond Dichotomies", *The American Psychologist* 66(October 2011): 624.
10. Iain McGilchrist, *The Master and His Emissary*(New Haven: Yale University Press, 2010). 「주인과 심부름꾼」(뮤진트리).
11. N. T. Wright, "Imagining the Kingdom: Mission and Theology in Early Christianity", *Scottish Journal of Theology*(November 2012).
12. Arthur W. Toga and Paul M. Thompson, "Mapping Brain Asymmetry", *Nature Reviews Neuroscience* 4(January 2003): 37-48.
13. Borst, Thompson and Kosslyn, "Understanding the Dorsal and Ventral Sys-

tems", p. 624(저자 강조).
14. 같은 책.
15. Roger Sperry, in R. L. Gregory, ed., *The Oxford Companion to the Mind* (Oxford: Oxford University Press, 1987), pp. 164-165.
16. Thomas Nagel, "Science and the Mind-Body Problem", in *What Is Our Real Knowledge About the Human Being?*(Vatican City: Pontifica Academia Scientiarum, 2007), pp. 96-100.
17. Raymond Tallis, *Aping Mankind*(Durham, UK: Acumen Publishing, 2011).
18. Carol A. Tavris, "Debunking Pseudoneuroscience", David Myers Distinguished Lecture on the Science and Craft of Teaching Psychology, Association for Psychological Science, May 25, 2012, Chicago.
19. Antonio Damasio, *Descartes' Error*(New York: Putnam, 1994).「데카르트의 오류」(중앙문화사).
20. Robert E. Kendell, "The Distinction Between Mental and Physical Illness", *British Journal of Psychiatry* 178(2001): 490-493.
21. Eleanor A. Maguire et al., "Navigation-Related Structural Change in the Hippocampi of Taxi Drivers", *Proceedings of the National Academy of Sciences* 97(April 11, 2000): 4398-4403.
22. Katherine Woollett and Eleanor A. Maguire, "Acquiring 'the Knowledge' of London's Layout Drives Structural Brain Changes", *Current Biology* 21(December 2011): 2109-2114.
23. Vincent Paquette et al, "Change the Mind and You Change the Brain: Effects of Cognitive-Behaviour Therapy on the Neural Correlates of Spider Phobia", *Neuroimage* 18(2003): 401-409.

3. 나는 얼마나 자유로운가

1. Professor Nicholas Mackintosh FRS, "Brain Waves Module 4: Neuroscience and the Law", report on the National Academy of Sciences Sadder Forum, December 13, 2011 〈http// royalsociety.org/policy/projects/brain-waves/responsibility-law/〉.
2. MacArthur Foundation New Scientist Report, December 14, 2011 〈http://www.macfound.org/press/speeches/announcement-law-and-neuroscience-project-jonathan-fanton-federal-court-house-new-york-ny-october-9-2007/〉.
3. "fMRI Evidence in Court: Summary of *Nature* Paper on Revised Judgment on Stefenini Albertani", *The Psychologist* 24(October 10, 2011).
4. Daniel T. Tranel, quoted by Chris Kahn in 'Paedophile 'Cured' After Surgery", reported by the Associated Press, July 28, 2003.
5. Peter Clarke, "Neuroscience and the Soul: A Response to Malcolm Jeeves", *Science and Christian Belief* 21(April 2009): 61-64.

4. 결정론, 유전학 그리고 신 유전자란 무엇인가

1. David G. Myers, "Nature, Nurture, and Human Diversity", in *Psychology*, 9th ed.(New York: Worth Publishers, 2010), pp. 133-172.
2. Stephen J. Gould, "Message from a Mouse", *New York Times*, September 13, 1999, p. 64.
3. Daniel Geschwind, quoted in PerriKlass, "On the Left Hand, There Are No Easy Answers", *New York Times*, March 6, 2011 〈http://www.nytimes.com/2011/03/08/health/views/08klass.html?_r=1〉.
4. L. J. Eaves et al., "Comparingthe Biological and Cultural Inheritance of Personality and Social Attitudes in the Virginia 30,000 Study of Twins and Their

Relatives", *Twin Research* 2(1999): 62-80.
5. Lindon Eaves, "Genetic and Social Influences on Religion and Values", in *From Cells to Souls-and Beyond*, ed. Malcolm Jeeves(Grand Rapids: Eerdmans, 2004), p. 108.
6. 같은 책, p. 112.
7. 같은 책, p. 111.
8. Dorret Boomsma et al., "A Religious Upbringing Reduces the Influence of Genetic Factors on Disinhibition: Evidence for the Interaction Between Genotype and Environment in Personality", *Twin Research* 2(1999): 115-125.
9. John Horgan, "Do Our Genes Influence Behavior? Why We Want to Think They Do", *Chronicle of Higher Education*, November 26, 2004 〈http://chronicle.com/article/Do-Our-Genes-Influence/21999/〉.
10. Laura B. Koenig, Matt McGue, Robert Krueger and Thomas J. Bouchard Jr., "Genetic and Environmental Influences on Religiousness: Findings for Retrospective and Current Religiousness Ratings", *Journal of Personality* 73(April 2005): 471-488.

5. 벤저민 리벳의 실험은 자유의지 신화를 무너뜨렸나

1. Benjamin Libet, E. W. Wright Jr. and G. A. Gleason, "Readiness-Potentials Preceding Unrestricted 'Spontaneous' vs. Preplanned Voluntary Acts", *Electroencephalography and Clinical Neurophysiology* 54(1982): 322-335.
2. Benjamin Libet, "Unconscious Cerebral Initiative and the Role of Conscious Will in Voluntary Action", *Behavioral and Brain Sciences* 8(1985): 536.
3. Masao Matsuhashi and Mark Hallett, "The Timing of the Conscious Intention to Move", *European Journal of Neuroscience* 28(2008): 2344-2351.
4. 같은 책, p. 2344.

5. Jeff Miller, Peter Shepherdson and Judy Trevena, "Effects of Clock Monitoring on Electro-encephalographic Activity: Is Unconscious Movement Initiation an Artifact of the Clock?", *Psychological Science* 22(January 2011): 103-109.
6. 같은 책, p. 107.
7. M. Brass and P. Haggard, "The What, When, and Whether Model of Intentional Action", *The Neuroscientist* 14(2008): 323.
8. Mark Hallett, "Volitional Control of Movement: The Physiology of Free Will", *Clinical Neurophysiology* 118(June 2007): 1179-1192.
9. 같은 책, p. 1182.
10. Peter Bryant, *Red Alert*(New York: Ace Books, 1963).
11. 같은 책, p. 1192.
12. Michael Gazzaniga, *Who's in Charge*(New York: Ecco, 2011), 「뇌로부터의 자유」(추수밭).
13. Hannah Tepper, "The Controversial Science of Free Will", *Salon*, November 13, 2011 〈http://www.salon.com/2011/11/13/the_controversial_science_of_free_will/〉.
14. 같은 책.
15. Benedict Carey, "Decoding the Brain's Cacophony", *New York Times*, October 31, 2011 〈http://www.nytimes.com/2011/11/01/science/telling-the-story-of-the-brains-cacophony-of-competing-voices.html?pagewanted=all&_r=0〉.
16. Aaron Schurger, Jacobo D. Sitt and Stanislas Dehaene, "An Accumulator Model for Spontaneous Neural Activity Prior to Self-Initiated Movement", *Proceedings of the National Academy of Sciences*(August 2012), quoted in Anil Ananthaswamy, "Brain May Not Stand in the Way of Free Will", *New*

Scientist, August 8, 2012.

17. 같은 책(저자 강조).

18. Seth Anil, quoted in Ananthaswamy, "Brain May Not Stand in the Way of Free Will."

6. 모든 게 뇌 안에 있나

1. Chris Frith and Daniel Wolpert, *The Neuroscience of Social Interaction*(New York: Oxford University Press, 2004).
2. John T. Cacioppo and Gary G. Berntson, eds., *Social Neuroscience*(New York: Psychology Press, 2005).
3. 같은 책, p. xiii.
4. 같은 책, p. 7.
5. 같은 책, p. 239.
6. 같은 책, p. 241(저자 강조).
7. S. S. Stevens, *Handbook of Experimental Psychology*(New York: Wiley, 1951).
8. David G. Myers, *Intuition*(London and New Haven: Yale University Press, 2004), p. 322.
9. Robert Emmons, "Religion and Personality", in *Handbook of Religion and Mental Health*, ed., H. G. Koeing(San Diego: Academic Press, 2001).
10. Roy F. Baumeister, E. J. Masicampo and Kathleen Vohs, "Do Conscious Thoughts Cause Behavior?", in *Annual Review of Psychology* 62(2011): 331-361.

7. 그러면 영혼은 어떻게 되는가

1. Chris Frith, "Making Up the Mind", *The Psychologist* 22(October 2009): 842-845.

2. James Barr, *Biblical Faith and Natural Theology*(Oxford, UK: Clarendon, 1993).
3. Joel B. Green, *Body, Soul, and Human Life*(Grand Rapids: Baker Academic, 2008), p. 53.
4. Anthony C. Thiselton, "The Image and Likeness of God: A Theological Approach", in *The Emergence of Personhood*, ed. Malcolm Jeeves(Grand Rapids: Eerdmans, 2014).
5. N. T. Wright, 개인 서신에서 인간됨의 의미를 밝힌 대목. June 17, 2011.
6. James L. Wright, "The Mortal Soul in Ancient Israel and Pauline Christianity: Ramifications for Modern Medicine", *Journal of Religion and Health* 50(June 2011): 447-451.
7. Lawson G. Stone, "The Soul: Possession, Part or Person? The Genesis of Human Nature in Genesis 2:7", in *What About the Soul?*, ed., Joel B. Green (Nashville: Abingdon, 2004), pp. 47-62.
8. H. D. McDonald, *The Christian View of Man*(London: Marshall, Morgan and Scott, 1981).
9. 예를 들면 다음을 보라. Peter Enns, *Inspiration and Incarnation*(Grand Rapids: Baker Academic, 2005). 「성경 영감설」(기독교문서선교회); Enns, *The Evolution of Adam*(Grand Rapids: Brazos, 2012). 「아담의 진화」(CLC).
10. John R. W. Stott, *The Message of Romans*(Downers Grove, Ill.: InterVarsity Press, 1994), p. 223. 「로마서 강해」(IVP).
11. 같은 책, p. 224.
12. Derek Kidner, "Introduction", in *Commentary on Psalms 1-72*(Downers Grove, Ill.: InterVarsity Press, 1973).
13. 같은 책, p. 65(저자 강조).
14. A-F. Walls, "Soul", in *New Bible Dictionary*, 2nd ed.(Leicester, UK: InterVarsity Press, 1982), pp. 1135-1136. 「새 성경 사전」(CLC).

15. Patrick D. Miller, "What Is a Human Being? The Anthropology of Scripture", in *What About the Soul?*, ed. Joel B. Green(Nashville: Abingdon, 2004), p. 72.
16. Joel B. Green and Stuart L. Palmer, eds., *In Search of the Soul*(Downers Grove: InterVarsity Press, 2005). 「몸과 마음 어떤 관계인가」(부흥과개혁사).
17. Enns, *Inspiration and Incarnation*, p. 55.
18. Mark A. Noll, *Jesus Christ and the Life of the Mind*(Grand Rapids: Eerdmans, 2011), p. 180.) 「그리스도와 지성」(IVP).
19. J, Harold Ellens and Wayne G. Rollins, *Psychology and the Bible*(Westport: Praeger, 2004).
20. Fraser Watts, "Approaching the Gospels Psychologically", in *Jesus and Psychology*, ed. Watts(Philadelphia: Templeton, 2007), p. 4.
21. Richard Bauckham, *Jesus and the Eyewitnesses*(Grand Rapids: Eerdmans, 2007). 「예수와 그 목격자들」(새물결플러스).
22. Joanna Collicutt, "Bringingthe Academic Discipline of Psychology to Bear on the Study of the Bible", *The Journal of Theological Studies*, n.s. 63(April 2012): 48.
23. George A. Marsden, *Jonathan Edwards*(New Haven, Conn.: Yale University Press, 2003), p, 474. 「조나단 에드워즈 평전」(부흥과개혁사).
24. N. T. Wright, *Scripture and the Authority of God*(London: SPCK, 2005). 「성경과 하나님의 권위」(새물결플러스).

8. 초심리학과 임사체험은 영혼의 존재를 입증하는가

1. Rhea White, "Intuition, Heart Knowledge, and Parapsychology", *Journal of the American Society for Psychical Research*, 92(1998): 150-171.
2. Samuel Mouton and Stephen Kosslyn, "Using Neuroimaging to Resolve the Psi Debate", *Journal of Cognitive Neuroscience* 20(2008): 182-192.

3. David G. Myers, *Psychology*, 9th ed.(New York: Worth Publishers, 2010), pp. 238-288, "Putting ESP to Experimental Test."
4. 같은 책, p. 126.
5. 같은 책, p. 126.
6. Joel B. Green, "Resurrection of the Body: New Testament Voices Concerning Personal Continuity and the After Life", in *What About the Soul?* ed. Joel B. Green(Nashville: Abingdon, 2004), p. 95.
7. Andrew Newberg and Mark R. Waldman, *How God Changes Your Brain*(New York: Ballantine Books, 2009).
8. Henrick H. Ehrsson, "The Experimental Induction of Out-of-the-Body Experiences", *Science* 317(2007): 1048.
9. Olaf Blanke, T. Landis, L. Spinelli and M. Seeck, "Out-of-Body Experience and Autoscopy of Neurological Origin", *Brain* 127(2): 243-258.
10. Bill T. Arnold, "Soul-Searching Questions About 1 Samuel 28: Samuel's Appearance at Endor and Christian Anthropology", in *What About the Soul?* ed. Joel B. Green(Nashville: Abingdon, 2004).
11. 같은 책, p. 78.
12. 같은 책, p. 81.

9. 무엇이 우리를 인간으로 만드는가

1. Leda Cosmides and John Tooby, "Cognitive Adaptations for Social Change", in J. Berkov, L. Cosmides and J. Tooby(eds.), *The Adapted Mind*(New York: Oxford University Press, 1992), p. 7.
2. Frans de Waal, *Good Natured*(Cambridge: Harvard, 1997).
3. Blaise Pascal, *Pensees*(1659).
4. David Buss, *Evolutionary Psychology*(Boston: Pearson Education, 2000).

5. Robin Dunbar, "Taking Evolutionary Psychology Seriously", *The Psychologist* 21(April 2008): 304.
6. 같은 책.
7. 같은 책.
8. 같은 책.
9. D. G. Premack and G. Woodruff, "Does the Chimpanzee Have a Theory of Mind?", *Behavioural and Brain Sciences* 1(1978): 515-526.
10. A. Whiten, "Theory of Mind", in *Encyclopedia of Cognitive Science*, ed. L. Nadel, vol 4(London: Nature Publishing Group, 2005), pp. 376-379.
11. 같은 책, p. 377.
12. Michael Tomasello, J. Calland B. Hare, "Chimpanzees Understand Psychological States-The Question Is Which Ones and to What Extent", Trends in *Cognitive Science* 7(2003): 153-156.
13. Michael Tomasello and E. Herman, "Ape and Human Cognition: What's the Difference?" Current Directions in *Psychological Research* 19(2010): 3-8.
14. Richard Byrne, "Evolutionary Psychology and Socio-Biology: Prospects and Dangers", in *Human Nature*, ed. Malcolm Jeeves(Edinburgh: Royal Society of Edinburgh, 2006), pp. 84-105.
15. Academy of Medical Sciences, "Animals Containing Human Material", July 2011 ⟨http://www.acmedsci.ac.uk/p47prid77.html⟩.
16. 같은 책, p. 48 of full report.
17. Francis Crick, *The Astonishing Hypothesis*(New York: Simon & Schuster, 1994), p. 3. 「놀라운 가설」(한뜻).
18. 같은 책, p. 261.

10. 인간은 다른가

1. Andrew Whiten, Victoria Horner and Frans de Waal, "Conformity to Cultural Norms of Tool Use in Chimpanzees", *Nature* 437(September 29, 2005): 1-3.
2. Bennett G. Galef, "Animal Traditions: Experimental Evidence of Learning by Imitation in an Unlikely Animal", *Current Biology: Dispatches* 20(13).
3. Francisco J. Ayala, "The Difference of Being Human: Morality", *Proceedings of the National Academy of Sciences* 107(May 11 2010): 9015-9022.
4. Steven Pinker, in "The Moral Instinct", *New York Times*, January 13, 2008.
5. Ayala, "The Difference of Being Human", p. 9016.
6. 같은 책, p. 9019(저자 강조).
7. 같은 책, p. 9020.
8. Patricia S. Churchland, *Braintrust*(Princeton: Princeton University Press, 2011).
9. Adina L. Roskies, "The Origins of Morality", *Nature* 472(April 14, 2011): 166.
10. "Does Moral Action Depend on Reasoning?", *Templeton Report*, May 26, 2010, pp. 1-52 ⟨http://www.templeton.org/reason/⟩.
11. Michael Gazzaniga, "Does Moral Action Depend on Reasoning? Not Really", *Templeton Report*, pp. 4-5.
12. 같은 책, p. 7(저자 강조).
13. Antonio Damasio, "Does Moral Action Depend on Reasoning? Yes and No", *Templeton Report*, p. 46.
14. Jonah Lehrer, "Does Moral Action Depend on Reasoning? Not So Much", *Templeton Report*, p. 39.
15. 같은 책, p. 40.
16. 같은 책(저자 강조).

11. 이타주의, 이타적 사랑과 아가페의 차이가 무엇인가

1. A. Whiten, "Theory of Mind", in *Encyclopedia of Cognitive Science*, ed. L. Nadel, vol. 4(London: Nature Publishing Group, 2005), p. 378.
2. Giacomo Rizzolatti, Luciano Fadigo, Vittorio Gallese and Leonardo Fogassi, "Premotor Cortex and the Recognition of Motor Actions", *Cognitive Brain Research* 3(1996): 131-141.
3. Frans de Waal, *Good Natured*(Cambridge: Harvard University Press, 1997), p. 209(저자 강조).
4. 같은 책, p. 218.
5. Martin A. Nowak with Roger Highfield, *Super Cooperators*(New York: Free Press, 2011). 「초협력자」(사이언스북스).
6. 같은 책, p. 275.
7. Lloyd Morgan, in *Oxford Companion to the Mind*, ed. R. L. Gregory(Oxford: Oxford University Press, 1987), p. 496.
8. De Waal, *Good Natured*, p. 64.
9. David G. Myers, *Intuition*(London and New haven: Yale University Press, 2004).
10. Joan B. Silk and Bailey R. House, "Evolutionary Foundations of Human Prosocial Sentiments", *Proceedings of the National Academy of Sciences* 108(June 28, 2011): 10910-10917.
11. Charles Taylor, *Sources of the Self*(Cambridge: Harvard University Press, 1989).
12. Holmes Rolston III, "Kenosis and Nature", in *The Work of Love*, ed. John Polkinghorne(Grand Rapids: Eerdmans, 2001).
13. Thomas Aquinas, *Summa Theologica*. 「신학대전」(성바오로).
14. Michael McCullough, in *Handbook of Religion and Healthy*, ed. Harold G. Koenig(Oxford: Oxford University Press, 2001).
15. T. J. Bouchard Jr., D. T. Lykken, M. McGue, N. L. Segaland A. Tellegen,

of Human Psychological Differences: the Minnesota Study of Twins Reared Apart", *Science* 250(1990): 223-228.
16. Lindon Eaves, "Genetic and Social Influences on Religion and Values", in *From Cells to Souls-and Beyond*, ed. Malcolm Jeeves(Grand Rapids: Eerdmans, 2004): 102-122.
17. 같은 책.
18. 같은 책.
19. 같은 책.

12. 언어는 인간만의 고유한 것인가

1. S. Savage-Rumbaugh and K. McDonald, "Deception and Social Manipulation in Symbol- Using Apes", in *Machiavellian Intelligence*, ed. R. W. Byrne and A. Whitten(Oxford: Clarendon Press, 1988), p. 224-237.
2. Klaus Zuberbuhler가 보낸 개인 이메일, Oct. 19, 2012.
3. 같은 책.
4. David Weatherall, chair, "The Use of Non-human Primates in Research", *Report for the Academy of Medical Sciences*, December 2006.
5. 같은 책, p. 59(저자 강조).
6. 같은 책, p. 62.
7. 같은 책, pp. 53-64.

13. 나의 뇌에 '신 영역'이 있는가

1. Carol R. Albright and James B. Ashbrook, *Where God Lives in the Human Brain*(Naperville: Sourcebooks, 2001).
2. Mary Ann Shaffer and Annie Barrows, *The Guernsey Literary and Potato Peel Pie Society*(New York: Random House, 2008), p. 227. 「건지 감자껍질파이 북클럽」

(이덴슬리벨).
3. Anstin Fairer, *Saving Belief*(London: Hodder and Stoughton, 1964), p. 12.
4. Michael A. Persinger, "Religious and Mystical Experiences as Artifacts of Temporal Lobe Function: A General Hypothesis", *Perceptual and Motor Skills* 57(1983), pp. 1255-1262; Persinger, *Neuropsychological Bases of God Beliefs* (New York: Greenwood Press, 1987).
5. Kevin S. Seybold, "God and the Brain: Neuroscience Looks at Religion", *Journal of Psychology and Christianity* 24(2005): 122-129.
6. J. L. Saver and J. Rabin, "The Neural Substrates of Religious Experience", *The Journal of Neuropsychology and Clinical Neurosciences* 9, no. 3(1997): 498-510.
7. Alexander A. Fingelkurts and Andrew A. Fingelkurts, "Is Our Brain Hardwired to Produce God, or Is Our Brain Hardwired to Perceive God? A Systematic Review on the Role of the Brain in Mediating Religious Experience", *Cognitive Processing* 10(2009): 293-326.
8. 같은 책, p. 301.
9. 같은 책.
10. 같은 책.
11. 같은 책, p. 307.
12. 같은 책, p. 316.
13. Andrew Newberg and Mark R.Waldman, *How God Changes Your Brain*(New York: Ballantine Books, 2009), p. 101.
14. Miroslav Volf, *Free of Charge*(Grand Rapids: Zondervan, 2005), p. 236. 「베풂과 용서」(복있는사람).
15. Mark S. George et al., "Daily Left Prefrontal Transcranial Magnetic Stimulation Therapy for Major Depressive Disorder: A Sham-Controlled Rand-

omized Trial", *Archives of General Psychiatry* 67(May 2010): 507-516.

16. Isaak Walton and Charles Cotton, *The Complete Angler*(1676 ; repr. Oxford: Oxford University Press, 2009), p. 379.

17. Diarmaid MacCulloch, *Christianity*(New York: Penguin, 2009), p. 11. 『3천년 기독교의 역사』(CLC).

14. 하나님이 우리를 인도하시고 이끄시는가

1. Antonio Damasio, *Descartes' Error*(New York: Putnam, 1994).
2. Peter Enns, *The Evolution of Adam*(Grand Rapids: Brazos Press, 2012), p. 145.
3. 같은 책, p. 148.
4. David G. Myers and Malcolm A. Jeeves, *Psychology Through the Eyes of Faith*(San Francisco: Harper Colllns, 2002), pp. 191-192.

15. 신경심리학이 심리치료와 상담에 도움이 되는가

1. Eric L. Johnson, ed., *Psychology and Christianity*, 2nd ed.(Downers Grove: InterVarsity Press, 2010).
2. Robyn M. Dawes, *House of Cards*(New York: Free Press, 1994), p. 250.
3. Paul R. Gross and Norman Levitt, *Higher Superstition*(Baltimore: Johns Hopkins University Press, 1994), p. 234.
4. Virginia Todd Holeman, "The Neuroscience of Christian Counseling", in *What About the Soul?* ed. Joel B. Green(Nashville: Abingdon, 2004), p. 152.
5. 같은 책, p. 155.
6. M. J. Kempton et al., "Structural Neuroimaging Studies in Major Depressive Disorder", *Archives of General Psychiatry* 68(2011): 675-690.

16. 종교적 신앙은 21세기 민중의 아편인가

1. David G. Myers, "Emotions, Stress and Health", in *Psychology*, 9th ed.(New York: Worth Publishers, 2010), pp. 497-602.
2. Mario Beauregard, "Mind Does Really Matter: Evidence from Neuroimaging Studies of Emotional Self-Regulation, Psychotherapy, and Placebo Effect", *Progress in Neurobiology* 81(2007): 232.
3. Ted Kaptchuk et al., "No-Trickery Placebo", in *The Psychologist* 24(February 2011): 88-89.
4. Falk Eippert, J. Finsterbusch, W. Binsel and C. Buchel, "Direct Evidence for Spinal Cord Involvement in Placebo Analgesia", *Science* 326(October 16, 2009): 404.
5. Peter McNaughton, "Gene That Controls Chronic Pain Identified", *University of Cambridge Research News*, September 12, 2011 〈http://www.cam.ac.uk/ research/news/gene-that- controls-chronic-pain-identified/〉.

17. 영성을 어떻게 봐야 하는가

1. Barbara Sahakian, "Test Could Detect Alzheimer's Disease Earlier", *University of Cambridge Research News*, May 16, 2011 〈http://www.cam.ac.uk/research/ news/test-could-detect-alzheimer%E2%80%99S-disease-earlier-than- previously-possible/〉.
2. N. T. Wright, *Surprised by Hope*(London: SPCK, 2007), pp. 283-302. 「마침내 드러난 하나님 나라」(IVP).
3. Glenn Weaver, "Embodied Spirituality: Experiences of Identity and Spiritual Suffering Among Persons with Alzheimer's Dementia", in *From Cells to Souls- and Beyond*, ed. Malcolm Jeeves(Grand Rapids: Eerdmans, 2004), pp. 77-101.
4. Fraser Watts, ed., *Spiritual Healing*(New York: Cambridge University Press, 2011),

p. 1.
5. 같은 책, p. 11.
6. David A. Snowdon, "Aging and Alzheimer's Disease: Lessons from the Nun Study", *The Gerontologist* 37, no. 2(1999): 150-156.
7. Robert Davis, *My Journey into Alzheimer's Disease*(Wheaton, Ill.: Tyndale, 1989), p. 53.
8. 같은 책, p. 115.
9. Lewis B. Smedes, *My God and I*(Grand Rapids: Eerdmans, 2003).
10. 같은 책, p. 133.
11. N. T. Wright, *Paul for Everyone: The Prison Letters*(London: SPCK, 2002), p. 23 (저자 강조).

18. 과학의 설명으로 종교를 부정할 수 있는가

1. Francis Crick, *The Astonishing Hypothesis*(London: Simon and Schuster, 1994), p. 3.
2. Roger W. Sperry, "American Psychological Association", *Psychological Science Agenda*(September-October 1994): 10-13.
3. Sigmund Freud, *The Future of an Illusion*(New York: Classic House Books, 2009); Freud, *Civilization and Its Discontents*(New York: Penguin, 2002). 「문명 속의 불만」(열린책들).
4. H. C. Rumke, *The Psychology of Unbelief*(London: Rockliff, 1952).
5. Gordon W. Allport, *The Individual and His Religion*(London: Constable, 1951).
6. Reijer Hooykaas, *Robert Boyle*(Lanham: University of America Press, 1997).
7. 같은 책.
8. Athol Dickson, *The Gospel According to Moses*(Grand Rapids: Brazos, 2003), p. 21.

9. 같은 책, pp. 19, 24.
10. Allport, *The Individual and His Religion*, p. 103.
11. 같은 책, p. vi.
12. Frederick C. Bartlett, *Religion as Experience, Belief and Action* (Oxford: Oxford University Press, 1950).
13. Justin L. Barrett, *Why Would Anyone Believe in God?* (Lanham: AltaMira Press, 2004).
14. Justin L. Barrett, quoted in *The Psychologist* 24 (April 2011), p. 255.
15. "Natural Born Believers: Why Religion Is Part of Human Nature", *New Scientist*, 2009.
16. Dimitrios Kapogiannis et al., "Cognitive and Neural Foundations of Religious Belief", *Proceedings of the National Academy of Sciences* 106 (March 24, 2009): 4876-4881.
17. Elizabeth Culotta, "On the Origin of Religion", *Science* 326 (November 6, 2009): 784-787.
18. John Stott, *The Radical Disciple* (Downers Grove: InterVarsity Press, 2010). 「제자도」(IVP).
19. C. Stephen Evans, *Preserving the Person* (Downers Grove: InterVarsity Press, 1979).
20. Mary van Leeuwen, *The Person in Psychology* (Grand Rapids: Eerdmans, 1985), p. 68.
21. A. David Milner and Melvyn A. Goodale, *The Visual Brain in Action* (Oxford: Oxford University Press, 1995).
22. 같은 책, p. 42. 간략히 업데이트된 정보를 위해서는 다음을 보라. Mel Goodale and David Milner, "One Brain-Two Visual Systems", *The Psychologist* 19, no. 11 (November 2006): 660-663.

23. 같은 책, p. 66.
24. 같은 책, p. 204.

19. 다음엔 어디로 가야 하는가

1. Lisa Feldman Barrett, "The Future of Psychology: Connecting Mind to Brain", *Perspectives on Psychological Science* 4, no. 4(2009): 326-339.
2. 같은 책, p. 326(저자 강조).
3. 같은 책, p. 327.
4. 같은 책, p. 335.
5. 같은 책, p. 328(저자 강조).
6. Eleanor Maguire, in Greg Miller, "How Are Memories Retrieved?", *Science* 338, no. 1603(October 5, 2012): 31.
7. 같은 책.
8. Daniel Geschwind, in Greg Miller, "Why Is Mental Illness So Hard to Treat?", *Science* 338, no. 1603(October 5, 2012): 33.
9. Richard W. Byrne and Andrew Whiten, eds., *Machiavellian Intelligence* (Oxford: Oxford University Press, 1989).
10. R. I. M. Dunbar and Susanne Shultz, "Review: Evolution in the Social Brain", *Science* 317, no. 5843(September 7, 2007): 1344-1347.
11. Francesca Happe, "When Will We Understand Autism Spectrum Disorders?", Rosalind Franklin Award Lecture, Royal Society of London, October 26, 2011. Reported in *The Psychologist* 24(December 2011): 884-885.
12. David Buss, "How Can Evolutionary Psychology Successfully Explain Personality and Individual Differences?", *Perspectives on Psychological Science* 4, no. 4(2009): 359-366.
13. 같은 책, p. 360.

14. 같은 책.
15. 같은 책, p. 364.
16. 같은 책.
17. J. M. Calcagno and A. Fuentes, "What Makes Us Human? Answers from Evolutionary Anthropology", *Evolutionary Anthropology* 21(2012): 182-194.
18. Steve Crabtree, "Religiosity Highest in World's Poorest Nations", *Gallup World*, August 31, 2010 〈http://www.gallup.com/poll/142727/religiosity-highest-world-poorest-nations.aspx#1〉.
19. Justin L Barrett and Matthew J. Jarvinen, "Evolutionary Byproducts and Imago Dei", in *The Emergence of Personhood*, ed. Malcolm Jeeves(Grand Rapids: Eerdmans, 2015).
20. 같은 책.
21. 같은 책.
22. 같은 책.
23. 같은 책.
24. 같은 책.
25. 같은 책.
26. Peter van Inwagen, "Religious Belief as an Evolutionary Accident", in *The Believing Primate*, ed. Michael Murray and Jeffrey Schloss(New York: Oxford University Press, 2010).
27. Barrett and Jarvinen.

인명 색인

ㄱ
가드너, 하워드 24
가자니가, 마이클 85, 87, 154-155
간디, 모한다스 170
갈, 프란츠 요제프 59
갈레노스, 클라우디우스 39
갈레세, 비토리오 162
갈릴레오, 갈릴레이 40
게쉬윈드, 대니얼 67, 252
게이지, 피니어스 91
구데일, 멜 245
굴드, 스티븐 66
그린, 조엘 115, 126

ㄴ
네메시우스, 에메사의 주교 39
네이글, 토머스 48-49
노왁, 마틴 166
놀, 마크 11, 115
뉴버그, 앤드루 127, 185, 188-189
니사의 그레고리우스 130

ㄷ
다마지오, 안토니오 50, 91, 155, 198
다윈, 찰스 22, 28, 49, 136, 163, 171

던바, 로빈 138-140
데이비스, 로버트 224-225
도킨스, 리처드 241
드 발, 프란스 136, 149, 165, 168, 171
딕슨, 애폴 238

ㄹ
라빈, 존 185
라이트, N. T. 19, 40, 44, 100-101, 116, 119, 221-222, 230
라이프치히 177
랜디, 제임스 124
랠스턴, 홈스 170
램버트, 마이클 208
러드윅, 토머스 17, 19
러러, 조나 156-157
로스키스, 아디나 153
루이스, C. S. 19, 159
뤼케, H. C. 236
리벳, 벤저민 75-83, 87-88
리즈, 마틴 27
리촐라티, 자코모 162

ㅁ
마스던, 조지 119

마시캄포, E. J. 96
마이모니데스 170
마이어스, 데이비드 17, 19, 23, 35, 45, 65, 96, 125, 168, 204, 212
마태 198
매클로흐, 디아메이드 195
맥과이어, 엘리너 51-52
맥기, 매트 72
맥길크리스트, 이언 44
맥노턴, 피터 216
맥도널드, H. D. 104
맥컬로우, 마이클 172
머피, 낸시 114
메리 수녀 224-225
모건, 로이드 167
모세 238
무톤, 새뮤얼 123
밀너, 데이비드 245
밀러, 그레그 251
밀러, 제프 79-80
밀러, 조지 24-25, 95
밀러, 패트릭 112
밀턴, 제프 87

ㅂ

바, 제임스 98
바르트, 칼 98
바우마이스터, 로이 96
바틀릿, 프레더릭 25, 240
반 인와겐, 피터 259
반, 새바인 25
배럿, 리사 펠드먼 249-250
배럿, 저스틴 240-242, 257-259

배로우즈, 애니 183
밴 르우웬, 메리 244
버스, 데이비드 138, 254-255
번, 리처드 142, 145, 163, 252, 254
보스, 캐슬린 96
보스트, 그레고어 43
보일, 로버트 11, 199, 237
보컴, 리처드 118
볼프, 미로슬라브 191
뷰리가드, 마리오 214
뷰크너, 랜디 42
브라우닝, 돈 171
블랑크, 올라프 129
블레이크모어, 콜린 234-235
빈 라덴, 오사마 123

ㅅ

사도 바울 11, 19, 36, 103, 105, 108, 113, 126-127, 130, 174, 182, 198-199, 230-231
사도 베드로 36, 238
사울 왕 130
사하키안, 바바라 221
샥터, 대니얼 42
섀퍼, 메리 앤 183
세스, 애닐 88
세이버, J. L. 185
셀러스, 피터 84
셔거, 아론 87
셔틀워스, 샐리 28
셰익스피어, 윌리엄 28, 40
순교자 유스티누스 131
스미스, 데이비드 17

스미즈, 루이스 226
스키너, B. F. 24, 95, 239
스토트, 존 11, 18, 108-109, 242
스톤, 로슨 103-105
스톤하우스, 네드 116
스티븐스, S. S. 95
스페리, 로저 47-48, 54, 234, 239-240
시볼드, 케빈 184-186

ㅇ

아놀드, 빌 130-132
아담 101-104, 112
아리스토텔레스 39
아브라함 238
아얄라, 프란시스코 150-157
아우구스티누스 98, 116, 130-131
아이솔라 183
아퀴나스, 토마스 58, 98, 171
아티야, 마이클 27
알렉산드로스 대제 99
알베르타니, 스테파니아 58
애슈브룩, 제임스 181
앤더슨, 엘빙 72
앤드루스-해나, 제시카 42
에델만, 제럴드 54
에드워즈, 조나단 119
에르손, 헨릭 128
에릭슨, 헨릭 117
에먼스, 로버트 96
에번스, 스티븐 244
에스키롤 182
에클스, 존 54, 60, 98
엔스, 피터 105, 115-116, 199

엠페도클레스 38
예수 그리스도 11-12, 36, 99, 112, 118-119. 159, 194-200, 230, 243, 265
오어, 제임스 116
올브라이트, 캐럴 181
올포트, 고든 237-238
와츠, 프레이저 117, 223
우드러프, 가이 142
워턴, 헨리 194
월드먼, 마크 188
월릿, 캐서린 52
위니코트, D. 117
위버, 글렌 222
윌리엄스, 로완 191
융, 칼 116-117
이그나티우스 200
이브즈, 린던 69-72

ㅈ

자비넌, 매튜 257-258
제임스, 윌리엄 48
조지, 마크 193

ㅊ

처칠랜드, 퍼트리샤 153, 155
촘스키, 노엄 259
추버불러, 클라우스 177

ㅋ

카이사르, 율리우스 195
칸지 176
칼뱅, 장 116
캡처크, 테드 215

켄델, 로버트 51
코슬린, 스티븐 43, 123
코즈미다스, 리다 136, 255
콜리커트, 조애나 117-118
쾨니그, 로라 72
크로톤의 알크마이온 39
크릭, 프랜시스 53, 147, 234
클라크, 피터 60
키드너, 데릭 110-113

ㅌ

탤리스, 레이먼드 49
테르툴리아누스 39, 99, 130
테브리스, 캐럴 49
테일러, 찰스 170
토가, 아서 45
토마셀로, 마이클 142-144
톰슨, 윌리엄 43
톰슨, 폴 45
투비, 존 136, 255
트레번, 주디 87
티슬턴, 앤서니 101

ㅍ

파러, 오스틴 183
파스칼, 블레즈 137
퍼싱어, 마이클 184-186
펜로즈, 로저 54
프로이트, 지그문트 23-26, 94, 116-117, 133, 185, 235-236
프리맥, 데이비드 142
프리스, 크리스 97
플라톤 39, 99

피아제, 장 28
핑걸커츠, 앤드루와 알렉산더 185-187
핑커, 스티븐 150

ㅎ

하페, 프란체스카 253
핼릿, 마크 77-79, 82-85
헤이머, 딘 72-73
호건, 존 71-72
호너, 빅토리아 149
호이카스, 예이여르 237
홀맨, 버지니아 토드 207-208
화이트, 레아 123
화이튼, 앤드루 142, 149, 161
히에로니무스 130
히포크라테스 39, 182

주제 색인

ㄱ

간질 39, 125, 128, 182
감정 12, 22, 39, 43, 48, 111, 118, 157, 161-169, 182, 192, 197-198, 213-214, 225, 250
개미 164-165
개인차 52, 70, 229, 231, 243, 254-255
거미공포증 53
거울뉴런 162
건망증 221
건설적 의심 237
검토된 신앙 11-12, 18, 199
고차원적 인지 과정 95
골상학 58-59, 92, 123, 182-184, 187-188, 192
공감 11, 25, 151, 163-164, 170, 172, 204, 227
공격성 58, 221
과도한 종교성 182
과민성 대장 증후군 215
과학 활동 27-28, 246
과학의 발전 15, 260
관계성 208
관절염 216
관점주의자 244

광수용처 245
교회 출석 69-70
구현 22, 43, 61-62, 159, 222, 251
굴절적응 152
귀신 222, 252
그리스도의 몸 200, 264
글루타민작동계 186
급진적 보수주의자들 243
기도 12, 16, 19, 33, 118, 183-193, 211, 217-225, 233, 263, 265
기독교 심리치료 204
기독교 심리학 204
기독교 전임 사역 228
기억의 흔적 52, 251
기존의 생각 260
꼬리표의 오류 67

ㄴ

내성적 229
냉장고 엄마 253-254
네안데르탈인 152
네페쉬 102-105
노인성 반점 220, 224
뇌 기능의 국재화 182
뇌 전기 자극 128-129

뇌 14, 22-26, 31-67
  반구 기능분화 43-46
  비대칭 45, 67
  신진대사 42, 193
  언어 24, 36-37, 43, 47, 99, 109-111, 114, 132, 141, 143, 151-156, 166, 171-188, 221, 256
  종양 59, 84
  활동 31, 34, 42, 47, 50-53, 60, 76, 80-81, 88-93, 125, 147, 155, 182-195, 213-215, 233, 251
뇌경두개자기자극기 42
뇌량 84-85
뇌섬엽 58
뇌실설 40
뇌심부자극술 252
뇌의 좌우 반구 연결 85
뇌전도 79-80, 87, 187
뇌졸중 77, 128, 146
뉴에이지 운동 206
느린 음전위 이동 76

ㄷ
다윈병 49
다층적인 인식 78
다층적이고 통합적인 분석 94
단어의 깔끔한 의미 37
대뇌기저핵 208
대인 관계 90, 203
던바의 수 140
도구 사용 145, 149
도덕 81, 83, 94, 146, 150-157, 165, 215, 242, 256

도덕감각 150-152, 165
도덕률 150-159
도덕적 모듈 154
도덕적 책임 81
도덕적 행동 58-62, 105, 111, 153-158, 165
도파민작동계 186
동성애 72
동적 시스템 이론 62
동정 36, 151, 161-163
동종요법 의약품 212
두통 216, 225
등쪽뿔 215
디메틸트립타민 128

ㄹ
로이드 모건의 준칙 167

ㅁ
마녀 130
마오아 58
마음
  마음 언어 47
  마음 이야기 147
  마음-뇌의 연관성 41, 113
  마음읽기 38, 142-148, 161-163, 254, 257
  마음자세 108-109
  심신 문제 48, 114
마음의 뇌수이론 39
마음이론 142-143, 161-162, 179, 256-257
  고등마음이론 257-258

만성 통증 216
망상 130, 132, 185
모르핀 213-216
모방 150, 179
몸 14, 39-40, 48, 54, 58-59, 81, 98-100, 112-115, 121-133, 164, 182, 200, 213, 217, 222, 228, 252, 264
몸짓 의사소통 176
몽구스 150
무신론 35, 49, 194, 212, 236, 259
무의식 76-80, 94, 96, 236
문화 45, 51, 68, 111, 118, 126, 149-158, 172, 206, 227, 236, 241, 256, 264
문화적 진화 153
물려받은 특성 171, 174
물리주의 114
   비환원적 물리주의 114-115
미국 수화 176
미국심리과학협회 249
민중의 아편 212
믿음치유 217

ㅂ
발달심리학 28
백질 209
벌 164, 175
베버의 법칙 205
변연계 185
변증 11
변혁의 심리학 29
보노보 176
복음 전도 15
복잡한 시스템 31-32, 43, 47, 62-63, 94

본성 대 양육 52
본질적 상호의존성 54
부동고 침팬지 177
부정하는 설명 214, 217, 235, 239-241
분석의 여러 층위와 설명의 여러 층위 90, 139-140, 186, 204, 250-251
불가주의 35, 115, 136, 146-147, 162, 190, 228, 233-236, 239
불안 37, 68, 221
비인간 영장류 143-146, 152, 159, 167-169, 175-179
빈틈의 하나님 186

ㅅ
사회신경과학 87, 90-93, 200
사회심리학 23, 89, 94, 96, 118, 200, 235
사회적 유대 168
사회적 지각과 인지 91, 144, 162, 243
사회적 책임 86
삼분설 112
상담 22, 29, 117, 203-209
   기독교 204, 208
상보적 47
상의하달 53-54, 60-63, 95-96, 211, 219
상측두고랑 93
상호연결 42, 62, 246
상호작용 38, 47, 48, 62-63, 68, 89-93, 98, 153, 197, 200, 245, 258
생기 100-103
생령 100-103
생물학적 기능주의 171
생물학주의 49
생의학 허풍 50

성격특성 68, 171-173, 183
성공회 전통 189
성령의 마음 109
성만찬 222
세로토닌작동계 186
소망투사 35, 133, 201, 235-236
소명 98-101, 203, 253
소시오패스 164
속임수 145
손의 비대칭성 67
수녀들 224
수도사 222
시각계 245-246
시각심리학 205
시냅스 61, 66, 189
식욕 111
신경과학자협회 251
신경광 49
신경독성물질 아밀로이드 베타 펩타이드 221
신경방사선학 188
신경병증 통증 216
신경섬유다발 220, 224
신경신학 35, 181-184, 187-188, 192
신경심리학 13, 41-47, 85, 89, 96, 108, 140, 187-188, 199, 203, 208, 214, 239, 245, 253
신경약리학 189
신경영상처리 208
신경전달물질 58, 189
신경화학적 191, 214
신경활동 92, 125, 213
신비주의 73

신성한 질병 182
신
  신 뉴런 188
  신 모듈 182
  신 영역 181
  신 유전자 65, 70-73
  신 회로 188
신앙 공동체 200, 221
신앙 11-15, 18-22, 28, 34-35, 40, 69-70, 106, 128, 141, 184-185, 190, 199-200, 204-205, 211-214, 217, 221, 226, 230-247, 253-259
  하나님의 형상 14, 98-100, 257-258
신적 초월성 171
신적 행위 주체 217
신체표지 198
신피질 크기 145, 178
신학적 전제 158
실어증 176
실행증 176, 221
심령연구 121-122
심리생물학적 통일성/통일체 50, 54, 97, 228, 255
심리치료 23, 117, 183, 190, 203-209, 219
심리치료 기법 206, 208
심리치료의 성공 208
심신통일성 99
심적 상태 161-162, 250
심층심리학 116-117
심혈관설 39
쌍둥이 68-73, 123, 173

ㅇ

아가페 사랑 159, 161, 169-171, 174
아동 발달 241
아밀로이드 단백질 220
아밀로이드 베타 펩타이드 220-221
아세틸콜린작동계 186
아야와스카 128
알츠하이머병 24, 32, 42, 219-229
앞띠이랑 58
양립주의자 59
양전자단층촬영 41
언어 24, 36-37, 43, 109-111, 114, 132, 141, 151, 155-156, 166, 171, 175-179, 181, 184, 188, 256
얼굴 93, 112, 157, 181
엉터리 심리학 49-50
엔돌 130-132
엔돌의 강령술사 130
엔돌핀 181
엘도파 34
역동적인 모델 245
염증통 216
영 112-113, 121, 125
영성 73, 98, 182-186, 191-192, 219-229
영역주의자 244
영적 치유 223
영혼 98, 104, 109-116, 207
  불멸의 39, 97-98
  비물질적 223
예지 122-123
오순절 전통 189
오이디푸스 콤플렉스 23
오피오이드진통제 214

천연 오피오이드진통제 216
왕 같은 지사장 100
외향적 68, 229
왼손잡이 67
우울증 32, 193, 208-209, 221, 226-227, 252
위로 133, 151, 221
위약효과 211-216
위쪽 전측대상피질 216
유인원 67, 143-146, 150-151, 163, 166, 168, 176-177
  대형 우인원 146, 176
유전자 별현 252
유전성 개인차 254
유전형 66, 70
유체이탈체험 126-129, 222
육신을 떠난 인간 영혼 132
육신의 마음 109
윤리 27, 116, 145-146, 151-153, 171, 178, 215, 242, 256
의식 32, 39, 47-48, 54, 75-82, 87-88, 94-96, 128, 133, 139, 151, 155, 170, 176, 197-198, 228, 241-242
의심 48, 57, 135, 198, 200, 209, 221, 231, 237-238
의인화 168
이원론 55, 82-83, 97, 99, 121, 132-133
이중 양상 일원론 55, 83, 114
이중성 54
이타주의 148, 151, 161-173
  동물의 이타적 행동 142, 164
  이타적 사랑 142, 161, 169-170
  호혜적 164-171

인간
  독특성 98, 102, 135, 141, 144, 146
  본성 28, 102, 107-111, 114, 132, 170, 204, 242, 254
  존엄 99, 228
인도 197-201
인류학 235, 242, 255
인지부조화이론 118
인지신경과학 42-43, 46, 58, 95, 187, 197, 203, 242, 251, 310
인지신경심리학자 43
인지행동치료 53
인지혁명 24-25, 239-240
일원론 83, 114, 132
  일원론적 인간관 130, 132
일차시각피질 245
임사체험 121-126, 133
임상 우울증 208
임상심리학 22, 26, 29, 203-205, 219

ㅈ

자기공명영상(MRI) 192-193, 208, 215
  기능성자기공명영상(fMRI) 42, 52, 58, 92-93, 123, 194, 215, 242, 251
자기초월성 69-70
자연선택 136, 152, 164, 177
자연스러운 독법으로 성경 읽기 109-110
자연주의적 설명 171
자유의지 13, 57-61, 75, 77, 80-87, 155
  자유거부의지 85
자유의지론자 59
자율 반응 198
자의식 151, 192

자폐 스펙트럼 장애 254
자폐증 62, 42, 167, 252-254
잠정적인 사회적 신경증 236
저절로 이루어지는 뇌 활동 88
적응 152-153, 255-258
전두엽 85, 91, 162, 198, 208
  전두두정 네트워크 80
전자기 복사 245
전쟁은유 236
전전두피질 163
전체 36, 87, 102, 118, 127, 158, 166, 192, 195, 241, 260, 264
정보처리체계 43, 136
정서 23, 68, 74, 91, 157, 172, 192, 198
정신물리학 205
정신병리학 156-157, 198
정신병적 행동 221
정신분석적 236
정신분열증 24-25, 42, 128, 167
정신약리학 209
정신질환 25, 42, 50-51, 189, 252
제물낚시 193-194
조울증 209
종교성 22, 66, 69, 72-73, 182, 187, 192, 235
  유전자 69
종교적
  경험 139, 185-191
  명상 194
  믿음 70, 214
  신앙 69, 184-185, 190, 211-213, 217, 234, 240-244, 256
  실천/의식 213

좌뇌/우뇌 차이 43-44
죄책 콤플렉스 23
주요 우울 장애 208
주의 만찬 222
주의력결핍 과잉행동장애 33
죽은 자의 부활 100
죽음에 대한 의식 151
준독립성 246
준비전위 76, 78, 82
줄기세포 146
지능 152-153, 157, 178
지질학 지식 107
직관 24, 43-44, 96, 168, 173, 198, 241
진화심리학 13, 38, 135-149, 158, 162-165, 171, 242, 254-259, 310-311
진화의 부산물 258-259
진화인류학 138, 256

ㅊ
창발적 특성 31, 62-63
척수 215-216
천문학 지식 107
청지기 253
초감각적 지각 122
초상현상 122
초심리학 121-123, 133
초자연적 240
측두엽과 두정엽의 경계 부위 129
측두엽 간질 125, 182
치매 26-27, 146, 220, 224
친사회적 행동 171-173
침팬지 136, 140-144, 149-151, 175-177, 252, 256

ㅋ
컴퓨터단층촬영 41

ㅌ
타고난 신자 242
탈억제 행동 70
터널환상 125-126
텔레파시 122-123
토미즘 58
통증 213-216
통합 18, 58, 94, 122, 140, 205, 246-247
투시 122
티베트 불교 명상 127, 188

ㅍ
파킨슨병 34
페요테 189
페히너 공식 205
편집증 221, 238
프란체스코회 수녀들 188
프로작 226
프쉬케 104-105, 112
필멸성 101

ㅎ
하의상달 48, 54, 219
하이젠베르크의 불확정성 원리 59-61
해마 51-52, 208, 251
해석학 100, 132
행동주의 23-24, 95, 239-240
향정신성 약물 131, 190
허리 통증 216
혁신 145

현실 24, 45, 111, 129, 183, 206, 224
혈연 선택 164, 166
협력 128, 166, 168, 238-239
형이상학적 설명 217
호모 에렉투스 152
호모 하빌리스 152
환각 125-131, 189-190
환각제 126-131, 189-190
환각현상 128
환상 19, 126-127, 141, 190-191, 197-198, 236
환원주의 49, 85, 117, 146-147, 165-166, 185-186, 228, 233-234, 310
   환원주의자 49
황홀경 189-191, 195
회심 11, 198, 237
흄 100-103
흡혈박쥐 165

IQ 유전자 66
SPECT 뇌영상법 127
X염색체 72

역자 후기

이 책을 번역하고 역자 후기를 구상하다 보니 다원주의라는 패러다임 안에서 연구해야 하는 그리스도인 과학자들의 처지가 자본주의 체제에서 경제 활동을 영위하며 살아가는 그리스도인 일반의 형편과 비슷하다는 생각이 들었다. 무슨 말인지 설명해 보겠다.

우리는 자본주의 사회에 살고 있다. 이윤의 극대화를 추구하고 경쟁을 동력으로 삼는 자본주의 사회가 하나님의 뜻에 다 맞고 정당한 체제라고 확신해서일까? 자본주의 체제에 대한 평가는 사람마다 다를 것이고, 그에 따른 대응 방식도 다를 수 있다. 이윤 추구 자체를 목적으로 삼고 다른 모든 것을 도구화한다는 점에서 자본주의 체제의 본질이 우상숭배를 조장하는 반기독교적인 것이라 규정하고 자본주의 체제와 정면 대결을 선언할 수도 있을 것이다. 이렇게 되면 혁명 등을 통한 체제 전복으로 대안 사회를 건설하려는 시도가 이루어질 수도 있겠다. 그 정도까지는 아니더라도 자본주의 체제의 문제점을 인식하고 그 안에서 대안적인 자급자족 공동체를 만들어 보려는 시도도 가능하겠고, 기본적으로는 자본주의 체제에 순응하되 자본주의적 원리에 매이지 않고 자신의 삶에서 나눔과 공생이라는 원리를 구현하려는 개인적인 노력도 있을 수 있겠다. 각각의 노력은 상당히 다른 삶의 모습으로 나타날 수 있으나, 이들 모두는 자본주의 체제가 완벽하지 않고 어떤 규모나 방식으로건 빈틈을 찾고 대안을 만들어야 한다고 생각한다.

이들과 정반대의 입장에는 자본주의 체제를 하나님의 뜻으로 받아 그에 대한 일체의 비판에 '종북' 딱지를 붙이는 이들이 있다. 자본주의의 폐해를 지적하고 보완을 요구하는 사람에게 다짜고짜 '북한으로 가라' 하고 외치는 사람들 말이다. 이들에게는 자본주의 이외의 다른 대안은 보이지도 않고 그런 것이 필요하다는 생각도 없다.

다원주의는 현재 과학계의 주류 패러다임이다. 완벽한 패러다임과는 분명히 거리가 있으니, 전면적으로 거부하고 나서는 것도 논리적으로는 가능한 대응 방법이다. 다원주의의 성과를 비판적으로 인정하면서 그 빈틈을 파고드는 것도 한 가지 방법일 것이다. 반면, 대부분의 과학자들은 주류 과학계에 발을 담그고 그 안에서 연구를 진행해야 하며, 그 일을 위해서는 다른 패러다임이 모습을 드러내기 전까지 다원주의라는 패러다임 안에서 어떻게든 배우고 연구하고 자리를 잡아야 할 것이다. 이 책의 저자가 보여 준 것처럼 이런 식으로도 상당히 의미 있는 성과를 낼 수 있다(그는 신경과학과 진화심리학 등의 최신 연구 결과를 방대하게 소개하면서 그 결과들을 무신론적·환원주의적으로 해석하는 것을 능수능란하게 차단한다). 하지만 자본주의 사회에 살면서도 자본주의를 맹신할 필요는 없듯, 다원주의 패러다임 안에서 연구하면서도 얼마든지 그 한계를 인식하고 연구를 진행할 수 있고 그럴 수 있어야 마땅하다[하지만 그런 입장을 공식적으로 드러내면 큰 불이익을 당하는 미국 과학계의 상황을 다큐멘터리 영화 "추방"(Expelled)이 잘 보여 준다]. 자본주의 체제에 조금이라도 불만을 표시하면 북한으로 가라고 하는 이들처럼, 다원주의에 문제를 제기하면 곧장 반과학주의자로 몰며 휴대폰 안 쓸래? 전기 안 쓸 거야? 하는 식으로 나오면 곤란하다는 말이다.

저자가 이 책에서 집중적으로 다루고 있는 인지신경과학과 진화심리학은 다원주의를 작업가설과 설명의 틀로 삼는 대표적인 학문이다. 다원주의를 무신론적으로 해석하는 이들이 대거 활약하는 이런 학문들은 무신론자들만의 장으로 그냥 내줘야 할까? 저자는 그렇게 생각하지 않는다. "급속히 발전하는 인지과학과 진화심리학 영역의 핵심 연구자들 중에 그리스도인 학자들과 과학자들이 있어. 참으로 다행이지." 이 책 19장에서 그는 학문 세계를 경기장에, 학문 활동을 혼전이 펼쳐지는 경기에 비유하면서, 관중석에서 편히 앉아 관전평만 일삼는 이들에 대한 섭섭함을 털어놓는다. '기울어진 경기장에서 신앙의 자리를 확보하고 지키는 것이 어디 쉬운 일인 줄 아느냐?'고 부르짖는 것 같다.

그러니까 이런 생각을 갖고 과학계에서 자리를 잡은 저자가 논의를 진행하면서 다원주의에 조금이라도 비판적인 모습을 보여 주기를 은근히 바랐던 나의 기대는 애초에 번지수를 잘못 짚은 것이었다. 그것은 다른 책, 다른 이에게 기대했어야 할 일이었다. 유신진화론 입장의 학자가 자기 분야에서 그리스도인으로서 어떤 역할을 할 수 있으며 그의 운신의 폭이 어느 정도인지 확인하는 것이 이 책에서 기대해야 할 내용이었던 것이다. 그리고 그런 그리스도인 학자의 입장과 고민, 그가 그 자리에서 할 수 있는 일과 그것이 가진 한계를 직접 확인할 수 있었던 것이 이 책을 번역하며 개인적으로 얻은 성과였다.

이 책에 담긴 수많은 새 정보, 새로운 통찰, 새로운 문제 제기를 접하고 번역하면서 롤러코스터를 타는 기분이었다. 대화체 전개 방식이나 구성만 보고 초심자용으로 쉽게 풀어 쓴 개론서라고 생각했다면 그보다 훨씬 상세하고 깊은 논의를 만나게 될 테니 각오하시라.

옮긴이 홍종락은 서울대학교 언어학과를 졸업하고, 한국사랑의집짓기운동연합회에서 4년간 일했다. 현재 전문 번역가로 일하고 있으며, 번역하며 배운 내용을 자기 글로 풀어낼 궁리를 하고 산다. 저서로 「나니아 나라를 찾아서」(정영훈 공저, 홍성사)가 있고, 역서로는 「우물 밖에서 찾은 분별의 지혜」, 「즐거운 망명자」, 「예수님이 차려주신 밥상」(이상 IVP), 「개인기도」, 「루이스와 톨킨」, 「루이스와 잭」, 「성령을 아는 지식」, 「영광의 무게」(이상 홍성사), 「수상한 소문」(포이에마), 「올 댓 바이블」(복있는사람) 등이 있다. '2009 CTK(크리스채너티투데이 한국판) 번역가 대상'을 수상했다.

마음 뇌 영혼 신

초판 발행_ 2015년 8월 21일
초판 2쇄_ 2021년 10월 15일

지은이_ 말콤 지브스
옮긴이_ 홍종락
펴낸이_ 정모세

펴낸곳_ 한국기독학생회출판부
등록번호_ 제313-2001-198호(1978.6.1)
주소_ 04031 서울시 마포구 동교로 156-10
대표 전화_ (02)337-2257 팩스_ (02)337-2258
영업 전화_ (02)338-2282 팩스_ 080-915-1515
홈페이지_ http://www.ivp.co.kr 이메일_ ivp@ivp.co.kr
ISBN 978-89-328-1427-8

ⓒ 한국기독학생회출판부 2015

책값은 뒤표지에 있습니다.
무단 전재와 복제를 금합니다.